U0476947

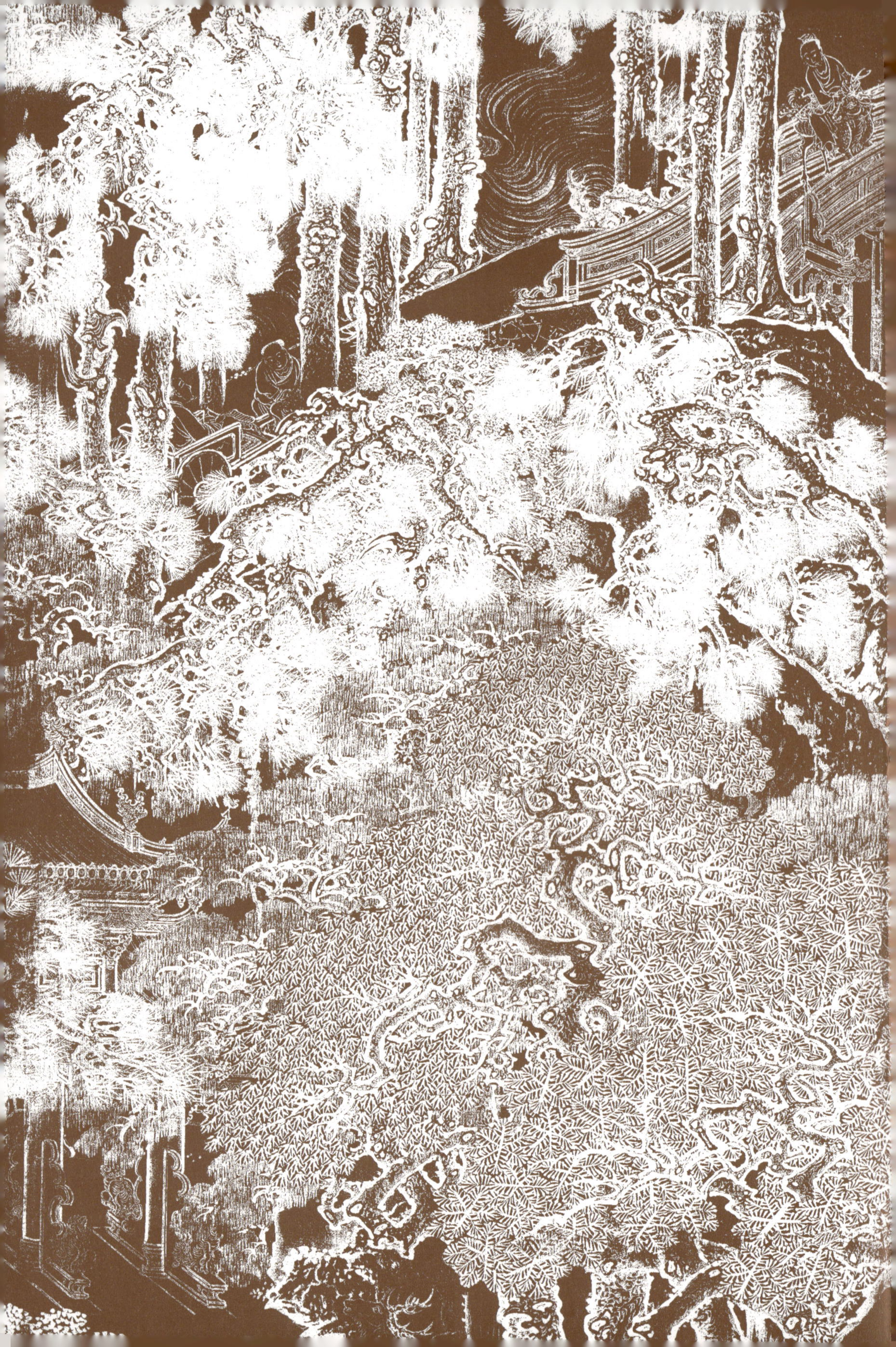

本书获福建教育学院学术著作出版资助

从「蛮夷渊薮」到「富庶上国」
——唐宋文人对福建书写的嬗变

张隽 著

海峡出版发行集团 | 福建教育出版社

图书在版编目（CIP）数据

从"蛮夷渊薮"到"富庶上国"：唐宋文人对福建书写的嬗变 / 张隽著. —福州：福建教育出版社，2024.12. —ISBN 978-7-5758-0291-8

Ⅰ.K295.7

中国国家版本馆 CIP 数据核字第 20246RH998 号

Cong "Manyiyuansou" Dao "Fushushangguo"

从"蛮夷渊薮"到"富庶上国"
——唐宋文人对福建书写的嬗变

张　隽　著

出版发行	福建教育出版社
	（福州市梦山路 27 号　邮编：350025　网址：www.fep.com.cn
	编辑部电话：0591-83726971
	发行部电话：0591-83721876　87115073　010-62024258）
出版人	江金辉
印　刷	福州万达印刷有限公司
	（福州市闽侯县荆溪镇徐家村 166-1 号厂房第三层　邮编：350101）
开　本	710 毫米×1000 毫米　1/16
印　张	14.75
字　数	213 千字
插　页	2
版　次	2024 年 12 月第 1 版　2024 年 12 月第 1 次印刷
书　号	ISBN 978-7-5758-0291-8
定　价	42.00 元

如发现本书印装质量问题，请向本社出版科（电话：0591-83726019）调换。

摘　要

唐宋时期福建地区发展迅速，借由文人书写这一视角，我们可以清晰地观察到时人对福建的认知与观感是如何随着发展水平的变化而发生转变的。基于此，全文共分为三章，讨论三个阶段中的福建文学地理意象。

第1章钩稽初唐至中唐的福建文学地理意象。分为蛮夷之域与化外之境、崇山峻阜与道阻且长、风烟异方与瘴疠横肆三小节展开。前一小节涉及的是福建的社会人文环境，后两小节则更多指向福建的自然环境。这一时期内，时人关于福建文学地理意象的表现总体偏于负面，描写以向壁虚构的成分为多，整体流露出对福建的排斥与鄙夷。

第2章刻绘中唐至五代时期的福建文学地理意象。分为山明水秀与宦游善地、儒风始济与故土堪恋这两组意象展开。安史之乱后，南方大发展的契机使得福建逐渐进入了中原士人的视野。随着唐王朝对福建重视程度的上升，大批量的官员被派往福建，他们发现了一批风景优美的山水胜境。此时福建本土的文人群体开始缓慢崛起，他们中的多数人虽然因为地域出身等缘故而初心难酬，但同时他们广泛地与当地的同道交游唱和，使得这一时段内的福建文学地理意象得到了极大的改观。

第3章描摹的是两宋时期的福建文学地理意象。主要围绕东南乐土与地大物阜、比家业儒与海滨邹鲁、建茶故里与丹荔之乡等意象进行讨论。其时福建经济的繁荣兴盛令其成为人人趋之若鹜的乐土。欣欣向荣的文教事业也令福建获得了"海滨邹鲁"的美誉。在以蔡襄为代表的本土文人不遗余力地宣扬下，建茶与荔枝等福建物产身价倍增，成为举国推许的特产。由此，福建完全融入了中华文明的主流意识形态之中。

关键词： 唐宋　福建　中华文明　文学书写

目　录

绪　论 /1
　　第一节　中华文明的涵化与文人书写/1
　　第二节　既有研究的洞见与未见/6
　　第三节　作为一种集体文化感知的地域书写/19

第一章　初唐至中唐时期文人的福建书写 /23
　　第一节　蛮夷之域与化外之境/24
　　第二节　崇山峻阜与道阻且长/40
　　第三节　风烟异方与瘴疠横肆/56
　　本章小结/74

第二章　晚唐至五代时期文人的福建书写 /77
　　第一节　山明水秀与宦游善地/77
　　第二节　儒风始济与故土堪恋/96
　　本章小结/121

第三章　两宋时期文人的福建书写/125

　　第一节　东南乐土与地大物阜/126

　　第二节　比家业儒与海滨邹鲁/156

　　第三节　建茶故里与丹荔之乡/177

　　本章小结/207

结语：唐宋文人笔下的福建形象构建与中华文明涵化/210

参考文献/217

后记/228

绪　论

第一节　中华文明的涵化与文人书写

中华文明的历史脉络是一条连绵不绝、波澜壮阔的文明演进之路。从夏商周的青铜文明，到秦汉大一统帝国的建立，再到唐宋元明清各代的兴衰更替，中华文明在历史的洪流中始终保持着自身的连续性与独特性。这一过程中，尽管遭遇了外族入侵、社会动荡等重重挑战，但中华文明总能凭借其深厚的文化底蕴与灵活的文化机制，进行自我调适与应对，成功实现再生与转型，展现了强大的历史韧性与旺盛的生命力。而这一能力的核心，正在于其独特的文化涵化机制。

"涵化"（acculturation）亦称"文化摄入"或"文化融合"。涵化理论最早由美国民族学家罗伯特·雷德菲尔德、拉尔夫·林顿和梅尔文·赫斯科维茨在 20 世纪 30 年代中期提出，主要是指不同文化背景的个体或群体在直接的长期接触中，由于相互影响而导致原有文化模式发生变化的现象。这个过程通常涉及三种形式：接受、适应和反抗。当来自不同文化的个体或群体因持续的直接接触而相互影响时，这种文化间的交互作用往往导致一方或双方原有文化模式的变迁。

换言之，涵化是个体或群体在接触、吸收、融合不同文化的过程中，逐渐适应、接受、传承和发扬不同文化的元素，同时对自身文化也产生新的认知和认同。这个过程通常是一个漫长的、复杂的过程，涉及文化、语言、社会、心理等多个方面。因此，文化涵化不仅涵盖了对外来文化的接纳和融合，更是一种文化自身的创新和提升。

涵化作为文化变迁的一种主要形式，其背后的发生机制是复杂且多样的。从自由交流的角度来看，涵化可能是在完全没有军事征服或政治统治的背景下自然发生。当不同的文化群体因为贸易、旅游、教育或其他形式的互动而相互接触时，它们会开始自由地交流各自的文化元素。这种交流往往导致文化特质的相互采借，一种文化中的某些习俗、观念或技术可能会被另一种文化所吸收并融入其自身体系之中。然而，涵化也可能在更为强制性的环境下发生。当一方对另一方实施军事或政治控制时，被控制方的文化很可能会因为控制方的强制要求而发生改变。这种改变可能包括语言、宗教、习俗乃至整个生活方式的转变。在这种情况下，涵化不仅仅是文化特质的简单传播，更可能伴随着深层次的文化认同的转变，甚至可能导致社会结构的根本性调整。无论是自由交流还是强制控制，涵化都是一个动态且持续的过程。它不仅仅影响文化的表层现象，更可能触及文化的核心层面，如价值观、信仰体系等。因此，研究涵化现象，不仅有助于我们更深入地理解文化变迁的复杂性，还能为我们处理不同文化间的互动提供有益的启示。

自古以来，中华文明便以其博大胸怀与深厚文化底蕴，彰显出无与伦比的涵化能力。其独特的文化涵化机制，不仅限于对单一外来文化的接纳与转化，而是广泛贯穿于中华文明与众多外来文化交流的各个层面。在中华文明的沃土滋养下，外来文化如同他乡之种在神州大地上生根发芽，茁壮成长。它们不仅极大地丰富了中华文化的内涵与外延，更为其注入了源源不断的生命活力，推动了文化的持续创新与繁荣发展。正是在这个意义上，中华文明的涵化机制，是一种高度智慧的文化交融方式。它既能坚守并维护中华文化的独特风貌，确保文化根基的稳固与传承；又能以开放包容的心态，积极吸纳外来文化的精华与智慧，实现文化的自我革新与跨越发展，从而跨越千年而不衰。

然而，要想深入了解中华文明的涵化过程，就不能仅仅满足于对历史事件的罗列与分析。因为这种方法往往只能看到结果，而无法揭示出两种文明或文化在接触、碰撞、融合过程中的复杂心理变化和文化动态。历史并非仅仅是一系列事件的堆砌，它更是一个活生生的过程，充满了各种情感、思想、价值观的碰撞与交融。要真正理解这一过程，我们必须回到历史的现场，去感受当事主体的集体文化感知，去探寻那些隐藏在共同文化记忆深处的线索。这意味着，我们需要通过文献、考古资料、民间传说等多种途径，去重构那个时代的文化场景，去理解当时人们是如何思考、感受、行动的。

地域书写作为一种独特的文化表达方式，为我们提供了一个深入探索和理解特定地域、民族及其文化的独特视角。它不仅仅是对历史的简单记录，更是地域、民族、文化在面对外来文化碰撞时的心理状态和文化选择的深刻映射。通过地域书写，我们可以细致地观察到不同地域、不同民族、不同文化背景下的人们，是如何在与外来文化的接触、交流与碰撞中，逐渐产生认同、实现融合，并在此基础上进行文化创新的。这种融合并非简单的文化元素相加，也不是一种文化的吞并或替代，而是在相互理解、相互尊重的基础上，不同文化之间进行深度对话与互动，从而实现了一种文化的自我更新、自我超越。地域书写让我们看到了文化的韧性与活力，它如何在保持自身特色的同时，又能够开放包容地接纳新的元素，进而形成更加丰富、多元的文化形态。这种文化的自我更新与超越，正是地域书写所蕴含的深刻意义与价值所在。

我们知道，人对外部世界的把握，不外直接和间接两途。直接体验是指通过亲身参与、身体力行和躬身实践所获得的经验和知识，这种方式往往能够让人获得最真实、最直观的感受。然而，在某些情况下，直接获取外界经验的成本可能会非常高昂，尤其是在古代，人们受限于交通、信息传播等条件，直接获取经验的难度更大。在这种情况下，间接的文本经验就显得尤为重要。通过阅读书籍、文献和其他文本资料，人们可以间接地了解和学习他人的经验和知识，从而扩展自己的认知范围。间接的文本经验在影响读者的体会和认知方面具有不可忽视的作用。它能够跨越时空的限制，将古人的智慧和经验传递给后人，使读者能够在短时间内获得大量的知识和信息。从这个意义上来说，一些经典性的著述与论断足以代表当时人心中的通感共识。正是基于这点认识，有学者将文人书写引入了历史文化地理的研究视域之中，提出文人书写不仅仅是对客观事物的简单记录，更是"客观事物在人类主观世界中的反映"，亦即"对地理客体的主观感知"，[①]"它是一种精神图景，一种被感知到的真实，是联系环境与人之间的媒介"。既如此，"凡进入观念世界的客观物象其实都已经过了主观选择。故而地理意象，无论其是否符合观察者的审美趣味，观察者从思想感情上觉得喜欢、惊诧抑或厌恶，都有其自身的研究价值"[②]。换句话说，文人书写在联系环境与人之间起到了桥梁的作用，它不仅仅是对地理现象的描述，更是对地理现象的解读和情感表达。这些意象反映了人们对于地理环境的认知和情感态度，揭示了人与环境之间的复杂关系。通过对文人书写中的地理意象进行研究，我们可以更好地理解过去人们的生活方式、思想观念以及他们与自然环境之间的互动关系。

具体至某一地域而言，该地独特的山川风物、人文景观、历史掌故往往会进入文人的视野之中，成为其创作的灵感来源。当这些元素被文人形诸笔端之时，便形成辨识度极高的地域意象。这些意象虽说是个人一时的主观的审美产物，但一定的文化背景、情境与境遇常常催生出相似甚至相同的类型化意象。这些类型化的意象由于被长期、大量、反复地征引使用，便会成为故老相传、流播范围极广的集体记忆与经验材料，定势后人尤其是外乡人对该地的印象。于是，通过对相关意象来源选择的叩问，对其含蕴的情感旨趣的分析，便可以揭示出隐藏在文本之下的地域认知、价值判断甚或社会风向。因此，有学者指出"讨论（地域）感知不能不凭借地理意象"，因为地理意象是连接地域与感知的桥梁。而诸如诗文、典册、笔记等文献资料，从某种意义上来说，都属于意象资料，它们记录并传播

[①] 张伟然：《中国文学的地理意象》，北京：中华书局，2014年，前言第13页。
[②] 张伟然：《中国文学的地理意象》，北京：中华书局，2014年，第13页。

了地域意象，为我们提供了丰富的研究素材。①本书所探讨的对象，正是这些通过文本语料所呈现出来的地域意象。通过对这些意象的深入分析，我们不仅能够更好地理解文人如何通过文字来表达对某一地域的感受和认知，还能够洞察到这些意象背后所蕴含的更深层次的文化和社会意义。

唐宋时期在中国历史上是一个特殊的节点。此前，社会重心长时期停留在北方地区，由此而来的区位发展优势渗透到时人的价值观念之中，便形成了文化上的北方本位思想。北人占据了社会舆论中的话语主导权，他们往往以自身主观经验为标准来对南方区域进行臧否，一较轩轾，以此来衡量和比较两地的优劣。例如，在三国时期，北方人袁准就曾经对南方进行过这样的评断："吴楚之民，脆弱寡能，英才大贤，不出其土，比技量力，不足与中国相抗。"②这种言论不仅充满了贬低之意，还隐隐然地把南方地区排除在王化的疆域之外。就自然环境而言，"南方卑湿""南方多瘴疠"的刻板印象亦是根柢深固，有"惧南"心理的北人不在少数。《魏书》就有"水潦方多，草木深邃，疾疫必起"的推论。然而，这样一种境况在中唐开始转变。首先是王朝的经济中心开始逐步南移，广袤的南方地区迎来了发展繁荣的一大机遇。无论是统治阶层还是士庶阶层，都将更多的目光投向南方。迨至南宋，社会重心整体易势，大量北人南渡，此时南方之地位相比之前可谓是有云泥之别，进而自然会产生出文化碰撞、容受等问题。因此，本书选择唐宋时期作为研究的时间断限。通过对这一时期的研究，我们可以更深入地了解中国历史上南北地区的文化交融与发展变迁，以及这种变迁对后世产生的深远影响。

而择定福建为研究区域，主要基于三点考虑。一是福建旧为百越之地，其文化的血脉之中自始就带有独特印记。纵观唐宋时期福建的历史沿革，尽管州县的名称和归属经历了多次变化，但作为一个完整的行政区划，却一直极为稳定。这与福建"连山隔其阴，巨海敌其阳"的山川形势

---

① 张伟然：《中国文学的地理意象》，北京：中华书局，2014年，第13页。
② 陈寿撰，裴松之注：《三国志》，北京：中华书局，1982年，第122页。

不无关系，但其后也必然有其深厚的文化理据作为支撑。二是福建的地理环境为其文化的形成与发展提供了独特的条件。福建背倚武夷山脉，东、北、西三面均被连绵起伏的山峰所环绕，与邻省形成自然的界限。尤其是武夷山脉，作为东南地区海拔最高的分水岭，对夏季北上的暖湿季风和冬季南下的干冷寒流均产生了显著的阻滞作用。这种特殊的地理位置使得福建形成了一个相对封闭的自然环境，其地貌特征也因此而自成一系。就福建内部而言，各州县同样被纵横交错的山岭和川溪切割得支离破碎，这种地理上的分割无疑加剧了福建各区文化的分异与多样性。三是相较于唐前的江南、两淮、荆湘、巴蜀以及岭南，福建绝大多数时段内与政治中心相隔最远，因而整体发展水平也最为低下。但与此相对，偏安一隅的地理位置使得福建在社会重心南移的过程的社会地位变动更为剧烈。在历史的长河中，福建因此扮演了一个独特的角色。它既是文化交融的边缘地带，也是文化交融的试验场。因此，通过研究这一时期的福建，我们可以更加深入地了解到，在一个相对边缘的地区，如何通过文化的外部影响与自我塑造，逐渐融入中华文明的大潮之中，从而为我们理解中华文明的多样性和包容性提供一个生动的案例。

第二节　既有研究的洞见与未见

一、区域文学研究

近世开区域与文学关系研究之先河的是刘师培先生，其撰于1905年的《南北文学不同论》提出了一个重要的观点，即不同的地理环境和文化背景会对文学作品的风格和特点产生直接的影响。刘师培先生认为，每个地区的自然环境和人文习俗都会在文学作品中留下独特的印记，从而形成一种地域性的文学特色。① 程千帆先生在对刘师培先生的文章进行签注时，进一步拓展了这一理论。他提出了文学地域特征的先天与后天之分。程先生指出，所谓先天特征，是指那些源于自然地理环境的风土人情，而所谓后天特征，则是指那些受到人文地理环境影响的风俗习惯。这一观点表明，程先生已经深刻地认识到地理环境中的自然因素和人文因素对文学作品的影响是有所不同的。②

进入20世纪30年代，汪辟疆先生在1932年发表了《近代诗派与地域》一文，他以地域为划分标准，将清代道光至光绪年间的诗家细分为六个不同的派别。在论述过程中，汪辟疆先生首先梳理了每个诗派的分布范围和当地的风俗人情，然后追溯了这些地区文学的历史渊源，最后详细论述了每个诗派的创作风格和特征。通过这种系统性的分析，汪辟疆先生不仅为后世的清代诗歌研究提供了重要的参考，也为文学研究提供了一种新的地域划分方法。③ 比汪辟疆先生的研究稍晚两年，唐圭璋先生在1934年出版了《两宋词人占籍考》。唐先生通过对两宋时期词人籍贯的详细考订，复原了当时词人在不同省份中的分布情况。他的研究成果不仅为后来的宋词研究乃至整个宋代文学研究奠定了坚实的基础，还开创了一种新的学术研究方法，即通过"定量分析"的方法来描绘特定时期和特定地区的文学发展状况。这种方法与地理学中的"计量革命"有着异曲同工之妙，为文学研究提供了一种全新的视角和工具。

1978年，商务印书馆出版了陈正祥先生的《诗的地理》。作为一名地理学者，陈先生以其精湛深厚的学科背景对具体的文学作品进行诠释解读，从反向角度说明了文学与地理学交叉的可能。其后，袁行霈先生重新审视文学风格的地域特性及各时期的文学家地域分布，写成了《中国文学

---

① 刘师培：《南北文学不同论》，见陈引驰编校《刘师培中古文学论集》，北京：中国社会科学出版社，1997年，第260—267页。
② 程千帆：《文论十笺》，武汉：武汉大学出版社，2008年，第74—113页。
③ 汪辟疆著，张亚权编撰：《汪辟疆诗学论集》，南京：南京大学出版社，2011年，第27—65页。

的地域性与文学家的地理分布》。文章着重分析了各时期的文学中心,并在最后提出了两点结论:一是文学的发展与政治、经济、教育、交通等社会因素关系密切;二是从长时段来看,中国古代的文学中心总是游移于南北之间。① 继袁行霈先生之后,曾大兴先生以《中国文学家大辞典》中收录的作家为研究对象,剔除了那些籍贯和出生地无法考证的样本,然后统计出了从两周时期一直到明清时期各地区文学家的数量,并将这些数据汇总成了一本名为《中国历代文学家之地理分布》的著作。基于这些扎实的数据支撑,曾大兴先生提出了一个观点,即文学家地域分布的数量主要取决于文化中心的位置。他认为,文化中心总是能够吸引最多的作家资源,而政治、经济等其他因素也需要借助文化的力量才能对文学产生影响。② 就福建地区来说,陈庆元先生的《福建文学发展史》以各时期福建地区文学发展水平为脉络,每个时期先概述文坛整体态势,再就具体的流派、作家、作品进行翔实的考订论述,从而周详地勾画出各代福建文学的发展风貌。③ 可以说,该书是福建文学研究的奠基之作。

  进入新世纪,在继承既有成果的基础上,学界对区域文学地理展开了更为细致深入的研究,无论是理论建树抑或实证探索都不断有新的著述出现。如李浩先生在世纪之交相继出版了《唐代关中士族与文学》④ 与《唐代三大地域文学士族研究》。⑤ 这两部著作以家族文化作为考察的切入点,具体探讨了地域文学士族的构成、流动及其演变的历史过程与基本特征等方面。2001年,胡阿祥先生完成了自己博士论文的改写,修订为《魏晋本土文学地理研究》一书,他将文学视作历史文化地理的一个重要组成部分,并提出了建立中国历史文学地理学的宏大构想。⑥ 打破区域文学将研

---

  ① 袁行霈:《中国文学的地域性与文学家的地理分布》,见《中国文学概论》,北京:高等教育出版社,1990年,第33—47页。
  ② 曾大兴:《中国历代文学家之地理分布》,武汉:湖北教育出版社,1995年。
  ③ 陈庆元:《福建文学发展史》,福州:福建教育出版社,1996年。
  ④ 李浩:《唐代关中士族与文学》,北京:中国社科学院出版社,2003年。
  ⑤ 李浩:《唐代三大地域文学士族研究》,北京:中华书局,2008年。
  ⑥ 胡阿祥:《魏晋本土文学地理研究》,南京:南京大学出版社,2001年。

究重点聚集在作家占籍数量上的是戴伟华先生的《地域文化与唐代诗歌》一书，他以诗歌创作地点为主线，分别讨论了唐诗中所体现的地域文化意识、文学创作的历史传统与诗人生存的地域空间，并对弱势文化和域外诗给予了特别关注。① 钱建状老师的《南渡词人地理分布与南宋文学发展新态势》从渡江南下词人的区域分布出发，引导出自宋室南渡后，文学格局呈网状分布的特点，填补了南方文学的空白，并进一步探讨了由此带来的南渡文人文化心理的转变及创作中题材与意象的更新。② 还需提及的是梅新林先生于 2006 年出版的《中国古代文学地理形态与演变》。他将"场景还原""版图复原"作为理论支撑，从文学家籍贯分布的"本土地理"出发，依次向流域轴线、城市轴心、文人流向等三个层面展开，最后归结出"文学动脉"与"区系轮动"模型。③ 事实上，早在梅先生提出"文学动脉"设想的四年之前，李菁老师的博士论文《解读运河——大运河与唐代社会经济、文化深层关系之考察》就已经将研究目光投向运河与文学间的相互构建，并着重探究了由此折射出的社会生活图景与士人内在心态的转变。④

　　回顾区域文学研究的历程，我们不难发现，这一领域的研究始于对文学作品地域特色的关注。刘师培先生的《南北文学不同论》便是对此的初步探索。他敏锐地察觉到，不同的地理环境和文化背景会对文学作品的风格和特点产生直接影响。这一观点的提出，为后来的区域文学研究奠定了理论基础，引导着学者们去深入挖掘文学作品中的地域元素和文化内涵。随着研究的深入，学者们开始尝试将文学作品与具体的地理环境相结合，进行更为细致的分析。汪辟疆先生和唐圭璋先生的研究便是这一阶段的代表。他们以地域为划分标准，详细分析了不同诗派、词人的分布范围和创作风格，揭示了文学作品与地理环境之间的密切联系。这种系统性的分

---

① 戴伟华：《地域文化与唐代诗歌》，北京：中华书局，2006 年。
② 钱建状：《南渡词人地理分布与南宋文学发展新态势》，载《文学遗产》2006 年第 6 期，第 63—72 页。
③ 梅新林：《中国古代文学地理形态与演变》，上海：复旦大学出版社，2006 年。
④ 李菁：《解读运河——大运河与唐代社会经济、文化深层关系之考察》，厦门：厦门大学 2002 年博士论文。

析，不仅为后世的文学研究提供了重要的参考，也为文学研究提供了一种新的地域划分方法。在理论建树方面，程千帆先生、袁行霈先生等学者对区域文学研究的理论框架进行了构建和完善。他们提出了文学地域特征的先天与后天之分，深刻认识到自然因素和人文因素对文学作品的不同影响。同时，他们还关注了文学发展与政治、经济、教育、交通等社会因素的关系，为区域文学研究提供了更为全面的视角。在实证探索方面，学者们通过大量的数据统计和实地考察，揭示了文学作品与地理环境之间的具体联系。曾大兴先生、陈庆元先生等学者的研究便是这一方面的代表。他们通过统计各时期文学家数量、考察文学流派和作家作品的地域特色，向我们展示了文学作品与地理环境之间的紧密关联。这种实证性的研究，不仅增强了区域文学研究的可信度，也为文学研究提供了新的方法和工具。进入新世纪，区域文学研究在继承既有成果的基础上，展开了更为细致深入的研究。学者们不仅关注了文学作品的地域特色和文化内涵，还尝试了将文学作品与地理环境、社会历史等多个方面相结合，进行跨学科的研究。这种综合性的研究，不仅拓宽了区域文学研究的视野，也为文学研究提供了新的思路和方法。总的来说，区域文学研究在历经百年的发展历程中，不断取得新的成果和突破。从初步探索到深入发展，从理论建树到实证探索，学者们的研究为我们揭示了文学作品与地理环境、文化背景之间的内在联系。这种联系不仅丰富了我们对文学作品的理解和认识，也为文学研究提供了新的视角和方法。

二、历史文化地理研究

较早对地域与文化关系展开探讨的是梁启超先生，自 1901 年始，他陆续发表了《地理与文明之关系》《中国地理大势论》《近代学风之地理分布》等一系列论文，系统阐述了外在的地理因素对内在的精神层面可能产生的影响。[①] 向达先生作于 1933 年的《唐代长安与西域文明》以流寓长安

---

① 梁启超：《饮冰室合集》，北京：中华书局，2015 年。

城中的外域人及其所带来的风俗习尚、歌舞艺术、宗教信仰等方面为切入点，系统还原了当时都城长安的中外文化交融盛况。① 除上述三位，陈寅恪先生亦对地域文化颇多关注，在《隋唐制度渊源略论稿》《唐代政治史述论稿》《天师道与滨海地域之关系》《论隋末唐初所谓"山东豪杰"》《记唐代之李武韦杨婚姻集团》等文中或多或少都渗有地域文化的思想。②

改革开放后，国内学界兴起了一股文化研究的热潮。史念海先生先于1982年发表了《唐代前期关东地区尚武风气的溯源》，指出自西晋末年的永嘉之乱起，关东已是羌胡汉杂糅相居。环境的骤变使得本来以文教见长的关东居民纷纷投笔从戎，从而打破了"关东出相，关西出将"的思维通则。③ 次年，史先生又发表了《由地理的因素试探远古时期黄河流域文化最为发达的原因》，认为平坦开阔的地形、温和湿润的气候等地理因素是先秦时期黄河流域文化繁盛的重要基础。④ 1986年，周振鹤与游汝杰二位先生合著了《方言与中国文化》，该书的前半部分采用了在历史方言研究中引入移民史这一新的学术视角，拟测出了汉晋及宋金时期的方言区划。后半部分则围绕方言与文化内涵、戏曲小说、民俗的诸多联系展开详尽的论述。⑤ 同年，谭其骧先生在《中国文化的时代差异和地区差异》中回顾了五四以来中国文化研究的成果，认为国内的大多数学者都只注意到单一的以儒学为核心要素的文化，忽视了文化在时代和地域上的差异，这对于深刻理解我国文化十分不利。⑥

其后，学界出现了一大批以省区为单位的历史文化地理专著。如张伟

---

① 向达：《唐代长安与西域文明》，北京：三联书店，1957年。
② 陈寅恪：《金明馆丛稿初编》，北京：三联书店，2015年。
③ 史念海：《唐代前期关东地区尚武风气的溯源》，见唐史研究会编《唐史研究会论文集》，西安：陕西人民出版社，1980年，第148—176页。
④ 史念海：《由地理的因素试探远古时期黄河流域文化最为发达的原因》，见《历史地理第三辑》，上海：上海人民出版社，1983年，第1—20页。
⑤ 周振鹤、游汝杰：《方言与中国文化》，上海：上海人民出版社，2015年。
⑥ 谭其骧：《中国文化的时代差异和地区差异》，《复旦大学学报》（社会科学版），1982年第2期，第4—13页。

然先生的《湖南历史文化地理研究》①与《湖北历史文化地理研究》②、蓝勇先生的《西南历史文化地理》③、司徒尚纪先生的《广东文化地理》④、张晓虹女士的《文化区域的分异与整合——陕西历史文化地理研究》⑤、李智君老师的《关山迢递：河陇历史文化地理研究》⑥、朱海滨先生的《近世浙江文化地理研究》⑦等。这些著述多从地方学术、语言、民俗、宗教、艺术等层面进行深入地梳理与整合，检讨相关文化因子的时空分布、生发流变，从而刻绘出各时期某一省区的文化地理图志。尤须特别提及的是林拓先生的著作《文化的地理过程分析——福建文化的地域性考察》。⑧该书以福建为研究对象，与本书的议题虽有重合之处，但讨论的重点在于福建内部的地域分化、地域层级及其与文化周期和文化中心的相互关系。在此基础上，作者详细讨论了两汉至明清福建辖下的各地区学术与信仰历时性的变化与发展，由此得出福建文化发展的序幕迟至中唐时期才缓缓拉开，并孵化出两大文化带——以闽江及晋江入海口为基点的沿海文化带和以闽北为中心的内陆文化带，与此同时，福建文化的外在形象也经历了由化外之地到天下之中的转变。

历史文化地理研究，作为跨学科的研究领域，巧妙地将历史学、地理学与文化学相融合，为探索地域与文化的内在联系提供了独特的视角。这一领域的研究不仅揭示了文化形成与发展的地理背景，还为我们理解中华文明的多元一体格局提供了宝贵的洞见。回顾其百年发展历程，历史文

---

① 张伟然：《湖南历史文化地理研究》，上海：复旦大学出版社，1995年。
② 张伟然：《湖北历史文化地理研究》，武汉：湖北教育出版社，2000年。
③ 蓝勇：《西南历史文化地理》，重庆：西南师范大学出版社，1997年。
④ 司徒尚纪：《广东文化地理》，广州：广东人民出版社，2001年。
⑤ 张晓虹：《文化区域的分异与整合——陕西历史文化地理研究》，上海：上海书店出版社，2004年。
⑥ 李智君：《关山迢递：河陇历史文化地理研究》，上海：上海人民出版社，2011年。
⑦ 朱海滨：《近世浙江文化地理研究》，上海：复旦大学出版社，2011年。
⑧ 林拓：《文化的地理过程分析——福建文化的地域性考察》，上海：上海书店出版社，2004年。

地理研究展现出了一系列鲜明的特征，也为本书研究提供了如下方面的启示与借鉴。

一是跨学科的研究方法。历史文化地理研究最显著的特征是其跨学科性。这一领域的研究者不仅需要具备历史学、地理学和文化学的深厚功底，还需要能够将这三者有机地结合起来。梁启超、向达、陈寅恪等前辈学者在研究中，均展现了将地理因素与文化现象相结合的卓越能力。梁启超在《地理与文明之关系》等论文中，系统阐述了地理环境对文化形成与发展的影响，为后来的研究奠定了坚实的基础。向达则通过《唐代长安与西域文明》展示了地域文化交流的生动图景，而陈寅恪则在《隋唐制度渊源略论稿》等著作中，深入剖析了地域文化对社会历史的深刻影响。

二是具体历史时期与地域的深入研究。历史文化地理研究往往以具体的历史时期和地域为切入点，通过详细的历史资料和地理分析，揭示出地域文化的独特性和发展轨迹。向达对唐代长安与西域文明的研究，以及史念海对唐代前期关东地区尚武风气的探讨，都是这一特征的典型体现。这些研究不仅丰富了我们对特定历史时期和地域文化的认识，还为我们提供了理解文化交融与传播的重要案例。

三是时代与地域差异的关注。历史文化地理研究还特别关注文化在时代和地域上的差异。谭其骧在《中国文化的时代差异和地区差异》中，深刻反思了当时文化研究中的片面性，强调了文化多样性和地域差异的重要性。这一见解为后来的研究指明了方向，促使学者们更加注重对不同时期和地域文化的深入剖析。近年来，以省区为单位的历史文化地理专著的涌现，正是这一关注点的具体体现。

四是多维度的文化因子分析。在历史文化地理研究中，学者们往往从多个维度对文化因子进行分析，包括地方学术、语言、民俗、宗教、艺术等层面。这些研究通过梳理和整合相关文化因子的时空分布、生发流变，刻绘出各时期一省区的文化地理图志。例如，林拓在《文化的地理过程分析——福建文化的地域性考察》中，详细讨论了两汉至明清福建辖下的各地区学术与信仰的历时性变化与发展，揭示了福建文化发展的内在逻辑和地域特色。

五是理论与方法的不断创新。历史文化地理研究在发展过程中，不断吸收新的理论和方法，推动研究的深入和拓展。周振鹤与游汝杰在《方言与中国文化》中，引入了移民史这一新的学术视角，拟测出了汉晋及宋金时期的方言区划，并详细论述了方言与文化内涵、戏曲小说、民俗的诸多联系。这一新颖的研究范式，不仅极大地丰富了历史文化地理学的理论宝库，而且为后续的实证研究提供了强有力的方法论支撑。

六是揭示中华文明多元一体格局。历史文化地理研究的最终目的，是揭示中华文明多元一体格局的内在逻辑和历史演变。通过深入挖掘地域文化的内涵和特色，拓展历史文化地理研究的视野和深度，研究者们为我们提供理解中华文明独特性和多样性的重要视角。这些研究不仅有助于我们更好地理解中华文化的传承和发展，还为中华文化的未来发展提供了有益的启示。

三、文学地理意象研究

文学地理意象研究的渊源当追溯至域外。20世纪60年代美国麻省理工学院的城市规划理论家凯文·林奇写成了规划学上极具影响力的著作《城市意象》。在书中他提出了城市意象是行走于城市之间的人与他们所观察到的外部环境相交互的产物。城市中的任何客体都可能影响到观察者对整个城市的印象。更为重要的是，他指出一个城市的居民反映出的意象构成要素具有趋同性。[①] 该书后来辗转流入国内，其价值逐渐为人文地理学者所接受。反映在具体的研究成果上，王均先生有《现象与意象：近现代时期北京城市的文学感知》。通过对近现代有关北京城的文学描述的解读分析，王先生为我们划分出了北京意象中的共性与差异。在研究中，他发现大多数市民与游客对北京的城市感知受梁思成、老舍与侯仁之等人的影

---

① [美]凯文·林奇：《城市意象》，北京：华夏出版社，2001年。

响巨大，表明具有广泛流传性的文本对于区域印象的建构有不可估量的作用。①

就古代文学地理意象范围而言，早在1967年，美国汉学家薛爱华先生即出版了《朱雀：唐代的南方意象》。该书研究的畛域实为唐时期的岭南与安南一带，围绕居民生活、风俗信仰以及自然物种等方面，以活泼、感性的笔触为我们展示了唐人对这片热带地区的感知与想象。② 2004年，李智君老师根据他博士论文的一节内容修改而成《诗性空间：唐代西北边塞诗意象地理研究》。文章先从地貌、气候、植被等地理因素分析出西北边塞诗苦寒意象形成的原因。其后，文章梳理出了边塞诗意象中的地理分野，即陇头、长城、焉支山、凉州、玉门关等，它们虽共同笼罩在战争的阴云之下，但内蕴的情思却各有寄托。③ 对笔者尤具启发意义的是《武夷山历史景观意象研究——基于游客诗词、游记和景观图的分析》。李老师从实地勘测着手，以明清方志中辑录的诗词游记为材料，对武夷九曲和北山展开了景观意象的时空差异分析。其间还穿插使用了意象数量统计图表及前人所绘之景观图作为观点的佐证。最后得出武夷历史景观的总体意象实由山水胜景、朱子理学、神仙传说三者构成。④ 将自然景观意象作为察考对象还有左鹏先生的《论唐诗中的江南意象》，在文章中他提炼出了"芳晨丽景""林泉高致"与"朴野偏远"这三组江南地方意象，并就其暗含的地域文化感知作出了归因。⑤ 令人耳目一新的是夏炎先生把意象引入生态环境史的研究范畴之中，其《试论唐代北人江南生态意象的转变——

---

① 王均：《现象与意象：近现代时期北京城市的文学感知》，载《中国历史地理论丛》2002年第2期，第28—36页。

② [美]薛爱华：《朱雀：唐代的南方意象》，北京：三联书店，2014年。

③ 李智君：《诗性空间：唐代西北边塞诗意象地理研究》，载《宁夏社会科学》2004年第6期，第106—109页。

④ 李智君：《武夷山历史景观意象研究——基于游客诗词、游记和景观图的分析》，见朱水涌编《武夷山世界文化遗产的监测与研究》第二辑，厦门：厦门大学出版社，2008年，第1—41页。

⑤ 左鹏：《论唐诗中的江南意象》，载《江汉论坛》2004年第3期，第95—98页。

以白居易江南诗歌为中心》一文视白居易为北人代表,根据他的生平行迹,将他诗歌中的新江南意象划分为萌芽、发展与完善三大阶段,由此说明唐时北人对江南地区生态环境感知的丕变过程。① 与其他学者偏好地域研究不同,李菁持续将她的注意力聚焦在河川之上,2014 年发表了《写意:江河记述的别样传统——以唐诗语境下的长江、黄河、湘水为例》。她认为河流既可被理性记录,如《水经》《水经注》《水道提纲》等,还能进行审美观照,形成充满人文情怀的江河印象。唐诗中所展现的各条江流意象都自有其鲜明的个性,长江被系之以离愁别恨,黄河豪迈雄壮又激浊扬清,湘江则与怀古隐逸相勾连。②

当然,说起文学地理意象,不能不提及张伟然先生。1999 年,他与林涓女士合作完成《巫山神女:一种文学意象的地理渊源》,从地理学角度对"巫山神女"意象的生成进行推演。他们得出"巫山神女"意象实是,巫峡奇峰耸峙的地貌环境、川东暮雨朝云的气候条件,以及楚地女性自由出游的社会风俗三者交互作用下的产物。③ 稍晚,应学友之邀,张伟然先生参与了唐代的地域结构与运作空间的研究工程,写成《唐人心目中的文化区域及地理意象》一文。他"力图站在唐人的角度",主要凭借见彭定求等编《全唐诗》《全唐文》及典册笔记等文本资料,为我们还原出流行于唐人之中的文化区域观念。这些观念是唐人关于帝国疆域、南北区划体认的生动反映,由此确认当时的神州大地广泛分布着数个"感觉文化区",它们"既得到区域内居民的普遍认同,又得到区域外人们广泛承认"。④ 约略同时,张先生还写作了《潇湘的意象及历史》。这篇文章跨过了实体意

---

① 夏炎:《试论唐代北人江南生态意象的转变——以白居易江南诗歌为中心》,载《唐史论丛》第十一辑,第 154—173 页。
② 李菁:《写意:江河记述的别样传统——以唐诗语境下的长江、黄河、湘水为例》,载《西部学刊》2014 年第 2 期,第 66—70 页。
③ 林涓、张伟然:《巫山神女:一种文学意象的地理渊源》,载《文学遗产》2004 年第 2 期,第 20—27 页。
④ 张伟然:《唐人心目中的文化区域及地理意象》,载《唐代的地域结构与运作空间》,上海:上海辞书出版社,2003 年,第 307—412 页。

义上的潇湘，转而将其置于辽远悠长的文化长河之中，征引了大量文献、绘画与音乐材料来揭示潇湘意象在文化史中的流变过程。[①]

通览既有研究，可以发现文学地理意象研究作为文学与文化地理学交叉领域的一个独特分支，其核心聚焦于文学作品中所蕴含的丰富地理意象。这些意象不仅仅是地理空间的简单描绘，更是与特定地域的历史、文化、社会背景紧密相连的深刻象征。因此，地域性和文化性成为文学地理意象研究中不可或缺的两个重要特征，它们如同一对双生子，共同构成了文学作品中地理意象的丰富内涵。地域性是指文学作品中的地理意象所反映出的特定地域特色。这包括自然环境的描绘、地理特征的刻画，以及该地域独有的风俗习惯、生活方式等。这些地域性的描绘，使得文学作品中的地理意象具有了鲜明的个性和深刻的地域烙印。文化性则是文学地理意象中另一个不可忽视的维度。它指的是地理意象所承载的文化意义和价值观念。文学作品中的地理意象往往与特定的文化传统、历史记忆、民族心理等紧密相连，成为文化传承和表达的重要载体。例如，在西方文学中，希腊神话中的奥林匹斯山不仅是众神居住之地，更象征着人类对神秘力量的崇拜和对美好生活的向往。这种文化性赋予，使得地理意象超越了单纯的地理范畴，成为文化传承和交流的桥梁。

与此同时，文学地理意象研究的独特之处在于它不仅关注文学作品中所呈现的地理意象本身，更深入地探讨了读者或作者对这些意象的感知和认知过程。这一特征赋予了文学地理意象研究以双重性，即它既是对文学作品中地理意象的客观分析和解读，也是对主体感知和认知过程的深入探索。这种双重性不仅丰富了文学地理意象研究的内涵，也为我们提供了一个更为全面和深入地理解文学作品与地理意象关系的视角。一方面，文学地理意象研究是对文学作品中地理意象的客观分析和解读。文学作品中的地理意象，往往蕴含着丰富的历史、文化和社会信息，是作者对特定地域

[①] 张伟然：《潇湘的意象及历史》，载《历史学家茶座》第六辑，济南：山东人民出版社，2006年，第23—29页。

的深刻理解和独特感受的体现。研究者通过对这些意象的细致分析，可以揭示出作品背后的地域文化背景和历史文化内涵，从而更深入地理解文学作品的主题、情节和人物形象。例如，在《红楼梦》中，大观园作为一个重要的地理意象，不仅展现了清代贵族府邸的宏伟壮丽，更通过其内部的布局、建筑和景观，反映了当时社会的等级制度、审美观念和文化传统。另一方面，文学地理意象研究也是对读者或作者主观感知和认知过程的深入探索。不同的读者或作者，由于文化背景、生活经历和认知差异，对同一地理意象可能会有不同的感知和认知。研究者通过探讨这种主观感知和认知过程，可以揭示出读者或作者与地理意象之间的复杂关系，以及这种关系如何影响他们对文学作品的理解和感受。例如，对于同一个乡村景象，城市读者可能会感受到它的宁静和田园风光，而农村读者则可能更多地关注到它的艰辛和劳动生活。这种双重性使得文学地理意象研究更加深入和全面。它不仅关注文学作品中的地理意象本身，还关注这些意象在读者或作者心中的映射和反映。通过这种双重性的研究，我们可以更深入地理解文学作品与地理意象之间的内在联系，以及这种联系如何影响读者或作者对文学作品的理解和感受。同时，我们也可以通过这种研究，揭示出不同地域和文化之间的差异和联系，从而更全面地理解文学地理意象的多样性和复杂性。因此，感知与认知的双重性是文学地理意象研究的一个重要特征。它使得这一研究领域不仅关注文学作品中的地理意象本身，还深入探讨了读者或作者对这些意象的感知和认知过程。通过这种双重性的研究，我们可以更深入地理解文学作品与地理意象之间的内在联系和复杂关系，从而更全面地把握文学作品的丰富内涵和深刻意义。

  唐宋文人对福建的书写，构成了文学史上一个独特而丰富的篇章。尽管当前学术界对此已有相当的研究，但这些研究往往侧重于整体趋势和宏观特征的把握，而对于具体文人作品中福建形象的细腻描绘与深入分析，则显得略为不足。

  事实上，在唐宋文人的诗文中对福建有着详尽的记述，这些作品不仅反映了福建的自然环境，更透露出当时社会、经济、文化的诸多信息。然而，这些宝贵的文学资源在现有的研究中并未得到充分的挖掘和利用。对具体文人作品中的福建形象进行深入分析，不仅可以填补学术空白，更有助于我们全面、立体地理解唐宋时期福建的历史文化与社会风貌。

第三节　作为一种集体文化感知的地域书写

通观既有的学术成果，不难发现福建地区在文学地理意象领域的研究尚存许多空白之处，这些留白处十分有必要进行进一步的发掘与填充。由此，本书试图从唐宋间文本语料中择取若干福建地区具有代表性的地理意象为研究个案，在展现福建自然与人文两方面风貌的同时，着力探讨这些意象在文人笔下是如何被生发塑造、流转传播，又被赋予了何种的心绪情思。子曰诗可以观，笔者即希冀借由这种动态性的描述，可以透视出时人对于福建抱有的体认以及潜藏在体认之后的区域文化感知与社会心态变迁。

具体而言，本书聚焦于中华文明涵化过程，旨在通过深入分析福建地区从被视为"蛮夷之地"到逐渐崛起为"富庶上国"的历史性转变，来探讨中华文明内部多元文化的融合与发展机制。这一研究不仅关注福建地域文化的独特性，更将其置于中华文明的大背景下，考察其与中原文化及其他地域文化的交流与融合。通过对福建历史文献的梳理和文人作品的解读，本书将揭示福建地区在中华文明涵化过程中所经历的复杂变迁。这种变迁不仅体现在经济、政治、社会结构的转变上，更深刻地反映在文化认同、价值观念以及生活方式等层面。福建作为一个具有丰富历史文化遗产和独特地理环境的区域，其发展历程为中华文明的整体性研究提供了宝贵的区域性案例支持。

与此同时，研究唐宋文人的文学作品中对福建的描述，为我们提供了一个独特的视角，来探究文学创作与社会现实之间的互动关系。本书的研究不仅关注文学作品中的艺术表达和审美价值，更着重探讨文学在塑造和反映地域形象中所扮演的角色及其发挥的作用。文人们通过笔下的文字，不仅记录了福建地区的社会风貌、风土人情，还表达了对这片土地的独特认知。同时，文学也在塑造福建地域形象中发挥了重要作用。文人们通过对福建的描绘和叙述，为后世读者构建了一个丰富多彩的地域形象。这个形象不仅包含了福建的自然风光、人文景观，还蕴含了文人们对福建的文化认同和情感归属。通过这一研究，我们可以进一步深化对古代文学社会功能的理解。文学不仅是对社会现实的反映和记录，更是对社会现实的塑造和引领。文人们通过笔下的文字，不仅传递了社会信息和价值观念，还在一定程度上引导了社会舆论和风尚。在这个意义上研究唐宋文人笔下的福建与社会现实的互动关系，不仅可以揭示文学创作与社会现实之间的密切联系，还可以深化我们对古代文学社会功能的理解，为当今的文学创作和社会发展提供有益的借鉴和启示。

概而言之，本书的研究价值与创新之处可归结为以下四个方面。

一是融合多元学科，创新历史分析。本书在研究方法上实现了历史学、文学、社会学等多个学科的理论与方法有机融合。这一跨学科的融合不仅拓宽了研究的视野，更为历史分析带来了独特视角。特别值得一提的是，本书将文学文本作为历史分析的素材，这一做法是对传统历史研究方法的一次重要突破。传统历史研究往往过于依赖官方文献和考古资料，而文学文本作为历史的另一种书写方式，却蕴含着丰富的社会、文化和历史信息。通过深入分析文学文本，我们可以更加深入地理解历史的多维面貌，揭示出历史进程中那些被官方文献所忽视或掩盖的细节和真相。文学文本是历史的见证者，它们记录了当时社会的风俗习惯、人们的思想观念以及历史的变迁。通过对这些文本的分析，我们可以更加直观地感受到历史的氛围，理解当时人们的生活方式和思维方式。同时，文学文本也是历史的解读者，它们通过对历史事件和人物的描绘和叙述，为我们提供了不同的历史解释和观点。因此，本书将文学文本作为历史分析的素材，不仅丰富了历史研究的资料来源，更为我们提供了一种全新的历史解读方式。这种跨学科的研究方法使我们能够更加全面地理解历史的多维面貌，揭示出历史进程中那些被传统研究方法所忽视的重要方面。

二是从边疆视角审视中华文明涵化。传统研究在探讨中华文明涵化时，往往过于聚焦于中原文明对边疆地区的单向影响，而忽视了边疆地区在中华文明形成和发展过程中的积极作用与独特贡献。这种视角的偏差导致我们对中华文明涵化的理解存在片面性。为了弥补这一研究空白，本书选择从边疆地区的视角出发，以福建为例，深入探讨其如何被纳入并丰富中华文明体系的过程。福建作为中国古代的一个边疆地区，其历史发展充满了与中原文明的互动与融合。本书将重点关注福建在中华文明涵化过程中的独特地位和作用，揭示其在接纳中原文明的同时，如何保持并发展自身的地域特色，进而为中华文明的多元性和包容性作出贡献。这一研究路径不仅填补了传统研究的空白，还为中华文明涵化研究开辟了新的方向。它使我们能够跳出中原中心的传统思维框架，从更广阔的视角审视中华文明的涵化过程。通过这种跨地域、跨文化的研究，我们可以更加全面地理解中华文明的多元性和包容性，以及不同地域文明在中华文明形成和发展中的重要作用。同时，本书的研究也将为当今的文化多样性与文化交流提供历史镜鉴和启示，促进我们对文化多元共存的深入理解和实践。

三是揭示地域形象变迁的动态过程。本书通过深入分析唐宋文人笔下的福建形象变迁，深入揭示了地域形象构建与重构的动态过程。这一研究不仅聚焦于福建地域文化的独特性，更将其置于中华文明的大背景下，全面考察其与中原文化及其他地域文化的交流与融合。在唐宋时期，福建从一个被视为"蛮夷之地"的边缘区域，逐渐发展成为经济繁荣、文化昌盛的"富庶上国"。这一历史性的转变在唐宋文人的笔下得到了生动的描绘和反映。本书通过对这些文学作品的深入分析，揭示了福建地域形象在历史进程中不断被塑造和重构的动态过程。这一研究使我们更加深入地理解了地域形象是如何在历史、文化、社会等多重因素的作用下不断变迁的。同时，我们也看到了福建在接纳和融合中原文化及其他地域文化的过程中，如何保持并发展自身的地域特色，进而形成独特的地域形象。通过这一研究，我们还可以更加清晰地认识到地域形象变迁对区域文化认同和社会发展的影响。地域形象的塑造和重构不仅影响着人们对该地区的认知和评价，更在深层次上影响着区域文化的认同和社会的发展走向。因此，本书的研究不仅具有学术价值，还具有实践意义，可以为当今的地域形象塑造和区域文化发展提供有益的借鉴和启示。

四是探讨微观视角下的宏观叙事。本书以福建为例，通过对其微观区域的深入分析，展现了中华文明宏观发展脉络中的一个具体切面。这一研究不仅关注福建地域文化的独特性和历史变迁，更将其置于中华文明的大背景下，实现了从局部到整体的叙事创新。福建作为中华文明的一个重要组成部分，其历史变迁和发展轨迹不仅反映了自身的独特性，更蕴含着中华文明发展的普遍规律和特征。本书通过对福建的深入研究，揭示了其在中华文明形成和发展过程中的重要作用，以及其与中原文化和其他地域文化的交流与融合。这一研究使我们能够在微观层面深入理解宏观历史进程，更加全面地认识中华文明的多元性和复杂性。通过福建这一具体案例，我们可以更加深入地理解中华文明在不同地域、不同文化背景下的形成和发展过程，以及这一过程中不同区域之间的相互作用和影响。同时，本书的研究也为我们提供了一种新的研究视角和方法。通过对微观区域的深入分析，我们可以更加深入地理解宏观历史进程中的具体细节和动态变化，为宏观历史研究提供更加丰富和具体的实证材料。这种从微观到宏观的研究方法不仅适用于福建，也可以被推广到其他地域和文明的研究中，为我们更加全面地理解人类文明的多样性和复杂性提供新的思路和途径。具体来说，本书通过对福建的细致考察，揭示了其在历史长河中的独特地位和作用。福建不仅是一个地理概念，更是一个文化符号，承载着丰富的历史信息和文化内涵。通过对福建的民俗、语言、建筑、宗教等方面的深入研究，本书展示了福建如何在历史的洪流中保持其独特性的同时，又与中华文明的主流文化相互影响、相互渗透。福建的历史变迁不仅是个体的，更是整体的，它反映了中华文明在不同地域的适应性和包容性。本书的研究成果不仅为福建地区的历史文化研究提供了新的视角，也为中华文明的整体研究贡献了新的思路。通过对福建这一具体案例的剖析，本书为理解中华文明的多元性和复杂性提供了有力的证据和深入的分析，使我们能够更加全面地把握中华文明的发展脉络和内在逻辑。

第一章　初唐至中唐时期文人的福建书写

自秦王嬴政二十五年（前222）秦国南平百越，设闽中郡始，福建地区第一次正式进入了中华王朝的版图，成为其治下疆域的一部分。然而，在随后的汉魏六朝等历史时期，尽管福建已经成为帝国的一部分，但其独特的"蛮夷渊薮"的文化印记却从未消散。当时的中原文人并不将福建视作"本土"的一部分，而是不断地将其建构成文化与地域上的"他者"。在这些文人的笔下，福建常常被描绘成一个未开化的边远地区，这种负面的描述在很大程度上影响了后世对福建的认知，使得福建在很长一段时间内都被视为一个异域般的存在。

随着唐王朝的建立及其对南方的经营，一直游离于中原文化之外的福建逐渐进入了中原的话语体系中。文人们开始用诗文描绘、记叙关于福建的见闻与感受，相对应的文学地理意象亦接踵而至，但其与中原文化的融合却进展缓慢。由于地理位置偏远，交通不便，加上当地文化的独特性和封闭性，使得福建在中原文人眼中始终保持着一种"异质性"。当时的文人墨客在描述福建时，常常使用诸如"蛮荒""瘴疠"等词汇，这些词汇不仅反映了当时福建地区的自然环境，也折射出中原文人对福建文化的陌生和排斥。在初唐至中唐时期，中原文人对福建的文化认知并未完全改变。他们依旧将福建视为一个相对落后的地区，认为其与中原的文明水准存在显著差距。这种观念在很大程度上源于中原文化的优越感，以及对边疆地区文化多样性的忽视。

第一节　蛮夷之域与化外之境

一、族属之异：化外之地的判读理据之一

福建被视为蛮夷之邦，最早当自《周礼》始。《周礼》作为中国古代的一部重要典籍，详细描述了周朝时期的社会制度、官职设置以及天下地理的划分。其中"职方氏"一职，专门负责掌管天下地图，了解各地的风土人情、经济状况以及军事布局。《周礼》涉及福建的表述如下："职方氏：掌天下之图，以掌天下之地。辨其邦国、都鄙、四夷、八蛮、七闽、九貉、五戎、六狄之人民与其财用、九谷、六畜之数要，周知其利害。"[①]这段话表明，周朝时期，中央政府已经对各地进行详细的地理、人口、资源等方面的管理和分类。此时福建已被纳入中原王朝的地理认知和管理范畴之中，体现了古代中央政权对包括福建在内的边远地区的了解和关注。然而，在这种分类体系下，福建以及其他被视为边远地区的地方，往往被赋予了蛮夷之名。这种观点不仅体现在官方的行政管理上，也深深影响了后世中原文人的文化认知，注定了闽人将要在华夏大地的边缘地带，经历漫长的岁月变迁与族群融合。

需要特别说明的是，在历史的漫漫长河中，闽人并非一成不变。战国后期，随着诸侯国之间的纷争不断加剧，各国之间的兼并战争愈演愈烈。在这一动荡的历史背景下，越国也未能幸免，最终因国力衰弱、外交失利等因素，被强大的楚国所吞并。越国的灭亡，标志着其作为一个独立政体的消失，但其影响并未就此终结。越国宗族在国破家亡之后，流散四方，其中一部分族人辗转迁徙至福建地区，与当地的闽人联合，共同铸就了兴盛一时的闽越国。

[①] 郑玄注，贾公彦疏：《周礼注疏》卷第三十九，上海：上海古籍出版社，2010年，第1271页。

汉武帝时，闽越发兵攻击左邻南越国，南越国无力抵抗，只得向汉武帝乞求援助。然而，面对这样的请求，淮南王刘安的回应却颇具深意，他直言不讳地指出："越，方外之地，劗发文身之民也。不可以冠带之国法度理也。自三代之盛，胡越不与受正朔，非强弗能服，威弗能制也，以为不居之地，不牧之民，不足以烦中国也。"① 在刘安看来，闽越之地乃是一片蛮荒之地，其民众习俗独特，与中原文化格格不入。他们剪发文身，以彰显其独特的身份和信仰。这样的民族，自然无法用中原王朝的法度来治理。刘安的言论，在当时是极具代表性的。这集中反映了当时中原王朝对于福建地区及其文化的偏见和排斥。即便福建之地与汉朝疆域咫尺相邻，但中原之人对这片土地的认知却十分有限，甚至不屑于发生任何交集。汉武帝时期，中原王朝正值鼎盛，四方来朝，疆域辽阔。然而，在这片广袤的土地上，闽越之地却如同一个孤独的岛屿，与中原王朝保持着微妙的距离。

刘安的言论同时也为我们提供了审视中原文化与周边民族文化关系的独到视角，并揭示了中原文化在拓展过程中的困境。由于地理位置、交通条件以及信息传播的限制，中原王朝对周边地区的文化习俗、宗教信仰和社会结构等方面认识不足，甚至存在误解和偏见。在向外开拓的过程中，中原王朝往往以自身的文化标准来衡量和评价周边地区，试图将中原的文化模式强加于当地。然而，这种做法忽视了文化的多样性和复杂性，难以真正理解和融入当地的文化。因此，在拓展过程中，中原王朝常常遭遇文化冲突和误解，这些冲突和误解不仅影响了拓展的进程，也损害了中原王朝与周边地区的关系，使得双方之间的交流和融合变得更加困难。

直到晚唐前，福建仍一直为中原的主流文化圈所排斥。福建虽已归入中原王朝的版图多年，但其地位与中原主流文化圈相比，却始终显得疏离而边缘。身处中原的文人们，往往以一种复杂的眼光看待这片遥远的土地，它既是大唐疆土的一部分，又仿佛游离在主流文化的视线之外。例如

---

① 班固：《汉书》卷六十四上，北京：中华书局，1962年，第2777页。

张循之在得知友人即将出使福建时,心中涌起的并非对未知世界的好奇,而是对友人即将踏入"蛮荒之地"的同情与担忧:

> 傍海皆荒服,分符重汉臣。云山百越路,市井十洲人。执玉来朝远,还珠入贡频。连年不见雪,到处即行春。①

首联两句诗深刻地揭示了唐王朝的中原中心观。在这一观念下,唐朝视自己为文明的中心,认为中原地区是文化、政治和经济的核心所在。相比之下,沿海地区和其他边疆地带则被视为未开化的荒地,是文明的边缘地带,需要中原的治理和教化。朝廷派遣的官员,即"汉臣",在这些"荒服"之地拥有举足轻重的地位和权力。他们不仅是中原王朝在这些地区的代表,更是文明和教化的传播者。

颔联两句诗不仅描绘了福建地区的自然环境和人文景观,更透露出中原王朝对福建的想象与偏见。"云山百越路"以"云山"形容福建地区的遥远和险阻,以"百越"指代福建地区的众多民族和复杂地域。这种描述方式本身就带有一种对福建的陌生感和神秘感,仿佛那是一个与中原截然不同的世界,充满了未知和危险。而"市井十洲人"则进一步强调了福建地区的多元文化和不同民族。这里的"市井"可能指的是福建地区的集市或城市,而"十洲人"则暗示了福建地区居民的多样性和复杂性。然而,这种对福建的多元文化和不同民族的描述,同时也透露出一种偏见。中原王朝往往将福建地区视为与中原截然不同的"他者",认为那里的人们和文化与中原有着根本的差异。这种偏见导致了中原王朝对福建地区的忽视和误解,认为那里是文明的边缘地带,不需要过多地关注和投入。

颈联两句诗不仅生动地描绘了福建地区对中原王朝的朝贡情景,更深刻地反映了中原王朝对朝贡体系的重视以及这种体系所蕴含的政治和文化

---

① 张循之:《送泉州李使君之任》,见彭定求等编《全唐诗》卷九十九,北京:中华书局,1999年,第1060页。

意义。"执玉来朝"这一表述,以"玉"这一在中原文化中象征尊贵与纯洁的物品,来代表福建地区对中原王朝的敬意和臣服。而"远"字则强调了福建地区的遥远,以及他们愿意克服重重困难,前来朝拜的诚意和决心。这种朝拜行为,对于中原王朝来说,是一种对其中心地位和权威的确认和强化。"还珠入贡"则进一步强调了福建地区对中原王朝的贡献。这里的"珠"可能代表福建地区的珍稀物品或特产,而"还"和"入贡"则表达了福建地区愿意将这些珍贵物品献给中原王朝,以示臣服和忠诚。这种频繁的入贡行为,不仅为中原王朝带来了物质上的财富,更在政治和文化上强化了其中心地位和权威。它确认了中原王朝的中心地位和权威,同时也强化了福建地区对中原的臣服和忠诚。然而,我们也应该看到,这种朝贡体系往往伴随着对福建地区的轻视。

尾联两句诗以生动的语言描绘了福建地区独特的气候特点,即常年温暖如春,鲜见雪花的踪迹。然而,在这简洁明快的描述背后,却隐含着一种对福建气候的深刻偏见。在中原王朝的传统观念中,四季分明、冬有雪景被视为正常的气候现象,也是中原地区气候的典型特征。因此,当面对福建这种常年温暖、无雪的气候时,中原人便将其视为与中原截然不同的"异域"。这种偏见不仅体现在对福建气候的描述上,更进一步影响了中原人对福建地区的整体认知和态度。实际上,福建地区的气候特点是其独特的地理环境和自然条件所决定的,与中原地区的气候差异只是地理多样性的体现。然而,在中原王朝的自我中心观下,这种差异被放大并赋予了偏见色彩,使得福建地区在中原人的眼中成了一个神秘而陌生的"他者"。

张循之《送泉州李使君之任》表明,虽然福建早已被纳入中原王朝版图多年,并在其中设置了多处地方行政机构,拥有一定的实际控制权,不似秦朝只是虚置其地,但张循之心中依然有一条清晰明确的分界线,他固执地将福建这片区域割除在王朝的疆界之外。在他看来,沿海地区皆属蛮荒之域,汉与越的二族对立是鲜明而不可消融的,更遑论其间还夹杂着异国他邦的"十洲"之人,他们与中央的联系被冠以朝贡的名义,其在身份认同中对福建居民的区别显露无遗。

无独有偶，在钱起为即将启程前往福建的友人李大夫送行时，他满怀深情地表达了自己对友人的殷切期望："按节化瓯闽，下车佳政新。应令尉陀俗，还作上皇人。"① 在这首诗中，"瓯闽"指的是福建地区。所谓"按节"，原本是指古代的使者手持节杖出行，这里则引申为官员赴任的情景；而"下车"则是指官员刚刚抵达任所，开始履行职责。钱起在这首诗中表达了对李大夫的期望，希望他能够迅速在当地推行良好的治理政策，为当地带来新的气象和改变。诗中的"尉陀"是指古代对南方少数民族的一种称呼，而"上皇人"则隐含地指代中原地区的文明人。钱起通过这些表述，表达了他对李大夫的期望，希望他能够教化当地的民众，改变他们原有的风俗习惯，使他们逐渐融入中原文明，成为文明的"上皇人"。尽管诗中并没有直接贬低福建的风俗，但从"尉陀俗"的表述中，我们仍然可以看出当时文人对福建地区风俗的一种固有的偏见和看法。

类似的言论也见于刘长卿的《送乔判官赴福州》中："扬帆向何处，插羽逐征东。夷落人烟迥，王程鸟路通。"② 尽管刘长卿并未在此诗中向我们描述福建是如何的人烟迥异，但从其他文献中可发现一些端倪。据《太平寰宇记》载："建安太守，本闽越，秦立为福建郡，汉武帝世，闽越反，灭之，徙其民于江淮间，虚其地，后有遁逃山谷者颇出，立为冶县，属会稽。"③ 据此可洞悉福建地区历史演进与民族融合的轨迹。福建古为闽越之地，秦始皇统一六国后，设立福建郡以进行管辖。然而，至汉武帝时期，闽越地区因反抗汉朝统治而被平定，汉武帝遂下令废除闽越国，并将当地民众迁徙至江淮地区，导致原闽越地区人口锐减。尽管如此，仍有部分闽越遗民隐匿于深山幽谷之中，他们隐姓埋名，与外界隔绝，逐渐在山谷间形成了独特的生存方式。

---

① 钱起：《送李大夫赴广州》，见彭定求等编《全唐诗》卷二百三十六，北京：中华书局，1999年，第2599页。

② 刘长卿：《送乔判官赴福州》，见彭定求等编《全唐诗》卷一百四十八，北京：中华书局，1999年，第1508页。

③ 沈约：《宋书》卷三十六，北京：中华书局，1974年，第1092页。

随着时间的推移，这些散入山林的闽越族孑遗，其命运发生了分化。一部分人在与外界的长期隔绝中，逐渐走出了深山，与迁徙至此的汉人接触、交流，最终在文化、经济等方面实现了融合，成为汉王朝辖下的正式居民，接受汉朝的统治与管理。而另一部分人则选择继续坚守山林，他们与汉人保持着一定的距离，同时也在山林间形成了独特的族群——山越。这些山越在后来的历史中，与汉族以及其他民族发生了多次交融与碰撞，其中与畲族先民的关系尤为密切，两者在血缘、文化等方面都有着千丝万缕的联系。傅衣凌先生甚至认为："在福建特殊部族中，畲与蜑实推巨擘，此两族其先盖同出于越，后乃辗转流布于今之闽浙赣三省边区，并深入于粤东，以其有居山、居水之异，爰分为二，实则一也。惟山居之民，在宋之前，多称为越南蛮、峒蛮或洞獠，宋元之际，'畲'名始渐通行。"[1] 傅衣凌先生所提出的观点，为深入理解福建地区特殊族群的历史变迁与文化交融提供了新的研究视角。他特别强调了畲族与蜑族之间的历史纽带，以及他们与越族之间所存在的深厚历史渊源。此外，他还阐明了这些族群在地理分布、生态环境以及文化特质等方面的多元性和复杂性。这些深刻的见解对于我们在福建地区历史与文化领域的进一步探索与研究具有极其重要的价值。

在唐初的闽西，畲族先民们爆发过规模颇大的"蛮獠啸聚"。跟随陈政父子入闽平蛮的军咨祭酒作者的后裔所编的《白石丁氏古谱》提到了唐初陈元光平定叛乱的背景："先是，泉潮之间，故绥安县地。负山阻海，林泽荒僻。为獠蛮之薮，互相引援，出没无常，岁为闽广患。且凶顽杂处，势最猖獗。守戍难之。自六朝以来，戍闽者屯兵于泉郡之西、九龙江之首，阻江为险恶，插柳为营。"[2] 这段材料说明唐时在福建山溪险恶之处仍生活着数量可观的土著蛮民。这里是王权的真空区，土民的行为做派目

---

[1] 傅衣凌：《福建畲姓考》，载《傅衣凌治史五十年文编》，北京：中华书局，2007年，第169页。
[2] 白石丁氏族人编修：《白石丁氏古谱》，漳州：漳州市地方志编纂委员会，1986年，第31—36页。

无法纪，不服王化，甚至与朝廷为敌，多造骚乱。可以说，唐初的"蛮僚啸聚"不仅是一场民族冲突，更是一场地理环境、政治策略与民族关系交织的复杂事件。

二、风俗之异：化外之地的判读理据之二

可以肯定的是，这些土著蛮民在历经岁月的洗礼后，仍然顽强地保留并剿袭了古越族的一些独特习俗。例如独孤及称"闽越旧风，机巧剽轻，资货产利与巴蜀埒富，犹有无诸、余善之遗俗，号为难治"。① 这段描述不仅揭示了闽越地区人民机智敏捷、崇尚轻捷的特性，还指出他们拥有与巴蜀地区相媲美的丰富资源和财富。同时，独孤及也强调了这一地区仍然保留着无诸、余善等古越首领的遗俗，这使得治理变得尤为困难。稍后，独孤及又进一步指明福建是一个"椎髻殊俗"之地，这里的"椎髻"指的是古代越人的一种发式，即将头发挽成锥形的发髻，这显然是古越习俗的一种遗留。陈元光在上书乞建漳州时，也详细描述了这一地区的特殊情况："况兹镇地极七闽，境连百粤。左衽居椎髻之半，可耕乃火田之馀。"② "左衽"指的是衣襟左开的衣服，是古越人的一种服饰特色，而"火田"则指的是当地特殊的耕作方式——刀耕火种。陈元光的描述进一步证实了闽地土著居民在服饰、发式以及耕作方式上都保留了浓厚的古越习俗。骆宾王根据这些描述，笃定地判断："龙章徒表越，闽俗本非华。"③ 他认为尽管闽地也有龙章凤姿的表象，但其习俗本质上并非华夏文明的一部分。柳宗元于诗中也表达了类似的观点："共来百越文身地，犹自音书滞一乡。"④

---

① 独孤及：《福州都督府新学碑铭》，见董诰等编《全唐文》卷三百九十，北京：中华书局，1983年，第3964—3965页。

② 陈元光：《乞建州县表》，见董诰等编《全唐文》卷一百六十四，北京：中华书局，1983年，第1674页。

③ 骆宾王：《晚憩田家》，见彭定求等编《全唐诗》卷七十七，北京：中华书局，1999年，第830页。

④ 柳宗元：《登柳州城楼寄漳汀封连四州》，见彭定求等编《全唐诗》卷三百五十一，北京：中华书局，1999年，第3946页。

此诗折射出的是虽然柳宗元来到了福建这个百越族人聚居、盛行文身习俗的地方，但他与这片土地之间存在着某种难以逾越的隔阂，连音信都难以通达故乡。这种隔阂不仅仅是地理上的距离，更是文化、情感上的疏离。

这些文人均将矛头指向了闽人的断发文身之俗。这一习俗作为古越文化的重要遗留，在唐代仍然显著地存在于闽地土著居民的生活中。实际上，福建地区的断发文身习俗，作为该地区独特历史文化的一部分，深刻反映了古代闽越族先民的生活状态、宗教信仰以及文化观念。这一习俗是闽越族与其他族群区别开来的显著标志。闽越族先民生活在福建地区，其生活环境以水域为主，潮湿多水的气候使得他们形成了独特的生存方式。在这种环境下，他们选择了将额前及两鬓的头发剪短，这一习俗被称为"断发"。这种断发的行为，不仅是为了适应潮湿多水的环境，减少头发对劳作和生活的干扰，更体现了闽越族先民对于自然环境的适应和改造。这种习俗与中原地区束发戴冠的风俗形成鲜明对比，成为闽越族文化的重要特征之一。与此同时，闽越族先民还喜欢在皮肤上刺青各种象形图案，这些图案大多是龙蛇的造型。文身习俗在闽越族中极为普遍，不仅是男性，女性也多有此习俗。文身图案不仅具有装饰性，更承载了深厚的文化内涵。据史书记载，闽越族先民通过文身来规避水中的"蛟龙"之害。他们认为，通过在身上文上龙蛇等图案，可以模仿蛟龙的形象，从而在水中获得某种超自然的力量，以此来吓走水怪，保障自身的安全。因此，文身习俗实际上是一种原始巫术的"模仿术"，体现了闽越族先民对于自然力量的敬畏和崇拜。此外，文身在闽越族社会中还具有其他社会功能。它不仅是身份和地位的象征，也是族群认同的标志。通过文身，闽越族先民可以明确自己的族群身份，加强族群内部的凝聚力和认同感。

除断发文身外，闽人的崇蛇风气尤为突出。首先，从地理环境来看，福建地处东南沿海，气候湿热，林木茂密，这种自然环境为蛇类的生长和繁衍提供了得天独厚的条件。福建的山林、水田、溪流等地都是蛇类活动的场所，因此，古代福建人与蛇的接触尤为频繁，蛇在他们生活中扮演着重要的角色。其次，从历史文化的角度来看，秦汉以前，居住在福建境内的土著居民和闽越族就盛行"蛇图腾"崇拜。他们将蛇视为神灵，尊为自己的先祖，并将其作为氏族的保护神来崇拜。这种信仰逐渐发展成为一种独特的文化习俗，深深地烙印在福建人的心中。随着时间的推移，这种崇蛇习俗在福建地区得到了广泛的传播和继承，成为福建民俗文化的重要组成部分。

对此，《开元释教录》径称："闽县，越州也，即古东瓯，今建州亦其地，皆蛇种，有五姓，谓林、黄是其裔。"① 古代南方多产虫蛇，这令以蛮夷自视的楚人都畏惧不已："南方不可以止些。雕题黑齿，得人肉以祀，以其骨为醢些。蝮蛇蓁蓁，封狐千里些。雄虺九首，往来倏忽，吞人以益其心些。"② 古闽人生活其间，自会与虫蛇有接触与交集，蜇咬更是在所难免。对于死于非命的恐惧促使他们将蛇虫作为自己族群的图腾，以此取得庇佑或掩饰。因此，许慎在《说文解字》中释"闽"字为"东南越，蛇种"③，意为好蛇之族。在开元中，福州的主要贡品正是蚺蛇胆。有关蛇王宫、青宫庙以及崇蛇祭蛇的记载更是经常见于福建各地的方志中。有的祀蛇场所甚至保留至今，如南平西芹、长汀罗汉岭等。许多考古发现亦足以支撑这一观点。在漳州地区，多处发现了蛇形的石刻与岩画，这些遗迹无疑是古代闽人崇蛇文化的直观体现。而在商周时期福建出土的陶器上，也不乏以蛇为设计元素的图样与纹饰，这些都充分证明了蛇在古代闽人生活中的重要地位及其作为文化符号的深远影响。

在为卒于福建观察使任上的薛謇所撰写的神道铭文中，刘禹锡指出：

> 闽有负海之饶，其民悍而俗鬼，居洞砦，家桴筏者，与华言不通。④

---

① 智昇：《开元释教录》，见乐史撰《太平寰宇记》卷一百江南东道二，北京：中华书局，2007年，第1991页。
② 屈原：《楚辞》，北京：中华书局，2010年，第211—212页。
③ 许慎：《说文解字》卷十三上，北京：中华书局，1972年，第282页。
④ 刘禹锡：《唐故福建等州都团练观察处置使、福州刺史兼侍御使中丞、赠左散骑常侍薛公神道碑》，见董诰等编《全唐文》卷六百〇九，北京：中华书局，1983年，第6155—6156页。

福建滨海，与北方陆路平原有别，闽人主要采用以水为路，以舟楫代马的交通方式。《山海经·海内南经》载："海内东南陬以西者。瓯居海中。闽在海中，其西北有山。一曰福建山在海中。三天子鄣山在闽西海北。一曰在海中。"① 古地质学研究表明，公元前 4000—公元前 3000 年前，海平面上涨达到高峰，中国东南近海处不少地势低洼的地方均被海水浸没，台湾海峡正是在此时形成。后世福建的出土物多贝类子壳、朽木烂筏也证明了闽越人喜近海择水而居，明代的方志史学家何乔远就据此推测道："谓之海中者，今福建地穿井辟地，多螺蚌壳、败槎，知洪荒之世，其山尽在海中，后人乃先填筑之也。"② 这一推测不仅揭示了福建地区在地质历史时期可能经历过的海洋覆盖过程，也反映了古代闽越人对自然环境的适应与改造能力。

　　俗语谓"靠山吃山，靠水吃水"。闽越人近水而居，善于从水中捕捞获取以供食用的水生生物与其他维持生活的物资。《搜神后记》中记叙在侯官有天女田螺化身美丽贤淑的农夫之妻并照料其饮食起居的传说，足见闽人对于水产生物有非比寻常的好感。由于经常需要潜入水中作业，久而久之，这些以水为生的闽越人个个水性娴熟。早在汉初，闽越国就已经建立了实力不俗的水上武装力量，甚至拥有近海航行的能力。淮南王刘安劝阻武帝罢兵福建的理由之一就是："臣闻越非有城郭邑里也，处溪谷之间，篁竹之中，习于水斗，便于用舟，地深昧而多水险，中国之人不知其势阻而入其地，虽百不当其一。"③ 这段话深刻揭示了闽越人独特的水上生活环境和军事优势。闽越人所处的地理环境，以溪谷、篁竹等自然要素为主，这些地形地貌使得他们从小就与水为伴，习于水斗。同时，他们的水域也充满了各种水险，这些自然障碍使得外来势力难以轻易进入闽越地区。然而，对于闽越人来说，这些水险却是他们的天然屏障，也是他们水上作战

---

① 郭璞注：《山海经》，上海：上海古籍出版社，1989 年，第 40 页。
② 何乔远：《闽书》卷一，福州：福建人民出版社，1994 年，第 10 页。
③ 班固：《汉书》卷四十六上，北京：中华书局，1962 年，第 2778 页。

的重要依托。在军事领域，闽越人的水上优势得到了充分的发挥。他们利用船只和水性，在水上灵活机动，不仅能够迅速转移兵力，还能够通过水军对敌人进行出其不意的攻击。

唐代其他文人也注意到这一特点，如孟浩然在除夕之夜见到的是："云海泛瓯闽，风潮泊岛滨。"① 反映在交通方式上则是："海戍通闽邑，江航过楚城。"② 马戴亦有诗曰："寺隔海山遥，帆前落叶飘。"③ 我们不难蠡测出彼时福建的滨海特质已是为世人所习知。他们对福建地区的滨海特质给予了深刻的描绘和关注。这一地理特色不仅体现在自然景观的描绘上，也深刻地影响了当时社会的交通方式和文化认知。

刘禹锡同时认为彼时福建民风剽悍轻佻。在为薛謇所撰写的神道碑文中，他强调"闽悍而嚣，夷风脆急"④。张说作为同时代的文人，对福建民风的看法与刘禹锡不谋而合。他认为"闽乡越嶂，旧风人狃轻剽"⑤，即福建地区的人民长期受到轻剽之风的熏陶，形成了独特的性格和行为方式。独孤及在《送王判官赴福州序中》对福建民风的描述更为详细。他提到："福建者，左溟海，右百越，岭外峭峻，风俗剽悍，岁比饥馑，民方札瘥，非威非怀，莫可绥也。"⑥ 在独孤及的描述中，福建东临大海（溟海），西接百越之地，地势崎岖，山岭陡峭。这样的地理环境使得福建与外界的交通相对不便，与中原地区文化交流较少，也影响了当地的经济发展和民生

---

① 孟浩然：《除夜乐城逢张少府》，见彭定求等编《全唐诗》卷一百六十，北京：中华书局，1999年，第1658页。

② 李欣：《送人尉闽中》，见彭定求等编《全唐诗》卷一百三十四，北京：中华书局，1999年，第1360页。

③ 马戴：《送僧归闽中旧寺》，见彭定求等编《全唐诗》卷五百五十五，北京：中华书局，1999年，第6436页。

④ 刘禹锡：《唐故福建等州都团练观察处置使、福州刺史兼侍御使中丞、赠左散骑常侍薛公神道碑》，见董诰等编《全唐文》卷六百〇九，北京：中华书局，1983年，第6156页。

⑤ 张说：《吊陈司马书》，见董诰等编《全唐文》卷二百二十四，北京：中华书局，1983年，第2265页。

⑥ 独孤及：《送王判官赴福州序中》，见董诰等编《全唐文》卷三百八十七，北京：中华书局，1983年，第3934页。

状况。同时，由于地理环境的险恶和资源的匮乏，当地人民在长期的生活实践中形成了剽悍轻佻的性格和行为方式，其民风较为原始和野蛮，难以驯服和教化。独孤及对福建民风的描述，反映了当时中原士人对于福建地区的某种文化心态。一方面，他们可能对福建地区的自然环境和社会状况感到陌生和畏惧；另一方面，他们也意识到福建地区与中原地区的文化差异和治理难度。福建旧为《禹贡》扬州之域，而东汉李巡在解释扬州之名的由来时说："江南，其气燥劲，厥性轻扬，故曰扬州。"① 这句话虽然并未直接涉及福建地区，但从中可以看出江南地区的气候和地理环境对人们性格和行为方式的影响。在当时北人眼中，江南地区教化薄弱，不尊礼法，言谈举止间常常不够庄重敦厚而显得轻浮孟浪，所以才会将这样的贬语附会于地名之上。这种看法虽然带有一定的偏见和刻板印象，但也从一个侧面反映了当时社会对江南地区民风的认识和评价。

在信仰方面，闽人俗鬼尚祀著自古昔。唐宋间，福建仍鼓荡着浓郁的巫风鬼俗。据《莆阳比事》所载，莆田人林披作为一位青年才俊，以其明经之才脱颖而出，在汀州担任漕橡之职。当时，该郡内山鬼盛行，民间信仰中鬼神观念根深蒂固。面对这一现状，林披以其独到的见解和勇气，撰写了《无鬼论》一文，试图对当时的巫风鬼俗进行理性的批判与反驳。林披的《无鬼论》在当时引起了广泛的关注与讨论。廉使李承昭对其才华与胆识给予了高度评价，并奏请朝廷授予林披本州别驾之职，负责知州事务。这一事件不仅体现了林披个人的才华与魅力，也深刻反映了当时福建地区巫风鬼俗的盛行及其对社会治理所带来的挑战。同时，林披因撰《无鬼论》而大获赏识，也进一步说明了巫俗已繁盛至不见容于官方的地步，从而引发了官方对于民间信仰与文化的重新审视与规范。

事实上，直至北宋初期，蔡襄在福州任职期间仍旧发现福建地区的民众在面临疾病时，往往更倾向于寻求巫觋的帮助，而非正规的医疗手段。

---

① 刘熙撰，王先谦（证补）：《释名疏证补》卷二，上海：上海古籍出版社，1984年，第80页。

"闽俗左医右巫"的现象导致了医疗知识的传播和应用受到了极大的限制。据蔡襄观察，许多患病之家在寻求治愈之方时，宁愿绕过医馆数次，也要向巫觋求助。这种对巫术的过度依赖，使得病情往往得不到及时有效的治疗，从而加剧了病患的痛苦。蔡襄对这种现象深感痛心，他意识到，如果不加以干预，这种对巫术的过度依赖将会对社会的健康和稳定造成更大的危害。因此，他特地撰写了《圣惠方后序》，并将其刊刻于石碑之上，以劝告民众在患病时寻求正规医疗的帮助。在这篇序文中，蔡襄详细阐述了巫术的危害，并强调了医疗知识的重要性，呼吁民众摒弃迷信，相信科学。为了进一步根除巫术的影响，蔡襄还动用了行政力量，对当地的巫觋进行了严厉的打击和取缔。他采取了多种措施，包括禁止巫觋的活动、摧毁巫觋的场所以及严惩从事巫术活动的人员等。经过蔡襄的不懈努力，福建地区的巫术活动受到了极大的打击，数百家巫觋被取缔，巫术的影响力逐渐减弱。

福建居民的住所也成了刘禹锡的关注点。即"居洞砦，家桴筏者"。"洞"或"峒"是对东南或西南少数民族聚落的一种称呼，其规模相类于村寨。按刘禹锡的说法，福建居民有两种居住方式。一种是聚栖于山林间，以带有防御性质的寨堡为容身之所。这些人应是前述的闽越族遗民。另一种则是"家桴筏者"，当指以船为家的蜑（同蛋）民。蜑在古越语当中有舟艇之意。《说文解字》称其为"南方夷也"[①]。蜑之所指多有变化，最初是居于湘鄂间的一支蛮族，在唐宋间逐渐指称散居东南沿海漂泊水上的人家。蔡襄在《杂说》中详细记述了其起居习性："福唐水居船，举家仰止于一舟，寒暑、食饮、疾病、婚娅，未始去所，谓白水人之徒欤。"[②]从中可以得知福建地区的水上居民，世代以舟船为家，形成了独特的"水居"文化。他们举家仰赖一舟而居，无论寒暑更迭、饮食起居，乃至疾病疗愈、婚嫁喜庆，均未曾离开其赖以生存的舟船。这在以陆居为主的北人

[①] 许慎：《说文解字》卷十三上，北京：中华书局，1972年，第283页。

[②] 蔡襄：《杂说》，见曾枣庄等编《全宋文》47册，上海：上海辞书出版社，2006年，第157页。

看来实是匪夷所思的景象。在陆居文化的背景下，拥有固定住所、稳定的生活环境和完善的社会设施被认为是文明和进步的表现。而水上居民的生活方式则显得相对原始和简陋，缺乏生活的便利和舒适。这种对比使得中原文人可能认为福建居民的生活方式落后，从而对其产生歧视。

三、语言之异：化外之地的判读理据之三

族属与种群的不同自然会有语言上的隔阂，即刘禹锡所谓"与华言不通"。刘长卿在《送崔载华张起之闽中》一诗中，亦强调了这一隔阂："旅食过夷落，方言会越音。"① 首先，从族属与种群差异的角度来看，福建地区的夷人，即闽越族后裔，其独特的民族身份和文化传统，使得他们的语言与中原汉语之间存在显著的差异。这种差异不仅体现在词汇、语法结构上，更在于语音、语调等语音学特征上。事实上，到了当代，福建境内各地的方言中的一些低层词仍带有古越语的成分。② 其次，从历史的角度来看，三国时期东吴政权多次发兵入闽，并在福州设立了典船校尉一职，专事船只建造。这一历史事件不仅加强了福建地区与吴越地区的联系，更使得福建方言中融入了古吴越语的语素。东吴征发入闽的人员多为吴越人，"吴与越同音共律"，即吴语和越语在发音和语调上有许多相似之处，这些来自吴越地区的人员在与当地居民交流的过程中，不可避免地将自己的语言特色带入了福建方言之中。随着时间的推移，这些古吴越语的语素逐渐被福建方言吸收和融合，从而使得福建方言在语音、词汇和语法等方面都受到了一定的影响。对此李如龙先生在其《福建方言》中多有举例。③

由于历史上福建涌入了数次移民浪潮，加之地形支离破碎，福建内部各地区间沟通交流极为不便，因此形成了不同的方言区。仅就晚唐前来

---

① 刘长卿：《送崔载华张起之闽中》，见彭定求等编《全唐诗》卷一四七，北京：中华书局，1999年，第1490页。

② 李如龙：《关于东南方言的"底层"研究》，载《民族语文》2005年第5期，第1—15页。

③ 李如龙：《福建方言》，福州：福建人民出版社，1997年，第23—25页。

看,还应有侯景乱后形成的闽北方言以及总章年间(668—670)陈政父子平定漳潮啸乱,创辟漳州府后逐渐形成的闽南方言。需说明的是,由于数次入闽的移民浪潮成分驳杂,福建各区方言在形成过程中多有融合与吸收,而不是单一地由一种语言衍化而成。如顾况《囝一章》中有"郎罢别囝,吾悔生汝"句,题后自白曰:"《囝》,哀闽也。囝,音蹇。闽俗呼子为囝,父为郎罢。"①"囝"当由吴方言而来,在今天的苏州与无锡地区仍用"小囝囝"称呼男孩。呼父为"郎罢"则源自安徽南部的徽州地区,其地方言中对父亲的称呼多用"巴"或"拔"。从语言学的角度来看,福建方言作为一种地域性语言,其形成和发展受到了多种因素的影响。除了族属与种群差异、历史事件等外部因素外,还包括语言内部结构的演变、语言接触与融合等内部因素。这些因素共同作用,使得福建方言在保持自身特色的同时,也不断吸收和融合其他语言的语素和表达方式。

在探讨古代社会的文化互动时,语言隔阂作为一个不可忽视的维度,其影响深远且复杂。这种隔阂不仅构成了交流和理解上的实质性障碍,更在深层次上反映了当时社会对于不同族属和种群复杂而微妙的认知和态度。

首先,从交流的层面来看,语言无疑是人类沟通和交流的基本工具,它如同思想的桥梁,连接着不同的文明。然而,当语言成为隔阂和障碍时,信息传递的链条便会被直接打断,导致沟通的受阻和不畅。这种障碍并非仅仅停留在表面上的言语不通,它像一道无形的墙,更深层次地阻碍了知识的广泛传播、经验的深入交流,以及文化的交融与融合。在刘禹锡与刘长卿的诗文中,我们得以窥见一个生动而具体的例子。二人的诗句不仅描绘了古代社会因语言差异而引发的交流困境和难题,更深刻地揭示了语言隔阂对人际交往和文化交流的深远影响。在这样的困境下,不同族群和民族间的日常交往和沟通变得异常艰难,信息的传递和交流变得缓慢而

---

① 顾况:《囝一章》,见彭定求等编《全唐诗》卷二百六十四,北京:中华书局,1999年,第2922页。

低效。

其次,从认知的层面来看,语言隔阂不仅仅是沟通障碍的外在体现,它更深层次地揭示了社会对不同族属和种群持有的认知偏见与固有观念。语言作为文化的重要载体,其差异仅仅是文化差异的显性表征,而背后则隐藏着更为复杂且深远的族群特性差异。因此,当不同族属和种群的人们因贸易、战争、迁徙等种种原因相遇时,语言和文化的差异便凸显为交流的巨大障碍,导致相互之间的理解变得困难重重,进而催生出误解和偏见。这些偏见并非凭空产生,它们往往根植于对"他者"的无知与恐惧之中,是人们在面对未知和差异时的一种本能反应。换言之,认知偏见的形成是一个动态且复杂的过程。它不仅加剧了语言隔阂,使得沟通变得更加困难,还在无形中塑造了不同族群间的刻板印象,强化了"我们"与"他们"的二元对立思维。在这种思维模式的驱使下,每一个族群都可能成为"他者",遭受误解、排斥甚至歧视,进而形成了一个难以打破的恶性循环:偏见孕育了隔阂,而隔阂又反过来加深了偏见,最终严重阻碍了各族群之间的和谐共处与共同发展。

最后,从心理层面来看,语言隔阂不仅仅是一种沟通上的障碍,它更深层次地揭示了当时社会对于不同族属和种群所持有的复杂态度倾向。在古代社会,由于地理环境、历史演变、文化传统以及政治经济等多重因素的交织与影响,不同族属和种群之间往往存在着显著且根深蒂固的不平等关系。这种不平等关系如同一道无形而坚固的墙,将某些族群无情地推向了社会的边缘地带,使他们在资源分配、权力结构以及社会地位等核心领域处于明显的弱势地位。这种弱势地位所带来的影响是深远且多维度的。在物质层面上,它意味着这些族群在获取生活必需品、教育资源以及发展机会等方面面临着严重的匮乏和限制。然而,更为严重的是,在精神层面上,他们所遭受的歧视和排斥更是无处不在的。这种歧视和排斥不仅来自主流社会的偏见和误解,也深深植根于社会结构和文化传统之中,使得弱势族群在身份认同、自我价值以及归属感等方面遭受了极大的打击。而语言隔阂,作为这种不平等关系的一种直观且显著的表现形式,无疑进一步加剧了弱势族群的困境。它像一道难以逾越的鸿沟，将弱势族群与主流社会无情地分隔开来，使得他们在尝试融入社会、享受平等权利和机会时面临着前所未有的巨大挑战。

第二节　崇山峻阜与道阻且长

一、闽岭：自然与心理的双重分界线

闽地多山，素有"八山一水一分田"之说。境内群峰簇立，丘陵广布，"山地、丘陵占全省总面积的90%以上。其中1000米以上的中山占3.25%；500－1000米的低山占32.87%；50－500米的丘陵、台地占58.88%，平原仅占5%"①。平行于海岸线，并列着闽西与福建两条大山带，是为闽地地形的骨架。闽西大山带的主体由武夷山脉构成，横亘于闽赣两省之间，北与浙江仙霞岭相毗连，南侧衔接广东九连山，平均海拔在1000米以上，长度则超过500公里，主峰黄岗山，海拔2158米，有"华东屋脊"之号。福建大山带则被闽江、九龙江断截为三段，总体地势北高南低，呈阶梯状分布。从两大山带的横切面上，又支衍出众多的岭岳峦岗，与两大山带一起将整个地貌绞割得支离破碎。在山地外围与沿海的过渡地带上，则广泛分布着较为低缓的丘陵，错落于群山河谷间。这种地形特点在古代社会对于农业生产和交通运输构成了极大的挑战。农业作为古代社会的主要经济基础，其发展的好坏直接关系到社会的稳定与繁荣。然而，福建多山的地形使得耕地面积有限，农业生产难以形成规模，从而影响了当地的经济发展。同时，山地的阻隔也导致了交通的不便，使得福建与外界的交流受到限制，形成了相对封闭的社会环境。对于交通不甚发达的古人而言，福建山地对交通的阻碍已到了可被划为鸿沟天堑之属的

---

① 福建省地方志编纂委员会：《福建省自然地图集》，福州：福建科学技术出版社，1998年，第10页。

程度。

　　福建如此鲜明的地形特征在诗句中自然多有反映。刘长卿便言："江流回涧底，山色聚闽中。"① 从表面上看，这两句诗通过对江流与山色的描绘，勾勒出一幅福建山水画卷，展现了其自然风光的秀丽与壮美。然而，深入品味，这两句诗更透露着一种险峻和不易接近的感觉。裴次元在福州任官时，也留下了"积高依郡城，迥拔凌霄汉"② 之残句。这里的"积高"二字，生动地描绘了山峰的累积和叠加，而"迥拔"二字形象地描绘了山峰的陡峭和挺拔。这也在更深层次上揭示了地理环境与人文心理之间的微妙联系。可以说，这两句诗不仅是对福建山水特色的精准捕捉与深邃描绘，也无意中强化了福建地形给外界带来的不易接近和难以征服的印象。

　　福建多山的地形使得北方人对福建产生了一种敬畏和排斥的心理，例如高适中年回忆起福建的特殊景观"东路云山合"③ 时仍心有戚戚。唐五代由中原入闽的陆路干道主要是经由武夷山脉的分水关进入闽北地区的建宁府境。《读史方舆纪要》载："分水关，（崇安）县西北分水岭上，接江西铅山县界，为江闽之襟要。五代至宋皆置寨于此。"④ 分水关两侧高峰对峙，高适所提及的"东路"应为东路山，该山在分水关东侧，海拔 1424.7 米，关口西侧亦有 1506.7 米的望夫山。分水关的高度也在 1400 米左右。武夷山脉为亚热带季风气候，每年春夏季东南季风都会从太平洋上带来巨量的水汽。尤其是东侧迎风坡，一年大部分时间内雨量充沛，又由于气温高，水汽蒸发量大，一遇地形抬升的缘故，上升水汽立刻冷化为云雾。在这种情况下，一些海拔不过千米数百米的山峰也是经常云遮雾罩，更遑论位居其上的分水岭了，云层就在脚下的情况也屡有发生。

---

　　① 刘长卿：《送乔判官赴福州》，见彭定求等编《全唐诗》卷一百四十八，北京：中华书局，1999 年，第 1508 页。
　　② 裴次元：《句》，见彭定求等编《全唐诗》卷四百六十六，北京：中华书局，1999 年，第 5327 页。
　　③ 高适：《送郑侍御谪闽中》，见彭定求等编《全唐诗》卷二一四，北京：中华书局，1999 年，第 2229 页。
　　④ 顾祖禹：《读史方舆纪要》卷九十七，北京：中华书局，1955 年，第 4033 页。

文人们在提及福建时也好用与山有关的字眼来指代福建。称"闽峤"的有宋之问句"候晓逾闽峤，乘春望越台"①，以及戴叔伦句"白发怀闽峤，丹心恋蓟门"②。"峤"指"山锐而高也"，二人的注目点显然是在于福建那些峻峭陡拔的高峰上。呼"闽嶂"的有张说称"传节还闽嶂，皇华入汉京"③，极言福建山势如屏风般绵延宽厚，密不透风。在《吊陈司马》一文中，张说再次使用"闽乡越嶂"来代称福建。也有直谓"闽山"的情况，如张说在《喜度岭》一诗中记述自己"洄沿炎海畔，登降闽山陬"④，一个"陬"字直观表现福建山区的荒僻穷凉。

更多的文人则是将福建与"岭"字相连缀。李嘉祐有"破竹清闽岭，看花入剡溪"⑤之句，刘禹锡《送唐舍人出镇闽中》展望友人入闽时的情境是"闽岭夏云迎皂盖，建溪秋树映红旌"⑥。卢纶对友人诉苦道："望岭家何处，登山泪几行。福建传有雪，应且住南康。"⑦与同时代的文人相比，韩翃绝对是一异类，其在《经月岩山》诗中吟道：

  驱车过闽越，路出饶阳西。仙山翠如画，簇簇生虹蜺。群峰若侍从，众阜如婴提。岩峦互吞吐，岭岫相追携。中有月轮满，皎洁如圆珪。玉皇恣游览，到此神应迷。嫦娥曳霞帔，引我同攀

---

① 宋之问：《早发始兴江口至虚氏村》，见彭定求等编《全唐诗》卷五十三，北京：中华书局，1999年，第653页。

② 戴叔伦：《独坐》，见彭定求等编《全唐诗》卷二百七十三，北京：中华书局，1999年，第3073页。

③ 张说：《岳州赠广平公宋大夫》，见彭定求等编《全唐诗》卷八十七，北京：中华书局，1999年，第949页。

④ 张说：《喜度岭》，见彭定求等编《全唐诗》卷八十八，北京：中华书局，1999年，第971页。

⑤ 李嘉祐：《和袁郎中破贼后经剡县山水上太尉》，见彭定求等编《全唐诗》卷二〇七，北京：中华书局，1999年，第2161页。

⑥ 刘禹锡：《送唐舍人出镇闽中》，见彭定求等编《全唐诗》卷三百五十九，北京：中华书局，1999年，第4053页。

⑦ 卢纶：《江北忆崔汶》，见彭定求等编《全唐诗》卷二百七十八，北京：中华书局，1999年，第3155页。

跻。腾腾上天半,玉镜悬飞梯。瑶池何悄悄,鸾鹤烟中栖。回头望尘事,露下寒凄凄。①

诗题下有序曰:"信州西三十里山名仙人城,下有月岩山,其状秀拔,中有山门如满月之状。余因役过其下,聊赋是诗。"② 信州即今江西上饶,南与福建相界,韩翃所见的"群峰众阜""岩峦吞吐""岭岫追携"当是武夷山脉无疑。与别人一到此地就愁眉不展不同,韩翃似乎十分欣赏闽岭的自然风光,甚至在体例上采用了游仙诗的形式,行语造句间流溢十足的明快与活泼,这在中唐前是极不多见的。开篇"驱车过闽越,路出饶阳西"便直接点明了韩翃的行程,勾画出一个跨越地域的旅程,让人感受到旅行的广阔与自由。接下来,"仙山翠如画,簇簇生虹蜺"则是对福建山水的生动描绘。韩翃用"仙山"来形容这里的山峰,赋予了它们一种超凡脱俗的气质;而"翠如画"则表现了山峦的翠绿欲滴,如同画卷一般令人陶醉。此外,"簇簇生虹蜺"更是形象地描绘出阳光在山间折射出的彩虹,增添了画面的色彩与动态。在"群峰若侍从,众阜如婴提"句中,韩翃巧妙地运用了拟人手法,将山峰比作侍从,将丘陵比作婴儿,形象地展现了福建地貌的层次感和丰富性。接着,"岩峦互吞吐,岭岫相追携"一句则进一步描绘了山峦之间的交错与呼应,给人一种生机盎然的感觉。而"玉皇恣游览,到此神应迷"则表达了韩翃对这片山水的深深喜爱,认为即便是天上的玉皇大帝也会被这里的美景所迷倒。整首诗通过对福建山水的细腻描绘,展现了作者对这片土地的独特印象和深厚情感。同时,诗中的神话元素也为诗歌增添了一种神秘而浪漫的氛围。

相较于"峤""嶂"等字眼,"岭"字更加受到文人青睐是有缘由的。

---

① 韩翃:《经月岩山》,见彭定求等编《全唐诗》卷二百四十三,北京:中华书局,1999年,第2719—2720页。

② 韩翃:《经月岩山》,见彭定求等编《全唐诗》卷二百四十三,北京:中华书局,1999年,第2720页。

在《说文解字》中"岭"被解为"山道也"。① 《正字通》谓"岭"是"山之肩领，可通道路者"。② 可知"岭"除了作为山之别称外，还有可供通行的山径之意。岭的形成，与武夷山脉的地质构造和气候条件密切相关。武夷山脉主要由花岗岩和变质岩构成，这些岩石在长期的自然作用下，形成了众多断裂和裂隙。同时，武夷山脉地处亚热带季风气候区，降水丰沛，河流众多。流水在长期的冲刷和侵蚀下，沿着这些断裂和裂隙切割山体，形成了众多天然豁口。这些豁口处往往成为福建连接外界的要道，如分水关、杉关、梨岭关、枫岭关等。梨岭就是这些豁口中的一处典型代表，兹举其略为论述。《元和郡县图志》浦城条下载："梨岭，在县东北八十里，与弋阳县交界。"③ 在仙霞岭路未开前，"凡自浙入闽者，由清湖渡舍舟登陆，连延曲折，逾梨岭而至浦城县西，复舍路登舟，以达闽海"④。也就是说，在仙霞岭路未开通之前，梨岭成为福建与浙江之间陆路交通的必经之地。凡是从浙江进入福建的商旅和行人，都需先经水路，再由过清湖渡（今江山市南）登岸，然后沿着崎岖的山路，翻越梨岭，到达浦城县西，然后再次舍路登舟，最终抵达闽海。这一路线虽然艰险，却是当时福建与外界联系的主要通道。梨岭成为交通禁钥，这大约是其见诸诗文的频率日趋增多的重要原因。

毋庸置疑，梨岭作为福建的一处地标，不论在外乡人还是本邑人中都有很高的辨识度。异乡人中，皇甫冉有《酬李判官度梨岭见寄》诗谓："陇首怨西征，岭南雁北顾。行人与流水，共向闽中去。"⑤ 陇首即陇山之巅，亦称陇头，是关中与陇右的分界线，被时人以边塞视之，涉及此地的诗歌基本围绕苦寒凄切、行役思乡的基调展开，透露出一种深沉的哀怨和

---

① 许慎：《说文解字》卷九下，北京：中华书局，1972年，第191页。
② 张自烈：《正字通》寅集中，北京：国际文化出版公司，1996年，第379页。
③ 李吉甫：《元和郡县图志》卷二十九，北京：中华书局1983年，第719页。
④ 顾祖禹：《读史方舆纪要》卷八十九，北京：中华书局，1955年，第3746页。
⑤ 皇甫冉：《酬李判官度梨岭见寄》，见彭定求等编《全唐诗》卷二五〇，北京：中华书局，1999年，第2823页。

无奈。相比于陇首,梨岭似乎更加不堪,竟连大雁都为之厌弃。梨岭所在的武夷山脉是我国东南地区海拔最高的分水岭,分隔了长江水系与闽江水系。自梨岭经过的流水,最终都将汇入闽江。这本是自然现象,但考虑到皇甫冉对福建的不良观感,结尾二句就表现得尤为凄惶无奈。在他看来,行人和流水一样,虽然身不由己地向前走,但内心却充满了对未来的不确定和对前路的担忧。这种情绪,或许源于他个人的经历,又或许是他所处时代的社会背景使然。可以说,梨岭不仅是地理上的高点,更是心理上的一个坎,象征着中原文人旅途中的艰难险阻。

在福建本地人心目中,梨岭的内涵要深刻得多。莆田人林藻赴京赶考时亦在此自题《梨岭》诗与其胞弟林蕴共勉,诗曰:"曾向岭头题姓字,不穿杨叶不言归。弟兄各折一枝桂,还向岭头联影飞。"① 由此可见,梨岭在福建人的心中是一个重要的文化符号。古代士人往往以"折桂"来比喻科举登第,而林藻在此立下誓言,既是对功名的追求,也是对家乡的依恋。梨岭作为他们心中的"精神家园",不仅是一个地理标记,更是一种情感寄托。这种心理上的认同,使得梨岭超越了其地理位置,成为福建人与外界交流与互动中的重要象征。林藻的这一行为并非孤例,相类似的还有许浑句"乡关背梨岭,客路转蘋洲"②。在此诗中,梨岭作为乡关的象征,与外界的客路形成对比。对许浑而言,背离梨岭,意味着离开故土福建,踏上异地之旅;而回归梨岭,则代表着回到家乡,回到心灵的归宿。这种对梨岭的情感投射,体现了福建文人对家乡深深的眷恋和对异地的陌生感。在某种程度上,梨岭是福建与外乡在自然与心理的双重分界线。对于福建文人来说,梨岭是他们心中的家乡象征,是他们出发与回归的起点与终点。

---

① 林藻:《梨岭》,见彭定求等编《全唐诗》卷三一九,北京:中华书局,1999年,第 3599 页。
② 许浑:《送林处士自闽中道越由雪抵两川》,见彭定求等编《全唐诗》卷五三七,北京:中华书局,1999年,第 6179 页。

二、令人畏惧的旅途

除了与中原迥异的蛮夷风俗外,福建险峻的地势也对行旅安全构成了严重威胁。福建的山不仅高而密,还尤为险峻。为此独孤及在《送王判官赴福州序》中感慨道:"岂椎髻殊俗,覆车畏途,足为志士怵惕哉。"[①] 他所用的"覆车"一词,生动描绘了山路崎岖、行车困难的景象,仿佛让读者能够亲身体验到那曲折蜿蜒、陡峭难行的山路。而"畏途"一词,则进一步加深了这种恐惧与不安的情感,使读者在想象中体会到翻山越岭的艰难与危险。独孤及通过这样的描绘,不仅表达了对友人旅途艰辛的深切忧虑,更展现了对福建山脉险峻地形的真实感受。这种描绘,既是对自然环境的客观反映,也反映了当时人们对福建山脉险峻地形的普遍认识。在所有涉及福建的送别诗中,作者总是不由自主地流露出对友人的担忧与顾虑。

这种担忧与顾虑,首先表现在路途难行上。从地理学的角度来看,福建位于中国东南沿海,地势崎岖,山川纵横,自古以来交通问题一直困扰着此地。正如刘安所言:"(福建)以地图察其山川要塞,相去不过寸数,而间独数百千里,阻险林丛弗能尽著。视之若易,行之甚难。"[②] 这段话不仅揭示了地图上距离与实际行走间的巨大差异,也反映了人们对该地区艰难行进的深刻理解。在平面图绘上,闽岭的山川或许只是细微的线条与符号,所占的区域看似微不足道,然而,一旦踏入实地,才会真切感受到那连绵不绝的山峦与深邃的峡谷所带来的震撼。事实上,福建的地貌构造极为复杂,山脉与河流交错,形成了许多险峻的自然景观。这样的地理环境不仅使得古代交通极为困难,也大大增加了出行的风险。在缺乏现代交通工具的时代,古人往往需要翻山越岭,经过数日的跋涉才能抵达目的地。在这一漫长的旅途中,他们还必须应对恶劣的天气、凶猛的野兽以及各种

---

① 独孤及:《送王判官赴福州序》,见董诰等编《全唐文》卷三百八十七,北京:中华书局,1983年,第3934页。

② 班固:《汉书》卷六十四上,北京:中华书局,1962年,第2778页。

未知的危险。此外，福建地区植被繁茂，林木丛生，这不仅使地形更加复杂，也为旅途增添了更多的不确定性。正如刘安所述，"阻险林丛弗能尽著"，这些茂密的林木与险峻的地形相互交织，形成了一道道难以逾越的天然屏障。

明乎此，也就不难理解何以刘长卿不厌其烦地用"鸟道"来形容闽岭。在其诗作《送崔载华张起之闽中》中，首句便提到"猿声入岭切，鸟道问人深"①。此处的"鸟道"并非指鸟儿飞行的路径，而是借以比喻闽岭上那些狭窄、崎岖、曲折的山路。这些山路恰似鸟儿在空中自由飞翔时留下的轨迹，既难以预测其方向，又充满了未知与挑战。同时，"猿声"和"问人深"两个词组的巧妙运用，进一步加深了读者对旅途艰险与孤独的感受。在这里，"猿声"与"鸟道"构成了强烈的意象对比，猿声的哀切反衬出山岭的幽静深远，而"鸟道"则直接勾勒出山路的狭窄与崎岖。这种描绘不仅是对自然环境的真实写照，更是对旅行者将要面临的困难的一种预示。诗人通过这样的手法，成功地营造出一种旅途艰险、前途未卜的氛围。

刘长卿在《送乔判官赴福州》中又写道："夷落人烟迥，王程鸟路通。"② 前句勾勒出福建地区的荒芜与人迹罕至之景，而后句则进一步强调了前往福州之路的崎岖与行进之艰难。这里的"鸟路"与"鸟道"意涵相通，都是对艰险山路的形象描绘。通过这些诗句，我们能够体会到诗人对即将踏上艰险旅程的友人所怀有的深切同情与关怀。其后在与贾姓友人的唱和诗中，刘长卿又写道："鸟道通闽岭，山光落剡溪。"③ 此处"鸟道"再次被用来形容通往闽岭的山路，而"山光落剡溪"则构成了一幅美景与

---

① 刘长卿：《送崔载华张起之闽中》，见彭定求等编《全唐诗》卷一四七，北京：中华书局，1999年，第1490页。

② 刘长卿：《送乔判官赴福州》，见彭定求等编《全唐诗》卷一四八，北京：中华书局，1999年，第1508页。

③ 刘长卿：《贾侍郎自会稽使回，篇什盈卷，兼蒙见寄一首，与余有挂冠之期，因书数事率成十韵》，见彭定求等编《全唐诗》卷一四九，北京：中华书局，1999年，第1540页。

第一章　初唐至中唐时期文人的福建书写

艰险并存的对比图景。这种对比不仅提升了诗歌的艺术感染力，也进一步突显了"鸟道"所蕴含的艰险意象。综上所述，"鸟道"在刘长卿的诗作中，既是闽岭地形险峻的直接描绘，也是对旅途艰辛的隐喻。诗人通过反复运用这一意象，成功地营造出一种艰险、孤独、荒凉的氛围，使读者能够深刻体会到旅途的艰难与友人的不易。同时，"鸟道"也成了刘长卿诗歌中一个独特的文化符号，体现了他对闽岭地区的深刻理解和情感体验。

不仅是地势艰险崎岖，还有其他许多因素增加了进入福建的危险性。施肩吾在《送人南游》中多有列举：

见说南行偏不易，中途莫忘寄书频。凌空瘴气堕飞鸟，解语山魈恼病人。闽县绿娥能引客，泉州乌药好防身。异花奇竹分明看，待汝归来画取真。[①]

施肩吾虽然没有直接描述地形的具体状况，但起始两句"见说南行偏不易，中途莫忘寄书频"就奠定了南行福建的艰难基调，透露出对福建之行的不易与艰辛的预设观念。这种艰险不仅体现在道路的选择上，更体现在行进的过程中，需要克服无数险峻的山峰和崎岖的峡谷。这也使得文人对于南方的未知产生了一种先天的恐惧和偏见。这种偏见并非完全基于对福建实际情况的了解，而更多的是源于对未知地域的想象和夸张。"凌空瘴气堕飞鸟，解语山魈恼病人"则进一步加深了对福建险恶形象的刻绘。"瘴气"通常与南方湿热的气候和丛林环境相联系，北人对这种在南方地区广泛存在的有毒气体的恐惧可谓是深入骨髓。这在某种程度上加深了福建作为"蛮荒之地"的刻板印象。而"解语山魈"则更添了一抹神秘和恐怖的色彩，仿佛福建的山林中隐藏着不可知的危险和诡异的生物。此种描绘无疑加剧了外人对福建的偏见和恐惧。实际上，"山魈"是一种分布于

---

① 施肩吾：《送人南游》，见彭定求等编《全唐诗》卷四九四，北京：中华书局，1999年，第5628页。

南方民间信仰中的精怪，异称繁多，如枭阳、山萧、山臊、山魅等等，不一而足。在福建有时则称之为木下三郎或木客。山魈特征是一足反踵，能通人语。在各类神怪传说中，山魈身具巫术，又好祟人，即喜欢模仿或干扰人类的生活，是古人畏惧和斗争的对象。

除了"瘴气"与"山魈"，施肩吾还提到了"绿娥"。古人常有以眉色加娥字用以代称女子的用法，《长恨歌》有"椒房阿监青娥老"句，《辞辇行》亦称"青娥三千奉一人"。袁子让在《妇道篇》中记妇人装扮时有"绿娥䐉"的步骤，可知"绿娥"当指年轻女子。至于"引客"之说，可参周密于《癸辛杂识》中所记的一则轶闻：

> 福建有所谓过癞者。盖女子多有此疾，凡觉面色如桃花，即此证之发见也。或男子不知，而误与合，即男染其疾而女瘥。土人既皆知其说，则多方诡作，以误往来之客。杭人有嵇供甲者，因往莆田，道中遇女子独行，颇有姿色，问所自来，乃言为父母所逐，无所归，因同至邸中。至夜，甫与交际，而其家声言捕奸，遂急窜而免。及归，遂苦此疾，至于坠耳、塌鼻、断手足而殂。癞即大风疾也。①

在这则轶闻里，无论是人物还是事件都与施肩吾在诗中所述若合符节。我们不难发现，其背后所折射出的不仅是对某种疾病的认识与防范，更是对地域文化、性别身份以及人性的一种复杂解读。首先，我们需明确大风疾的医学特性，大风疾即今之谓麻风病者。它作为一种高度传染性的疾病，在古代确实引起了人们的极大恐慌与警惕。然而，当我们将视点转向这则轶闻中的"过癞转嫁"情节时，便不难发现其中所蕴含的偏见与误解。从现代医学视角审视，疾病的传播与转嫁并非如轶事所述那般简单，而是更多地依赖于生物学、医学等多方面因素。一方面，将"过癞者"这一疾病

---

① 周密：《癸辛杂识》后集，北京：中华书局，2008年，第81页。

标签与福建地区的女性紧密联系在一起，无疑是一种基于地域与性别的双重刻板印象。这种刻板印象的形成，往往源于对疾病传播途径和感染人群的不准确理解，以及对特定地域文化的误解与偏见。在这种刻板印象的影响下，福建女性被错误地视为疾病的主要传播者，从而遭受了无端的歧视与排斥。另一方面，文中描述的"土人既皆知其说，则多方诡作，以误往来之客"更是将福建当地人描绘为狡猾、不诚实，甚至是恶意欺骗过往旅客的负面形象。这种偏见的形成深刻反映了地域文化认知的局限性和偏见性。其根源在于对地域文化的片面理解和对疾病传播的误解。当一种普遍存在的疾病被错误地关联到特定地区或群体时，这种关联往往超出了疾病的实际传播范围和群体特性，形成了刻板印象和负面标签。这种偏见不仅忽视了疾病的科学本质，还加剧了地域歧视和群体排斥，对受影响的地区和群体造成了不公平的负面影响。

三、独特的时空感知

在古代，由于科技水平和基础设施的限制，交通条件远不如现代这般便捷和高效。复杂的地形地貌常常给旅行者带来诸多难以预料的困难和不便。在那个时代，如果想要从一个地方到达另一个地方，往往不得不采取迂回曲折的路线，这不仅耗费了旅行者大量的时间和精力，而且显著增加了旅途的距离，使得整个旅程变得更加漫长和艰辛。这种情况在古代前往福建的路线上体现得尤为明显。唐时都城长安虽有驿道接驳福建，却十分的迂回曲折。王育民先生将《元和郡县图志》所载的驿站相勾连，认为长安到福建需先经京畿道华州，过潼关、河南道虢州。其后，经郑州东行至汴州，自汴州向东南，经宋、宿、泗到达扬州。从扬州开始，旅行者需要改变方向，向南行进，经过润州、常州、苏州，最终抵达杭州。而到了杭州之后，他们还需要再次改变方向，折向西南，经过睦州，继续向西行进至衢州。在衢州，旅行者将面临更为艰难的地形，需要逾越重重山岭，最终才能到达闽北的建州。① 从地形角度来看，这条古代的路线需要穿越多个不同的地貌区域。旅行者首先会经过关中平原，然后进入华北平原，接着沿着大运河向南行进，到达长江中下游平原。在长江中下游平原，路线又会折向东南，穿越丘陵地带。由于这段旅程中水路占据了相当大的比重，因此当时的人们常常会有"过越未离船"②的说法，形象地描述了旅行者在水路上的波折。

粗略估算，这样的路线与行程动辄上万里，谓"万里闽中去渺然"③，似不为过。"万里"虽可能是一种夸张的修辞手法，但也足以说明这一路程的遥远和不易。刘长卿在《送张起崔载华之闽中》也说："相送天涯里，怜君更远人。"④ 这句诗进一步强化了这种距离感。在这里，"天涯"一词不仅指地理上的极限，也寓含着诗人对友人的深深眷恋和不舍。而"更远人"则直接点明了福建的遥不可及，以及旅行者对这一长途跋涉的无奈和艰辛。又如法振《送人游闽越》的"此别何伤远，如今关塞通"⑤，则试图从另一个角度安慰即将远行的友人。法振认为，虽然路途遥远，但如今的关塞已经畅通无阻，旅行虽然辛苦，却也是可能的。这种安慰之语，实际上也透露出古代旅行的不易，以及人们对远距离旅行所持有的复杂和矛盾的心理状态。

道程辽远，行旅所费时间相应地会随之增加。由于交通工具的落后和地形的复杂，人们往往需要花费大量的时间在路途上。这种时间的延长不仅是对旅行者身体耐力的考验，更是对其心理承受能力的挑战。贾岛对此

---

① 王育民：《中国历史地理概论》，北京：人民教育出版社，1985年，第406—407页。

② 贾岛：《送丹师归闽中》，见彭定求等编《全唐诗》卷五七二，北京：中华书局，1999年，第6694页。

③ 刘长卿：《送秦侍御外甥张篆之福州谒鲍大夫秦侍御与大夫有旧》，见彭定求等编《全唐诗》卷一五〇，北京：中华书局，1999年，第1558页。

④ 刘长卿：《送张起崔载华之闽中》，见彭定求等编《全唐诗》卷一四七，北京：中华书局，1999年，第1481页。

⑤ 法振：《送人游闽越》，见彭定求等编《全唐诗》卷八一一，北京：中华书局，1999年，第9226页。

深有体会，其名作《忆江上吴处士》谓：

> 闽国扬帆去，蟾蜍亏复圆。秋风生渭水，落叶满长安。此地聚会夕，当时雷雨寒。兰桡殊未返，消息海云端。①

诗的开篇便点明了旅行的起点和时间的流逝。"闽国"指的是福建地区，"扬帆去"则表明了旅行者已经启程。而"蟾蜍亏复圆"则巧妙地运用了月亮的盈亏来象征时间的推移。"蟾蜍"作为月亮的别称，在这里不仅代表了一个月的时间周期，还隐喻着旅行者对家乡的思念之情。接下来的"秋风生渭水，落叶满长安"则进一步强化了时间的感觉。"秋风"和"落叶"都是季节变化的象征，它们不仅暗示了时间的流逝，还营造了一种萧瑟、凄凉的氛围。这种氛围与旅行者孤独、漫长的旅程形成了鲜明的对比，使得时间的感受更加深刻。"此地聚会夕，当时雷雨寒"是诗人对过去回忆的描绘。这里通过对比的手法，将过去的欢乐时光与现在的孤独旅程相对照，进一步突出了时间的无情和旅途的艰辛。同时，"雷雨寒"也暗示了当时聚会的季节和天气，使得回忆更加具体和生动。"兰桡殊未返，消息海云端"则表达了诗人对旅行者的深深思念和担忧。"兰桡"，即木兰舟的桨。这里代指旅行者所乘的船只。承载吴处士的舟船一去不返，音信也是如隔云端，烟涛茫茫。这种无法得知旅行者消息的无奈和焦虑，进一步加深了诗人对时间流逝的感受。全诗以时间作为串联的结点，视角则在当下与回忆之间来回穿梭，于无声无息中突出了时间的绵长。

与贾岛有着相类似感受的还有栖白，其诗谓"岁穷程未尽，天末国仍遥"②。"岁穷"不仅仅意味着一年时光的即将逝去，更暗示了旅程的漫长与无尽，仿佛时间在旅途中被拉长，每一刻都充满了跋涉的艰辛。"程未

---

① 贾岛：《忆江上吴处士》，见彭定求等编《全唐诗》卷五七二，北京：中华书局，1999年，第6702页。

② 栖白：《送圆仁三藏归本国》，见彭定求等编《全唐诗》卷八二三，北京：中华书局，1999年，第9361页。

尽"三字则透露出诗人对旅途何时能结束的无奈与期盼。尽管时间在不断流逝，但目的地似乎仍然遥不可及。这种对比使得旅途的艰辛与时间的无情更加凸显。而"天末国仍遥"则进一步强调了空间的辽远与目的地的难以触及。"天末"二字，形象地描绘了旅途的终点似乎在天边一般遥远，而"国仍遥"更是直白地表达了目的地之远，仿佛是一个永远无法企及的地方。这两句诗所表达的情感，与贾岛的诗作有着异曲同工之妙。两者都通过描绘时间和空间的巨大跨度，来反映长途旅行的艰辛和对家乡的深深眷恋。同时，这种表达也折射出古代人们对前往福建行旅的深刻认识和独特感受。

路遥地僻还表现在行人数量的稀少上。与福建相毗邻的抚州已经呈现人迹罕至的趋势，独孤及对抚州的印象是："是邦也，与两粤七闽犬牙，其疆守官者以为地遐途穷而琐琐，行迈之罕到也。"[1] 抚州在武夷山脉北部，其交通条件较福建更为便捷，而行旅境状尚且如此，则福建的情况可想而知。例如皇甫冉在《送蒋评事往福州》中谓："江上春常早，闽中客去稀。"[2] 春天是万物复苏、生机勃勃的季节，然而，即便是在这样美好的时节里，前往福建的客人也依然稀少。这无疑进一步印证了福建的偏远和人迹罕至。在另一首送别友人前往福州的诗中，皇甫冉又称："孤棹闽中客，双旌海上军。路人从北少，海水向南分。"[3] 这首诗通过孤单的船只、稀少的行人以及海水的流向，生动地表现出前往福建的艰难和冷清，进一步强调了福建的偏远和不易到达。尤其是"海水向南分"一句更是以一种宏大的地理背景来凸显福建的偏远和孤独。无独有偶，吕温在《送僧归漳

---

[1] 独孤及：《抚州南城县客馆新亭记》，见董诰等编《全唐文》卷三百八十九，北京：中华书局，1983年，第3952页。
[2] 皇甫冉：《送蒋评事往福州》，见彭定求等编《全唐诗》卷二四九，北京：中华书局，1999年，第2799页。
[3] 皇甫曾：《送韦判官赴闽中》，见彭定求等编《全唐诗》卷二一〇，北京：中华书局，1999年，第2184页。

州》一诗中亦以无限唏嘘的口吻道:"九龙潭上路,同去客应稀。"① 这里的"九龙潭上路"可能指的是通往福建漳州的某条具体道路或地区,"同去客应稀"则表达了诗人对友人独自前往这样一个偏远地区的感慨和担忧。这些描述不仅仅是对地理环境的客观反映,更蕴含了文人们对福建的感知和情感态度。

在这样的情形下,面对即将奔赴或已经身处福建的友人,文人们的心境总是极为复杂。一方面,从空间距离的角度来看,福建与其他地区相隔甚远,特别是对于那些身处内陆的诗人来说,福建几乎是一个遥不可及的地方。长途旅行不仅耗时耗力,而且充满了未知和危险。文人们深知一旦分别,再次相见便是遥遥无期,这种无法预知的再会之期,让他们的心中充满了不舍和挂念。另一方面,除了空间上的距离,文人们还不得不面对心理上的距离。分别之后,双方将生活在完全不同的环境中,有着各自的生活轨迹。随着时间的推移,这种心理上的距离可能会逐渐拉大,甚至可能导致双方逐渐疏远。对未知的恐惧和对友情的珍视,在诗人们心中形成了一种难以言喻的纠结。但所有的负面情绪又不能直接宣之于口,只能小心隐藏。上述矛盾导致他们在行文时往往表现出极为混乱的距离感知,皇甫冉的《酬李郎中侍御秋夜登福州城楼见寄》即是一例。此诗不仅仅是一首酬答之作,更是诗人在友人远赴福建后,内心复杂情感的投射:

辛勤万里道,萧索九秋残。月照闽中夜,天凝海上寒。王程无地远,主意在人安。遥寄登楼作,空知行路难。②

诗人开篇即点明了福建道途万里,极为艰辛,又逢深秋时节,万物萧条,山寒水冷,情感基调十分的阴暗压抑。"万里道"三字足以想见旅途

---

① 吕温:《送僧归漳州》,见彭定求等编《全唐诗》卷三七一,北京:中华书局,1999年,第4190页。
② 皇甫冉:《酬李郎中侍御秋夜登福州城楼见寄》,见彭定求等编《全唐诗》卷二四九,北京:中华书局,1999年,第2789页。

的遥远与不易,而"九秋残"则透露出深秋时节的萧瑟之感。如此环境描写无疑加深了旅途的孤寂与凄清。在这句诗中,诗人通过环境的烘托,巧妙地表达了自己对友人旅途的担忧和挂念。颔联进一步通过景象的描绘来传达自己的情感。月光照耀下的福建之夜显得格外冷清,天空仿佛也感受到了海上的寒意。这里的"疑"字用得极为巧妙,它暗示了友人所处环境的孤寂与寒冷,表达了诗人对友人处境的一种揣测和不安,仿佛能感受到那远在海边的寒冷。颈联笔锋一转,竟期望用王化之下,无地可以言远的理由在主观上消弭空间上的距离,以此来慰问友人。或许是意识到这样的念头太过荒诞,显得不近人情,皇甫冉在尾联自嘲只是空知行路之难,流露出对友人旅途艰辛的无奈和感慨,他知道自己的关心无法改变友人的处境。

在这首诗中,诗人的情感显得尤为复杂且充满了矛盾。一方面,诗人对友人忠于王事、不畏艰难的精神表示了高度的赞赏。他知道,友人的远行并非出于个人的意愿或追求,而是出于对国家、对王事的忠诚和责任感。这种精神在诗人看来是非常可贵和值得尊敬的。另一方面,诗人又无法抑制内心的忧虑和关切,因为他深知友人在漫长的旅途中所要面对的种种艰难险阻,以及那无尽的孤寂和寂寞。这种矛盾的情感在诗人的笔下得到了淋漓尽致的展现,他时而用华丽的辞藻描绘出友人那壮丽而充满挑战的旅程,时而又情不自禁地流露出对友人安全的深深忧虑和关切。同时,这首诗也深刻地揭示了诗人对于距离感知的混乱和错综复杂。在他的想象中,福建这个地名不仅仅是一个地理位置,更是一个遥远而神秘的所在。它既是友人漫长旅途的终点,也是诗人内心深处思念和牵挂的归宿。诗人试图通过自己的诗歌来缩短与友人之间的距离,希望能够在这篇文字的海洋中找到一丝心灵的慰藉和联系。然而,现实中的物理空间隔阂却是无法逾越的,这种无奈的认知使得诗人的情感更加复杂和深刻,充满了对现实无力改变的无奈和对友人深深思念的哀愁。

第三节　风烟异方与瘴疠横肆

唐代文人对福建地理环境的认知,往往与"风烟异方"与"瘴疠横肆"这两个词紧密相连,而这两点也构成了他们对福建的主要负面印象。"风烟异方"这一表述,不仅描绘了福建与中原截然不同的自然景观,还隐含着一种文化和习俗上的差异。福建的地形复杂多变,山地、河流、海洋相互交织,共同构成了其独特而丰富的地理风貌。这种独特的地理环境,进一步使得福建的气候变得多变且难以捉摸,风烟缭绕,给人一种朦胧而神秘的感觉。对于来自中原的文人来说,这种异域风情虽然引人入胜,但同时也带来了一种难以名状的陌生感和疏离感,仿佛置身于一个与中原截然不同的奇异世界。与此同时,"瘴疠横肆"则直接反映了福建的自然环境对唐代文人产生的负面影响。瘴疠即疟疾等热带疾病的统称,在古代常被视为南方地区的特有疾病。福建地处亚热带,气候潮湿,易于病菌滋生,加之当时医疗条件有限,因此瘴疠等疾病较为常见。这一现象给前往福建的文人带来了极大的健康风险和心理压力,也使得他们在描述福建时不可避免地带有一种恐惧和排斥的情绪。

一、溽热与瘴疠：迥异的物候

作为福建的藩障,武夷山脉对夏季北上的东南季风与冬季南下的寒潮俱有一定的阻滞作用,即便只有一山之隔,气候特征也存在着很大的悬殊。夏季,当东南季风携带着丰沛的水汽北上时,武夷山脉的高耸山峰会阻挡部分季风,使得山脉两侧的气候呈现截然不同的特点。同样,在冬季,当寒潮从北方南下时,武夷山脉再次发挥其独特的地理优势,有效减缓了寒潮的侵袭,为福建的冬季带来了相对温暖的气候。这种微妙的气候变化,不仅仅影响了当地的自然景观和农作物生长,更在深层次上塑造了福建人民对于地域的独特认知。对此,本省人在内心深处常常会形成一条泾渭分明的界限,如欧阳詹途经梨岭时感伤道:"南北风烟即异方,连峰危栈倚苍苍。哀猿咽水偏高处,谁不沾衣望故乡。"[1]这首诗不仅表达了他对故乡的思念,更透露出对山脉两侧气候差异的深刻感受。欧阳詹的造语绝非夸诞,而是真实地反映了福建人对于气候变化的细腻感知。可援为例证的是顾祖禹在《读史方舆纪要》中对枫岭的描述:"枫岭北为浙闽分疆之处,相距不过数武,而物候荣落,顿觉不同。"[2]梨岭与枫岭同在浦城县界,相隔极近,所见应不会有何差别。这正是武夷山脉气候屏障作用的生动例证。

至于具体的不同之处,欧阳詹曾总结为"川逼溟渤,山连苍梧,炎氛时回,湿云多来"[3]。"川逼溟渤"描绘了福建沿海的地理环境,紧邻广阔的海洋。福建位于中国东南沿海,其气候深受海洋影响,呈现显著的海洋性特征。由于海洋的调节作用,福建的气候相对温暖湿润,冬季较为温和,夏季不会过于炎热,且四季温差相对较小。这种海洋性气候使得福建的年降水量丰富,平均降雨量达到1400—2000毫米,是中国雨量最丰富的省份之一。相比之下,中原地区位于中国的中部,深居内陆,远离海洋,因此其气候更多地呈现大陆性特点。中原的冬季寒冷干燥,夏季炎热多雨,且四季温差较大。这种气候特点使得中原地区的农业生产更加依赖于灌溉系统,并形成了独特的农耕文化。"山连苍梧"指福建的地形以山地为主,山地能够阻挡和抬升气流,对气候产生重要影响。一方面,山地使得福建地区降水丰富,尤其是在迎风坡地区,降水量更是充沛。另一方面,山地也形成了许多独特的小气候区域,丰富了福建的气候多样性。此外,福建地势西北高、东南低的特点也进一步影响了气候的分布和变化,当暖湿气流从东南方向吹来时,遇到高山地形容易形成降雨。中原地区则以平原为主,地势相对平坦开阔。这种地形特点使得中原地区的气候相对

---

[1] 欧阳詹:《题梨岭》,见彭定求等编《全唐诗》卷三四九,北京:中华书局,1999年,第3923页。
[2] 顾祖禹:《读史方舆纪要》卷八十九,北京:中华书局,1955年,第3747页。
[3] 欧阳詹:《二公亭记》,见董诰等编《全唐文》卷五百九十七,北京:中华书局,1983年,第6036页。

单一且稳定，但同时也缺乏像福建那样的山地小气候和丰富的降水条件。"炎氛时回"反映了福建炎热的气候特点。由于福建靠近北回归线，且受海洋性气候影响，其夏季炎热潮湿，气温高且持续时间长。这种气候特点使得福建的夏季闷热难耐，但同时也为当地的热带作物提供了良好的生长环境。相比之下，远离海洋、深居内陆的中原地区，虽然夏季也同样炎热，但气候特点却截然不同。由于中原主要受大陆性气候的控制，其夏季的炎热程度相对福建来说要低一些，且高温持续的时间也较短。更重要的是，中原的夏季常常伴随着丰富的降雨，雨水如同天然的空调，有效地缓解了高温带来的不适感。"湿云多来"则形象地描绘了福建湿润的气候特点。福建的湿润气候主要体现在两个方面：一是年降水量丰富，二是空气湿度高。由于福建靠近海洋，受季风影响显著，每年都会有大量的水汽从海洋上空被输送到这里，形成丰富的降水。特别是在雨季，连绵的阴雨天气使得福建的大地被雨水充分浸润，植被茂盛，绿意盎然。除了丰富的降水，福建的空气湿度也相对较高。这主要是由于海洋的调节作用，使得福建的气候保持在一个相对湿润的状态。即使是在冬季，由于海洋的保温作用，福建的气温也不会太低，空气中的水汽含量依然较高。中原地区的气候相对干燥，降水量明显少于福建，尤其是在冬季，空气中的干燥感更为突出，这与福建常年保持的高湿度环境形成强烈对比。

溽热多雨，是孵育瘴疠的绝佳条件。所谓瘴疠，指的是在中国南方湿热环境下，由于特定原因（如动植物的腐败等）所产生的一种能致病的有毒气体。在古代医学文献中，瘴疠常被用来描述在南方山林地区因湿热环境而引发的各种疾病，尤其是疟疾，但也包括其他由瘴气导致的热带疾病。瘴疠这一概念的形成与地理环境、气候条件以及当时的医学认知密切相关。瘴疠的成因复杂多样，涉及自然环境、气候条件、生态因素以及可能的微生物感染等多个方面。从气候条件方面看，瘴疠的产生与特定的自然环境和气候条件密切相关。福建地区，尤其是山林地带，具有高温、高湿的特点。这种湿热环境为微生物和寄生虫的快速繁殖提供了有利条件。同时，高温高湿也加速了动植物残骸的腐败过程，释放出有毒气体，即所谓的瘴气。从生态环境方面看，福建地区的生态环境丰富多样，植被茂盛，这为蚊虫等传播媒介提供了良好的栖息地。这些昆虫往往是疟疾等瘴疠疾病的主要传播者。此外，动植物的腐败过程中产生的有毒物质也是瘴气的重要来源之一。现代医学研究表明，瘴疠实际上是由特定的微生物（如疟原虫）感染引起的。这些微生物通过蚊虫等传播媒介进入人体，引发疾病。在湿热环境下，这些微生物的繁殖速度加快，从而增加了疾病的传播风险。古代福建地区相对较为闭塞，社会经济条件落后，医疗卫生水平低。这导致当地居民在面对瘴疠等疾病时缺乏有效的防治措施。

在文人笔下，瘴疠不仅指具体的疾病，更广泛地用来描述一种由环境因素导致的疾病状态或疫情。早至汉代，刘安就称福建"夏月暑时，呕泄霍乱之病相属也"[①]，从症状上看，与瘴病十分相似，只不过西汉时还未出现"瘴"这一概念。但刘安的说法在唐人那里得到了印证。项斯亦把蛮夷与瘴气画上等号，谓"海秋蛮树黑，岭夜瘴禽飞"[②]。这句诗深刻反映了古代中原人士对福建地区的认知和想象。诗中的"蛮树黑"和"瘴禽飞"等词语，蕴含着丰富的意象和信息，它们不仅是对福建自然环境的精确刻画，更在无声中流露出中原人士对那片遥远土地的一种根深蒂固的看法，或者说是一种刻板印象。首先来看"蛮树黑"这一描述。在这里，"蛮"字并非简单的形容词，而是承载着深厚的文化含义。在古代中原文化的语境中，"蛮"常被用来指代那些未受中原教化、文化习俗与中原迥异的族群或地区。因此，当"蛮"与"树"相结合，形成的"蛮树"意象，就不仅仅是在描述福建地区树木的茂盛与黑暗，更在无形中为这些树木贴上了一个"异域"的标签。这种标签背后，透露出中原人士对于福建地区的陌生感和距离感，也反映出他们对于那些与自己文化习俗不同的人或事物的某种偏见或刻板印象。再来看"瘴禽飞"这一表述。在这里，"瘴"字的使用同样富有深意。在传统观念中，"瘴"往往与疾病、危险联系在一起。

---

① 班固：《汉书》卷六十四上，北京：中华书局，1962年，第2779页。
② 项斯：《送欧阳衮归闽中》，见彭定求等编《全唐诗》卷五五四，北京：中华书局，1999年，第6465页。

第一章　初唐至中唐时期文人的福建书写

福建地区由于气候湿热，容易滋生瘴气，进而引发各种疾病。因此，"瘴"字在这里不仅指代了福建地区特有的自然环境，也隐喻着那里的危险与未知。当"瘴"与"禽"相结合，构成的"瘴禽"意象，就仿佛在告诉人们，那些生活在瘴气弥漫的福建地区的鸟类，也同样带有了某种不可知和危险的属性。这种表述方式，无疑进一步加深了中原人士对福建地区的恐惧和神秘感。通过这些词汇的使用，我们不难看出，古代中原文人对福建地区的认知是复杂而矛盾的。他们对福建的未知和危险感到恐惧和排斥。这种复杂的情感态度，在很大程度上塑造了福建地区在中原人士心目中的形象：那是一个神秘、险恶，同时又充满异域情调的地方。这种形象的形成，既与福建地区的实际自然环境有关，也与中原文人的文化背景、价值观念和情感体验密不可分。

在彼时的中原文人看来，福建的云里甚至也裹挟着瘴气，如马戴称"片云和瘴湿"①，卢纶发现"瘴起觉云黄"②。关于福建瘴气的毒性之烈，前引施肩吾有生动的刻画："凌空瘴气坠飞鸟。"③ 飞鸟尚不得过，何况人乎！皎然则尝试分析道："岭重寒不到，海近瘴偏多。"④ 将瘴气的起因归咎于福建背山临海的地形。相比之下，柳宗元的描述要更加耸人听闻得多："予闻闽有水，生毒雾厉气，中之者温屯沤泄，藏石走濑，连舻糜解。"⑤ 溪中所生之瘴气，已不仅仅是导致恶性疟疾那么简单，竟还带有了腐蚀性。

---

① 马戴：《送李侍御福建从事》，见彭定求等编《全唐诗》卷五五六，北京：中华书局，1999 年，第 6508 页。
② 卢纶：《江北忆崔汶》，见彭定求等编《全唐诗》卷二七八，北京：中华书局，1999 年，第 3151 页。
③ 施肩吾：《送人南游》，见彭定求等编《全唐诗》卷四九四，北京：中华书局，1999 年，第 5628 页。
④ 皎然：《送沈秀才之闽中》，见彭定求等编《全唐诗》卷八一八，北京：中华书局，1999 年，第 9300 页。
⑤ 柳宗元：《愚溪对》，见董诰等编《全唐文》卷五百八十五，北京：中华书局，1983 年，第 5906—5907 页。

张说在北归途中也毫无掩饰他的后怕:"宁知瘴疠地,生入帝皇州。"①这种对比不仅仅是地理上的划分,更蕴含着深层的文化和政治意义。其中,"帝皇州"暗指国家的政治中心,那里是皇权和权力的象征,是帝王将相云集、政令传达的核心地带。而"瘴疠地"则常被看作是边缘、蛮荒之地,其气候恶劣,环境险峻,充满了未知与危险。当我们将这种对比应用于福建与中原的关系时,可以发现其中蕴含了中原文人对福建的歧视与拒绝接纳的态度。在古代,中原地区作为华夏文明的发源地,有着悠久的历史和深厚的文化底蕴。中原人常常以自己的文化、政治和经济优势为傲,对周边地区持有一种天然的优越感。在这种背景下,福建作为东南沿海的一个省份,其独特的地理位置和文化背景使得它成为了中原文人眼中的"异类"。他们将福建视为边缘地带,那里的气候湿热、疾病多发,环境恶劣,与中原的繁华和文明形成了鲜明的对比。

然而一个值得深思的现象是,在福建地区肆虐成灾的瘴气在唐朝之后就迅速地呈现偃旗息鼓之态,几乎不见有文人提及此事。唐朝之后,随着中原王朝对福建等边缘地区的控制力加强,这些地区的开发程度逐渐提高,生态环境也随之发生变化。瘴气的消退,或许可以从这一历史进程中找到部分答案。随着人类活动的增加,原始的生态环境被破坏,瘴气滋生的自然条件逐渐消失,这是瘴气减少的一个可能解释。另一种可能的解释是瘴气除了是特定自然环境的产物,同时也是一种地域感知的表征。换言之,人们对瘴气的认知和感受,不仅受到自然环境的影响,还深受社会文化背景的塑造。有学者指出:"(瘴气)分布地区的变迁,反映了中原王朝的势力在这些地区的进退盛衰;各地区瘴情的轻重差异,反映了此地为中原文化所涵化的深浅程度。"可以说,瘴气不仅仅是一种客观的自然现象,它同时还是一种主观化的文化标尺,标示着"华"与"夷"的二元对立。它像一道无形的墙,将中原的繁华与边远的荒凉隔开。墙内是熟悉的文明

---

① 张说:《喜度岭》,见彭定求等编《全唐诗》卷八八,北京:中华书局,1999年,第971页。

世界，而墙外则是充满未知和危险的异域。这种心理构建不仅反映了当时人们对远方的恐惧和好奇，也揭示了中原文化对异域文化的排斥和融合的矛盾心理。因此，在中原文人的潜意识中，瘴气总是与蛮荒、偏远、可怖等负面的心理预设紧密联系在一起的。在他们的笔下，瘴气是边远地区的象征，是文明与野蛮的分界线。因此，随着中原文化对这些地区的逐渐渗透和同化，瘴气这一符号也逐渐从文人的视野中淡出。

武夷山脉不仅是自然屏障，更是气候的调节者。在冬半年里，武夷山脉以其高挑厚实的山体阻隔了南侵的寒流，加之地处低纬，使得福建冬季的气温保持在较高的水平。同时，湿润的空气如同生命的源泉，滋养着万物。即便在秋冬时节，福建的植物依然叶蘩枝盛，生机盎然，与北方落叶萧飒、寒风凛冽的景象形成鲜明对比。如此景象无疑与北方四季分明的节气相抵牾。中原文人习惯了四季分明的气候变化，而福建这种几乎四季如春的气候，对外乡尤其是北人来说是绝难适应的。在这样的背景下，我们可以想象到中原文人初次来到福建时的惊讶与不适，甚至会产生一种时间错乱的感觉。时任漳州刺史的张登在小雪日这一天的经历便是一个很好的例证。他在诗中写道："甲子徒推小雪天，刺梧犹绿槿花然。融和长养无时歇，却是炎洲雨露偏。"① 张登的诗作深刻地勾勒出了他初抵福建时的惊诧感受。在他看来，小雪时节本应是寒风乍起、白雪覆盖的景象，然而福建却展现出了迥异的自然风貌。刺桐树依旧苍翠欲滴，槿花仍旧盛开，似乎自然界遗忘了季节的轮回，唯有春天的气息，不见冬日的踪影。然而张登这位来自北方的游子，早已习惯了分明的四季和冬季的严寒与宁静。漳州温暖的气候却让他感到些许不适。在他眼中，冬季本应是休养生息的时刻，但在这里，这样的机会似乎并不存在。

张登的体验亦映射出唐代文人对福建地区自然气候的细腻感知。对他们而言，节气不仅是时间的刻度，更是生活指南的体现。冬季的严寒提醒

---

① 张登：《小雪日戏题绝句》，见彭定求等编《全唐诗》卷三一三，北京：中华书局，1999年，第3526—3527页。

人们需进行休养生息,然而漳州的温暖气候却打破了这一规律。这种气候上的对比,导致张登在心理上感受到了一种错位。可以认为,福建的温暖湿润气候虽然让人们在冬季享受到了舒适,但也在一定程度上引发了困惑与不适。北方人的生活习惯与节气观念在此地遭遇了挑战与冲击。张登的诗作,不仅是个人感慨的抒发,更是文化碰撞的实录。此间,我们得以窥见自然环境如何深刻地塑造人们的生活方式与心理状态。

二、桄榔与刺桐:植被意象中的南国风情

植被作为自然界的一部分,深受地域环境因素的影响,并反过来成为地域特征的一种直观展现,反映了区域的气候、地理和人类活动的综合影响。一方面,植被的生长与地域的气候条件密不可分,这种紧密的联系使得植被成为反映地域气候特征的一个重要指标。气候条件,包括温度、降水、光照等,对植被的生长和分布起着决定性的作用。它们共同构成了一个复杂而精细的环境系统,为植被提供了生长的基础和条件。不同的气候类型孕育了不同的植被群落,使得植被成为反映地域气候特征的一个重要指标。另一方面,在人类活动的背景下,植被的变化如同一面镜子,映照出不同地域间的文化差异,这种差异不仅体现在植被的类型和分布上,更深刻地反映在人类对植被的利用和管理方式上。不同的地域,由于历史、气候、土壤等自然条件的差异,以及社会、经济、文化等人文因素的影响,形成了各具特色的植被景观和生态系统。这些差异使得植被成了一个地域文化的重要载体,记录着人类与自然环境的互动历史和文化传承。因此,植被不仅是一个地域特征的直观展现,它以其独特的生长状况和分布模式,生动地勾勒出地域的轮廓,让人们能够一眼识别出不同的地理环境。同时,植被更是一个动态的、与人类活动紧密相连的生态系统组成部分。它随着人类活动的变化而不断演变,记录着人类文明的进程和对自然环境的改造。所以,当我们观察和研究植被时,我们实际上是在读取一部关于地域文化和人类活动的历史书。植被的变化和分布,不仅揭示了地域的自然环境特征,更反映了人类在不同地域、不同历史时期的文化差异。

福建省作为中国东南沿海的一部分,其植被类型和生态特征与北方地区截然不同。这一不同被诸多中原文人敏锐地捕捉进了诗文之中。皎然于《送沈秀才之闽中》一诗里也以敏锐的观察力发现了福建迥然不同的自然景观:

越客不成歌,春风起渌波。岭重寒不到,海近瘴偏多。野戍桄榔发,人家翡翠过。翻疑此中好,君问定如何。①

桄榔树,亦称蒲葵树,是热带及亚热带地区广泛分布的棕榈科高大植物。该树种树干挺拔,高度常超过20米,树皮呈灰色且表面光滑。其树冠呈伞形展开,叶片巨大,呈扇形,叶柄长且边缘带有细刺。《岭表录异》称:"桄榔树枝叶并蕃茂,与枣槟榔等小异,然叶下有须如粗马尾,广人采之以织巾子。其须尤宜咸水浸渍,即粗胀而韧。故人以此缚舶,不用钉线,木性如竹,紫黑色有文理而坚,工人解之,以制博弈局。此树皮中有屑如面,可为饼食之。"②桄榔树的花序自叶腋中抽出,花朵细小而密集,其果实为球形,成熟时呈蓝黑色。该树种的果实富含淀粉,可加工成多种食品原料。通常古民会将果实经过剥皮处理,随后将果肉切碎或研磨成粉末。这些果肉或果粉可用来制作糕点、面食、粥或点心等多种食品。此外,桄榔树的果实亦可用来酿造酒精饮料。桄榔树的叶片质地柔韧,适合制作各种手工艺品,如蒲扇、草帽、篮子等。这些手工艺品因独特的纹理和耐用性而广受欢迎,常作为日常生活用品或作为特色礼品,不仅在本地居民中流行,也销往其他地区市场。同时,桄榔树的树干和叶片亦可作为建筑材料使用。树干可加工成木材,用于建造房屋、搭建棚屋或制作家具。叶片则常用于制作屋顶覆盖物,在乡村地区的传统建筑中,桄榔树叶片制成的屋顶具有良好的防水和保温性能。可以说,无论从外观还是实用

---

① 皎然:《送沈秀才之闽中》,见彭定求等编《全唐诗》卷八一八,北京:中华书局,1999年,第9300页。

② 刘恂:《岭表录异》卷中,北京:中华书局,1985年,第11页。

价值来看，桄榔树均散发出浓郁的南方风情。

相较于桄榔，刺桐在彼时的福建似乎更加遍及，甚至成了判别风土的重要标志。朱庆馀有诗称："越岭向南风景异，人人传说到京城。经冬来往不踏雪，尽在刺桐花下行。"① 从诗中可知，福建经冬无雪，行止处均有刺桐庇荫的风候特征在当时已是人人争相流布的奇闻异见了。刺桐，又称海桐、山芙蓉，是一种常绿大乔木，属于豆科刺桐属的植物。它以其独特的形态和艳丽的花朵在植物界中独树一帜。刺桐的树干高大挺拔，树皮呈现出灰绿色或灰褐色，表面有着明显的皮孔。其叶片为羽状复叶，具有小叶菱形或菱状卵形，呈现翠绿的色泽，给人一种生机勃勃的感觉。然而，刺桐最为引人注目的特点莫过于其花朵。西晋时嵇含于《南方草木状》中谓："刺桐，其木为林。三月三时，布叶繁密，后有花赤色，间生叶间，旁照他物，皆朱殷。然三五房凋，则三五复发，如是者竟岁。九真有之。"② 刺桐终年有花，又长于九真（今越南北部），是热带作物无疑。每年春季，刺桐树会开出鲜艳的红色花朵，花形似珊瑚，故得名珊瑚树。花序为总状花序，花朵密集，花色艳丽，花期较长，具有较高的观赏价值。而且，刺桐的花期相当长，能够持续数月之久，使得人们有更长的时间来欣赏它的美丽。除了观赏价值之外，刺桐还具有一定的实用价值。其木材坚硬且耐腐，常被用于制作家具、建筑材料等。

刺桐树这一独特的植物种类，广泛分布于中国南方的广大区域。在所有这些分布区域之中，刺桐树在福建地区的生长状况尤为引人注目，其繁茂程度与壮观景象相较于其他地方更胜一筹。《太平广记》引《岭南异物志》称："刺桐，南海至福州皆有之，丛生繁茂，不如福建。"③ 这段文字不仅描绘了刺桐树在中国南方不同地区的广泛分布，更突显了其在福建地区的独特地位与卓越风貌。又《投荒杂录》谓："谪橡陈去疾，家于闽，

---

① 朱庆馀：《南岭路》，见彭定求等编《全唐诗》卷五一四，北京：中华书局，1999年，第5908页。
② 嵇含：《南方草木状》卷中，北京：中华书局，1985年，第9页。
③ 李昉：《太平广记》卷四百六草木一，北京：中华书局，1961年，第3276页。

因语方物。去疾曰：'闽之泉州刺桐，叶绿而花红房。照物皆朱殷然，与番禺者不同。乃知此地所画者，实阁中之木。非南海之所生也。'"① 陈去疾在这里提到了泉州的刺桐树，其特点是叶子绿色而花朵鲜红，果实（红房指的是刺桐的果实）也是红色的。他观察到刺桐的花朵和果实鲜艳的红色使得照射在它们身上的物体都呈现一种深红色调，这种景象与广东番禺地区的刺桐不同。由此，陈去疾推断，在泉州所见的刺桐图画，实际上描绘的是当地特有的刺桐，而不是南海（番禺）所生长的刺桐。可见刺桐曾广泛分布在我国的南方地区，但以福建最为繁荣，且某些特征与他地不尽一致，遂成为福建一大标识。故张籍提及福建汀州时揶揄说"地僻寻常来客少，刺桐花发共谁看"②，也就不足为怪了。

三、射工与鸩鸟：一种传说的破灭

对于福建的植物，人们或许还能维持较为平和的心态去观赏，但一俟提及福建的动物，观感则可谓是有云泥之别。与植物的静态美不同，动物带有更多的动态与不确定性，这也使得它们在人们心中勾起了更为复杂的情感。张华曾对南方的致命之物做了一番总结："深山穷谷多毒虐之物，气则有瘴疠，人则有工虫，兽则有虎，鸟则有鸩，蛇则有蝮，虫则有射工、沙虱，草则有钩吻、野葛，其馀则蛟蟒之属生焉。"③ 其中提到的毒虫、猛兽无不透露出对这片土地上生物的敬畏和警惕。在这些描述中，福建的动物被赋予了危险和神秘的属性，成为人们心中的畏途。可以说是稍有不慎就可能危在旦夕。张说在流放岭南两年后遇赦北还路过福建时就有种劫后余生的庆幸与窃喜："雷雨苏虫蛰，春阳放学鸠。洄沿炎海畔，登降闽山陬。"④ 虽然语焉不详，但张说提及的蛰虫大致不出射工、沙虱之

---

① 李昉：《太平广记》卷四百九草木四，北京：中华书局，1961年，第3320页。
② 张籍：《送汀州源使君》，见彭定求等编《全唐诗》卷三八五，北京：中华书局，1999年，第4343页。
③ 张华：《博物志》，北京：中华书局，1985年，第77页。
④ 张说：《喜度岭》，见彭定求等编《全唐诗》卷八八，北京：中华书局，1999年，第971页。

属。射工又被称为蜮、短狐、水狐、水弩，其形状像鳖，有三只脚，背上长有硬壳，头上长角，并且拥有翅膀，能够飞行。对于射工的记载，最早见于《小雅·何人斯》："为鬼为蜮，则不可得。"① 在这一时期，蜮虽然被视为恶物，但其形状体态并不明确，人们只知其能造成人间灾殃。随着时间的推移，特别是在汉、魏晋时期，蜮的形象逐渐在各类典籍中明确，例如陆玑的《毛诗草木鸟兽虫鱼疏》就将其具象化："蜮，短狐也，一名射影，如龟，二足，江淮水皆有。人在岸，影见死昬，投人影则杀人，或曰射影也。或又含沙射人，入肌，其疮如疥。"② 也就是说，射工常常在人不备之时发动攻击，被其射中的人可能就会失去生命。即使人的身体能够躲避，但只要影子被射中，也会导致生病。《抱朴子》亦称："又有短狐，一名蜮，一名射工，一名射影，其实水虫也。状如鸣蜩，状似三合杯，有翼能飞，无目而利耳，口中有横物角弩，如闻人声，缘口中物如角弩，以气为矢，则因水而射人，中人身者即发疮……不晓治之者杀人。其病似大伤寒，不十日皆死。"③ 从中可知，射工或射影实际上是一种水生昆虫。它的外形类似于鸣叫的蝉，形状有点像三个合在一起的杯子，拥有翅膀能够飞翔。虽然它没有眼睛，但却有着敏锐的听觉。它的口中含有一种类似横置的角弩的物体，当它听到人的声音时，就会利用口中的角弩状物体，以气息作为箭矢，借助水的力量向人射去。一旦这种箭矢射中人体，就会引发疮疡……如果不懂得如何治疗，这种病症会致命。患者所表现出的症状类似于严重的伤寒，通常在不到十天的时间内就会死亡。入晋后，人们开始发现能克制蜮的方法，如"南方人欲入水，以瓦石投死昬，令浊，乃入也"④，也就是用瓦片和石头投掷到水面上，使得水变得浑浊不清。这样一来，蜮的视线就会被扰乱，从而无法准确地捕捉到目标。还有一种更为保险与稳妥的做法。射工在冬天的时候会选择蛰伏在谷物之间，当大雪纷飞

---

① 王秀梅译注：《诗经》，北京：中华书局，2015 年，第 466 页。
② 陆玑：《毛诗草木鸟兽虫鱼疏》卷下，北京：中华书局，1985 年，第 63 页。
③ 葛洪：《抱朴子》登涉卷第十七，北京：中华书局，1980 年，第 280 页。
④ 陆玑：《毛诗草木鸟兽虫鱼疏》卷下，北京：中华书局，1985 年，第 63 页。

之时，人们会去寻找这种虫子。因为这种虫子的存在，周围的雪不会积聚，反而会有一种灼热蒸腾的气场。根据这种现象，人们可以准确地找到射工的藏身之处。当找到射工后，只需挖掘一尺深的土壤，便能成功捕捉到它。捕捉到射工后，人们会将其阴干并研磨成粉末。然后，将这种粉末随身携带，据说在夏天的时候，这种粉末能够有效地辟除射工虫的威胁。①

总体而言，先秦时期的射工被人们广泛传言为一种具有剧毒的神秘生物。到了汉代，关于射工的描述变得更加详细，其特性逐渐被人们所了解，甚至被赋予了一些神秘的色彩和神化。然而，到了晋代以后，射工的形象开始发生变化，人们认为它能够被人类或其他事物所控制，从而逐渐失去了其原有的神秘感和超自然的特性。因此，在中原文化中，射工的关注度也逐渐减少，不再像以前那样被人们所重视。唐代的张说在提及射工时，可能是出于对福建地区未知和异域风情的恐惧和误解。他实际上是将射工作为一种象征，用来代表福建地区的"蛮荒"和"未开化"。这种描述反映了当时中原地区对边远地区的偏见和歧视，同时也揭示了文化差异所带来的误解和隔阂。换言之，张说试图通过对射工的描述来强调中原文化的先进性和优越性，以此进一步巩固了中原地区在文化上的主导地位。

鸩则是另一种传说中栖息于南方的神秘毒鸟，其形象多变，通常被描绘为拥有紫绿色的羽毛，体型庞大，性情凶猛。关于鸩鸟的毒性，古代文献中多有夸诞之辞，使其在古代文学与艺术中成为危险、致命及不可预知灾难的象征。鸩鸟的毒性主要源自其羽毛，据传，这些羽毛含有剧毒，足以对任何接触的生物造成致命伤害，甚至能致猛兽于死地。除了在战争中的应用，鸩毒亦常作为宫廷斗争中的暗杀工具，诸多历史记载中均可见其身影。自《国语》流传出了浸润过鸩羽的酒有剧毒后，这种生物便成为了宫廷铲除异己的利器。例如《汉书》记载吕后恼恨齐王，便以祝寿为名逼迫他喝下鸩酒。颜师古注引应劭曰："鸩鸟黑身赤目，啄蝮蛇野葛，以其

---

① 葛洪：《抱朴子》登涉卷第十七，北京：中华书局，1980年，第281页。

羽画（划）酒中，饮之立死。"① 照《千金翼方》的说法，鸩毒有腐蚀性，"入五脏烂，杀人"②。在这一时期的文学作品中，鸩鸟常常被用来象征邪恶、危险和死亡，成为一种警示和隐喻。然而，与射工的命运不同，有关鸩羽有毒的说法很快便被证伪。南北朝时，陶弘景指出："昔人用鸩毛为毒酒，故名鸩酒，倾不复尔。"③ 到了唐代的苏恭更是毫不客气地批责道："羽画酒杀人，亦是浪证。"④ 尽管在古代文献中，鸩鸟的形象被多次提及和描述，但其真实存在性一直是一个备受争议的话题。有相当多的理由和证据表明，鸩鸟作为一种实际存在的生物可能并不存在于自然界中，或者它的形象和特性在历史的传承中被极大地夸大和神化了。在现实世界中，确实存在许多鸟类、爬行动物和昆虫体内含有毒素，例如毒蛇、毒蜘蛛和某些有毒的蛙类，但没有任何一种生物能够像传说中的鸩鸟那样具有极端致命的毒性。因此，鸩鸟在很大程度上更多的是一种文化和文学中的符号，它反映了古人对未知自然力量的恐惧和敬畏，同时也体现了人们对毒物的警觉和对生命的珍视。

四、雁与猿：无意识中的对立

在一段时间内，射工与鸩被描述为拥有无形中置人于死地的特异能力，而它们所背负的恶名，则在一定程度上反映了当时北方人对南方的偏见和诋毁。但随着认识的深入，它们的致命性或遭破解，或被证伪。这恰好反映了随着南方的开发，人们对于南方的体认渐渐由主观模糊走向客观清晰的曲折过程。

高适关于福建的另一首诗也体现了这个情况。天宝十一载（752），高适在长安送别即将奔赴福建贬所的友人。这位友人心中对于自己已经和即将遭遇的经历似乎充塞着无限愤懑，高适正试图平复他的心境。为此，他

---

① 班固：《汉书》卷三十八，北京：中华书局，1962年，第1988页。
② 孙思邈：《千金翼方》卷五，沈阳：辽宁科学技术出版社，1997年，第52页。
③ 李时珍：《本草纲目》卷四十九，北京：人民卫生出版社，1981年，第2678页。
④ 李时珍：《本草纲目》卷四十九，北京：人民卫生出版社，1981年，第2678页。

向友人回忆起了自己在少年时代游历福建的亲身见闻：

> 谪去君无恨，闽中我旧过。大都秋雁少，只是夜猿多。东路云山合，南天瘴疠和。自当逢雨露，行矣慎风波。①

此时高适已过天命之年，距离他离开福建至少过去了三十余载，在这些年中，高适的足迹几乎踏遍了半个北中原。因此，这段经过了时间与经历的淘洗依然深深遗印在高适脑海中的福建记忆便深值我们细细揣味。他最先注意到的是两个物种在福建数量多寡的差异，"大都秋雁少，只是夜猿多"。大雁这一在中原地区司空见惯的飞禽很少将福建作为它们南下过冬的栖息地。与此相对，一俟夜间，嗷嗷而啼的猿声却不绝于耳。由于"雁"与"猿"之意象被纳入古典文学的话语范畴之内久矣，因而除却表面上两者的物候特征不同之外，高适的这个对举当有更深的文化认知上的解读。

目前可见大雁之意象最早出自东汉张衡的《西京赋》："上春候来，秋季就温。南翔衡阳，北栖雁门。"② 对于"南翔"之物，李善注引《礼记》曰"季秋之月，鸿雁来宾"。据史念海先生考证，古雁门在今山西省代县境内，与最近的大雁的实际孵育地蒙古国一带仍相去千里。《汉书·苏武传》中常惠就"教使者谓单于，言天子射上林中，得雁，足有系帛书，言武等在荒泽中"③进行诓骗，苏武才得以南归。苏武牧羊之地在今贝加尔湖附近，常惠之所以能想出这个计策，实因他羁留匈奴日久，才对漠北物候特征有深入了解并加以利用。而东汉疆域止于长城一线，逾长城而北长期为匈奴等游牧民族所据。彼时民族间战事纷频，除使节外罕有汉人能亲涉塞外，加之信息的交流与沟通不畅，也就不难理解何以张衡赋中关于大

---

① 高适：《送郑侍御谪闽中》，见彭定求等编《全唐诗》卷二一四，北京：中华书局，1999年，第2229页。
② 萧统编，李善注：《文选》，北京：中华书局，1977年，第44页下。
③ 班固：《汉书》卷五十四，北京：中华书局，1962年，第2466页。

雁栖止的北界出现这样明显的讹误。同理,汉时福建两广地区均被视为夷越之域,即便东汉设立了交州、建安郡等行政治所,但中央政权在此地的实际的影响力仍十分微弱,并未在文化和心理层面上被中原人士所接纳。尤其是福建,秦之时是"弃弗属",汉武又尽徙其民于江淮地区,导致其地虚置数百年。

在古代中国,大雁的迁徙行为不仅被视作一种自然现象,更承载着深厚的文化内涵。古人认为,大雁南飞的终点是湖南衡阳的回雁峰,而这个地方在古代正是中原文化的南部边界。同样,北雁栖息和繁殖的地方则位于中原文化的北部边界。这一边界随着历史的演变而有所变动,但总体上标志着中原王朝的直接统治范围。因此,大雁的迁徙路线,恰好在地理上勾勒出了中原文化的边界。此外,雁还是文明的传递者。在古代,书信常通过雁足传递,雁书、雁信成为人们沟通交流的重要工具。这不仅体现了雁在文化传播中的重要角色,更彰显了其在人们心目中的特殊地位。古代交通和通讯手段不发达,长距离的信息传递非常困难,雁在这种情况下发挥了独特的作用。文人常常通过想象大雁携带书信的方式,表达对远方亲友的思念和对信息交流的渴望。这种想象衍生出了"雁书""雁信"等词语,成为了人们沟通交流的重要工具。

与此同时,文学作品中自来以闻猿而悲。猿的啼声总是以一种凄异而令人心碎的形象呈现。在文人的笔下,猿的啼声常常与孤寂的旅人、荒凉的异乡相互映衬,共同营造出一种凄凉哀怨的氛围。但刘禹锡就提出蹊跷之处:"巫峡苍苍烟雨时,清猿啼在最高枝。个里愁人肠自断,由来不是此声悲。"[①] 在古典文学作品中,猿猴的哀鸣往往被赋予凄凉与悲伤的象征意义,这在很大程度上归因于其声调的高亢与哀伤特质,易于唤起人们对于孤独与寂寞等情绪的联想。然而,在刘禹锡的诗作中,他提出了一个相异的见解。诗人认为,那种撕心裂肺的悲痛并非源自猿猴的啼叫,而是源

---

① 刘禹锡:《竹枝词九首》,见彭定求等编《全唐诗》卷三六五,北京:中华书局,1999年,第4121页。

于人们内心的忧愁与情感的投射。换言之，猿猴的哀鸣或许仅是一个触发因素，而真正激发悲伤情感的，是人们内心的情感状态与所处的环境。

实际上，出于生活习性使然，猿除了善于啼啸，还尤擅攀援。这直接导致猿的出没之地多与穷山恶水脱不开关联。因此，在中原文人的想象中，猿常常被描绘为生活在偏远、艰险的自然环境中，这与它们出色的攀援能力和对恶劣环境的适应能力密不可分。《九章·涉江》谓其："深林杳以冥冥兮，乃猿狖之所居。山峻高以蔽日兮，下幽晦以多雨。"[①] 在这里，猿的形象与深山老林、悬崖峭壁等场景相结合，进一步强化了人们对猿生活环境的印象。以猿啼出名的三峡是"两岸连山，略无阙处。重岩叠嶂，隐天蔽日，自非亭午夜分，不见曦月"[②]。李白以"猿猱欲度愁攀援"[③] 来反写蜀道的险绝。白居易谪居九江时亦以"住近湓江地低湿，黄芦苦竹绕宅生。其间旦暮闻何物？杜鹃啼血猿哀鸣"[④] 的处境为苦。不难想见涉身其间之人目睹周遭险恶的环境，触景生情，此时心中已然十分哀恸。再为猿声所激，涕泪沾裳也就在情理之中了。

值得特别注意的是，将雁与猿对举的例子亦不在少数。岑参于《巴南舟中夜市》一诗中谓："见雁思乡信，闻猿积泪痕。"[⑤] 雁作为迁徙鸟类，每年遵循固定的季节性规律，从北方迁徙至南方，再从南方返回北方，这一行为象征着与亲朋好友之间不解的纽带以及对远方的深情思念。每当人们目睹雁群的飞翔，便会情不自禁地思念起远方的家人与故土，渴望收到家人的书信。而猿猴的哀鸣，往往引发人们对离愁别绪的联想，触动人们内心深处的哀愁。刘禹锡在《再授连州至衡阳酬柳柳州赠别》中称："归

---

① 屈原：《楚辞》，北京：中华书局，2010年，第117页。
② 郦道元：《水经注》卷三十四，北京：中华书局，1985年，第1748页。
③ 李白：《蜀道难》，见彭定求等编《全唐诗》卷一六二，北京：中华书局，1999年，第1683页。
④ 白居易：《琵琶引》，见彭定求等编《全唐诗》卷四三五，北京：中华书局，1999年，第4832页。
⑤ 岑参《巴南舟中夜市》，见彭定求等编《全唐诗》卷二〇〇，北京：中华书局，1999年，第2095页。

目并随回雁尽,愁肠正遇断猿时。"[1] 此诗将雁与猿的意象巧妙地融入诗句中,充满了浓厚的抒情色彩,通过"归目""回雁""愁肠""断猿"等意象的描绘,营造了一种深沉而悲凉的氛围。诗人可能正在经历某种离别或失去的痛苦,内心充满了无法言说的愁绪。归乡的目光随着大雁的远去而消失,象征着思念的无法触及和内心的空虚。而正当这种愁绪达到顶点时,又遇到了猿猴的哀鸣声,更加重了心中的忧伤和悲凉。王泠然在《淮南寄舍弟》中也曾自怜道:"归情春伴雁,秋泣夜随猿。"[2] 春去秋来,大雁南飞又北归,而诗人却远离故乡,无法与家人团聚。猿的哀啼声在秋夜中回荡,更添了几分凄凉和哀伤。

据此,我们不妨对雁与猿涵括的意象内蕴做个总结。雁作为北方的象征,代表着中原大地、故土家园,以及与亲人和朋友之间的紧密联系。它不仅是文明传递的重要使者,更是承载着人们对家乡的深情回忆和对亲友的深切牵挂。相对而言,猿则代表着南方的神秘与蛮荒,象征着异乡的陌生与遥远,以及那些穷山恶水的险恶环境。雁的迁徙,唤起人们对故乡的回忆和亲友的牵挂,象征着一种归属感和依恋感。而猿的啼声,则传达出对陌生环境的恐惧和对故乡的怀念,象征着一种离别的悲伤和孤独感。这两种意象交织在一起,构成了一个丰富多彩的文化符号体系,反映了古代文人内心深处的情感波动和对世界的认知。

让我们再次回到高适回忆福建的那首诗:"大都秋雁少,只是夜猿多。"此句所蕴含的深意,远非仅仅描绘雁与猿的数量对比,而是隐喻着中原与福建之间的地域与文化差异。对立的不仅是雁与猿,而是中原与福建。福建远离中原,少的是温润舒爽的气候、方便快捷的信息传递,相反,这里自然环境险恶,教化疏缺,是多愁之地。或许是因为先前的诗句表达过于委婉,高适决定采用更为直接的方式,将自己对福建的真实感受

---

[1] 刘禹锡:《再授连州至衡阳酬柳柳州赠别》,见彭定求等编《全唐诗》卷三六一,北京:中华书局,1999年,第4089页。
[2] 王泠然:《淮南寄舍弟》,见彭定求等编《全唐诗》卷一一五,北京:中华书局,1999年,第1175页。

毫无保留地呈现出来，其对福建的真实感受也一览无遗："东路云山合，蛮天瘴疠和。自当逢雨露，行矣慎风波。"前两句直接勾勒出福建特有的自然风貌与气候特点。所谓"东路"指的是通往福建的道路，沿途云山相连，展现了福建山地的险峻与荒僻。同时，"蛮天"与"瘴疠"的描绘，则透露出福建偏远、原始，甚至带有一些艰险与未知。面对着这样的情况，高适对友人的嘱托不过只能是多加小心以及寄希望于虚无缥缈的"雨露"（雨露暗含恩泽之意），如此措辞多少显得苍白无力。

本章小结

在华夏五千年的文明长河中，文学始终扮演着记录历史、描绘风土人情、反映社会变迁的重要角色。特别是在初唐至中唐这一波澜壮阔的时代背景下，福建作为一个独特的地理单元，其文学形象的演变与内涵，为我们揭示了当时文人对这片土地的认知、感受以及地域文化之间的交流与碰撞。

通过对初唐至中唐时期文人对福建书写的分析，我们不难发现：政治、军事上的统一并不能保证文化、心理上的认同，二者之间甚至存在着巨大的"时差"。换句话说，政治军事的整合与文化心理的融合之间存在着不同步性。这一现象不仅揭示了古代中国地域文化整合的复杂过程，也反映了文化认同构建的长期性和动态性。福建虽在秦时便被纳入中原王朝的版图，却在很长一段时间里无法真正地融入中原主流文化圈，甚至与中原主流文化圈存在着明显的差异。这种差异不仅体现在语言、风俗、习惯等显性文化层面，更深入到价值观念、思维方式等隐性文化层面。文人们在描绘福建时，往往不自觉地将其与自己的文化背景进行对比，从而凸显出福建文化的"异质性"。这种异质性不仅体现在对福建人的性格、行为方式的描述上，更深入到对福建社会结构、宗教信仰以及道德观念的解读中。由于历史、地理以及族群等多种因素的影响，福建地区形成了独特的社会结构和文化传统。在文人的笔下，福建被描绘成一个充满异域风情的地方，诸多意象都在人为地不断强调、标榜这一种群差异。对于随之而来的风俗、信仰、语言等各方面亦基本是只见其异，不见其同，这本质上是身份认同的排他性使然。中原文人以自己的文化背景和族群属性为基准，去审视和评判福建这一"他者"。

　　福建省与中原地区的辽远距离，加之其多山的地理特点，加剧了交通往来的不便，导致初唐至中唐时期的文人们对于前往福建持有谨慎甚至畏惧的心态。连绵的山脉不仅限制了文人的活动范围，同时也使得文化交流和信息传递遭遇重重障碍。这样的地理环境使得福建地区在相当长的一段时间内维持了一种相对独立和封闭的状态，与中原文化的融合进程亦因此受到了一定程度的制约，导致中原地区的文士对福建的了解极为有限。

　　除了地理距离和地形特征外，中原文人对福建特异的风候及物产也有极为敏感的体认。福建地处亚热带，气候温暖湿润，与中原的温带气候截然不同。这种气候差异导致福建的物产也与中原大相径庭。在形诸诗文时，中原文士往往会对观察与描写的对象进行拣择，即选择性地描绘那些符合他们审美和认知的部分，而忽略或淡化那些与他们观念不符的部分。同时，他们还会不自觉地将福建与北方或中原进行比较，以此来凸显福建的特异性。这样的体认和描绘往往是基于北方的标准与经验，缺乏对福建本土视角的深入理解，在一定程度上可以说是片面的，甚至是不准确的。因此，偏见与歧视在有意或无意中总是不可避免地笼罩在初唐至中唐时福建的文学形象之上，让福建的真实面貌在历史的尘烟中显得模糊不清。

　　我们可以发现，诗文中体现的初唐至中唐时期的福建文学地理意象总体面貌粗犷，造语含糊，数量鲜少，内涵单薄。这种粗犷并非指文字本身的粗糙，而是指文人在描述福建时，往往采用较为宽泛、笼统的笔触，缺乏细致入微的描绘。这背后折射出的是当时文人对福建认知的不足，以及地域文化差异带来的隔阂。造成这一现象的主要原因是这一时期的许多文人缺乏对福建的足够了解。许多文人甚至一生从未踏足福建。诸如上文所援引的骆宾王、刘禹锡、刘长卿、柳宗元、独孤及、皇甫冉等文人即属此类。他们对于福建的感受更多的只是道听途说或是抄袭宿语，从以往记载福建或是南方风土的古籍里"寻章摘句",尤以《史记·东越列传》及《汉书·严助传》等经典文献的相关记述为甚。这种对古籍的依赖,揭示了当时文人对于福建地区的陌生感,不得不借助古籍来构建自己对这一地区的认知。因此,在这一时期形成的福建意象既有对前人经验的继承,又加入了新的元素,既有向壁虚构的成分,又有一定的客观事实做支撑依据。

第二章 晚唐至五代时期文人的福建书写

在历史的洪流中，时代的变迁常常会对各个地区的发展轨迹产生深远影响。安史之乱无疑是福建历史上一个重要的转折点。安史之乱后，中原地区遭受了前所未有的冲击，政治、经济、文化等方面均受到了极大的破坏。肃宗虽一度平定叛乱，但其统治根基已受到严重动摇，原本隐藏的问题也在这场动荡中浮出水面。在战乱与重建的过程中，唐朝的内部矛盾进一步激化，各地军阀纷纷拥兵自重，藩镇割据的现象愈演愈烈。这不仅加剧了唐王朝内部的分裂，更使得原本就动荡不安的帝国陷入了更加复杂的局势之中。

当此时，福建地区由于其地理位置相对偏远，受战乱影响较小。相对稳定的社会环境不仅为其居民提供了一方安宁的乐土，更为当地的经济和文化发展奠定了坚实的基础。许多中原士人也在这一时期南迁到福建地区，带来了先进的文化和教育理念，推动了福建文化的进一步发展。随着文化的交流与融合，文人们开始用更加细腻、生动的笔触来描绘福建的山水、风情和人物，使得福建的文学形象逐渐变得更加立体和鲜活。

第一节 山明水秀与宦游善地

一、入闽文人：意象改观的发起者

自中唐以降，中原文人对福建的观感逐步发生转变。昔时被视为边远

蛮荒之地的福建,此时在文人笔下逐渐展现出其独特之魅力。他们开始以更为细腻、深入的笔触,描绘福建的山川风物、民俗风情,以及其独有的文化意蕴。韩愈首倡其声:

> 逾瓯闽而南,皆百越之地,于天文,其次星纪,其星牵牛。连山隔其阴,巨海敌其阳,是维岛居卉服之民,风气之殊,著自古昔。唐之有天下,号令之所加,无异于远近。民俗既迁,风气亦随,雪霜时降,疠疫不兴,濒海之饶,固加于初。是以人之之南海者,若东西州焉。①

这段文字深刻揭示了中唐时期文人对福建地区的认知转变。所谓"逾瓯闽而南",意指跨越瓯江、闽江以南的辽阔地域,历史上被视作百越之地。"连山隔其阴,巨海敌其阳"一句,既展现了福建独特的山水格局,也暗示了其相对隔绝的地理环境。然而,正是这种地理环境孕育了独特的文化和风俗。岛居卉服的民众以及与众不同的风气,自古以来便引人注目。因此,这里的"风气之殊",不仅指自然气候,更涵盖了社会文化习俗的独特性。随着唐代政治版图的扩张和统一,中央政权的号令开始无差别地覆盖到这片土地。政令的统一,不仅加强了中央与地方的联系,也促进了文化的交流与融合,让福建地区的民俗融入了更多的中原文化元素。有趣的是,随着教化程度的提升,福建的气候似乎也变得宜人,不再炎蒸溽热,反而时常降霜雪。更令人惊讶的是,先前北人所畏惧的瘴疠也在此时消退,不再出现。在这种情况下,"万里福建去渺茫"已成为过去,取而代之的是"人之之南海者,若东西州焉"。大家开始认识到福建不仅是一个文化独特的地区,更是一个经济潜力巨大的富庶之地。因此,人们纷纷前往南海之滨的福建,仿佛这里就是他们心中的乐土。从边缘到中心,从异

---

① 韩愈:《送窦从事序》,见董诰等编《全唐文》卷五百五十五,北京:中华书局,1983年,第5614页。

域到乐土,福建在文人笔下的形象转变,正是历史变迁和文化交融的缩影。

无独有偶,类似的心路历程在丁儒身上亦有上演,他详细记叙了自己到达泉州后的见闻:

> 迢递千重险,崎岖一路通。山深迷白日,林冬豁苍穹。正值严冬际,浑如春昼中。泉醴开名郡,江清稳卧龙。天涯寒不至,地角气偏融。橘列丹青树,槿抽锦绣丛。秋余甘菊艳,岁迫丽春红。麦陇披蓝远,榕庄拔翠雄。减衣游别坞,赤脚走村童。日出喧鸟鹊,沙晴落雁鸿。池渐含晚照,岭黛彻寒空。风景无终始,乾坤有异同。但思乡国迥,薄暮起心忡。①

诗的开篇以"迢递千重险,崎岖一路通"之句,描绘了前往福建的艰难旅程。作者选用"迢递"与"崎岖"二词,不仅生动勾勒出山路的遥远与险峻,亦隐含了对福建自然环境的某种排斥与不满情绪。继而作者着墨于福建的自然景观,其中"山深迷白日"一句,巧妙暗示了山势之高耸与幽深,致使阳光难以穿透;而"林冬豁苍穹"之语,借"林冬"描摹冬季之树林,仿佛打开了苍穹,给人以开阔之感。此二句在展现福建自然景观的同时,亦传达出一种阴郁与寒冷的氛围,似乎在诉说福建之冬日虽有开阔之天空,却仍不失其冷清与苍凉之态。进一步,诗中写道:"正值严冬际,浑如春昼中。泉醴开名郡,江清稳卧龙。"这几句描绘了福建冬季如春之温暖气候与名郡之美景。然而,作者语气中似流露出一种不自然之感,用"浑如"一词,仿佛在说这种春天般的温暖并非真实,给人一种错觉,潜在地表达了对这种异常气候的不适。"天涯寒不至,地角气偏融"二句更进一步强调了福建气候之异常温暖,其中夹杂之"偏"字,隐含了作者对

---

① 丁儒:《冬日到泉郡次九龙江与诸公唱和》,见陈尚君等辑校《全唐诗补编》,北京:中华书局,1992年,第98页。

这种气候的不认同与排斥。在描绘自然景观之时，作者又写道："橘列丹青树，槿抽锦绣丛。秋余甘菊艳，岁迫丽春红。"这些描述色彩斑斓，充满生机，但亦有一种不真实之感。尤其"岁迫丽春红"一句，似乎在说尽管已经临近年末，却依然有春天之花朵盛开，这种不合时令之景象在作者笔下显得有些违和。再者，诗中"减衣游别坞，赤脚走村童"一句，虽展现了福建乡村之淳朴风情与村民之自在生活方式，然从另一视角观之，亦反映出当地生活条件之简陋与原生态。对于习惯于中原生活之人而言，这种原始之生活方式可能并不那么舒适与便利，这也是一种隐性的负面感受。此外，在诗的最后部分，"但思乡国迥，薄暮起心忡"更是直接表达了作者对故乡之思念与对异乡之不适。其中，"乡国"指作者之故乡，"迥"字表达了作者与故乡之遥远距离，"心忡"则透露出作者在异乡感到的焦虑与不安。这句诗不仅表达了作者的思乡之情，亦暗示了作者在福建之异乡感与对当地环境之不完全适应。可以说，尽管福建风光四时不辍，却不能抹煞其在方域上之差异，亦挡不住作者心中对乡关之思念。每念及此，便忧心忡忡，闷闷不乐。

然而时过境迁，从漳州别驾赋闲后，思乡心切的丁儒并未北归，而是定居于龙溪白石乡，募民填海围垦，筑堤御潮，颐养天年，还特意赋诗曰：

> 漳北遥开郡，泉南久罢屯。归寻初旅寓，喜作旧乡邻。好鸟鸣檐竹，村黎爱幕臣。土音今听惯，民俗始知淳。烽火无传警，江山已净尘。天开一岁暖，花发四时春。杂卉三冬绿，嘉禾两度新。俚歌声靡曼，秋酒味温醇。锦苑来丹荔，清波出素鳞。芭蕉金剖润，龙眼玉生津。蜜取花间露，柑藏树上珍。醉宜薯蔗沥，睡稳木棉茵。茉莉香篱落，榕阴泆里闻。雪霜偏避地，风景独推闽。辞国来诸属，于兹缔六亲。追随情语好，问馈岁时频。相访朝和夕，浑忘越与秦。功成在炎域，事定有闲身。词赋聊酬和，

才名任隐沦。呼童多种植,长是此方人。①

这首诗通过细腻的描绘和丰富的情感,展现了作者对福建观感的变化。这种变化不仅体现在诗歌的语言和意象中,也反映了作者心态的转变和情感的深化。"遥开郡"和"久罢屯"透露出作者初到福建时对这片土地的陌生和距离感。然而,随着时间的推移,作者的观感开始发生变化,"归寻"与"喜作"表现了作者从初到的陌生感逐渐转向熟悉和亲近。这一变化标志着作者心态的转变,即从外来者逐渐融入当地社会。

进一步,作者通过具体的景物和生活细节描绘出福建的自然美景和风土人情。这些描写不仅表现了当地自然环境的优美,也表现了作者对当地民风的理解和欣赏。特别是"土音今听惯,民俗始知淳"一语,表明经过数年的生活,作者已经打通与土著居民在语言上的隔阂。这意味着文化交流与沟通的可能,也是认同与接纳的基础,但"今"与"始"都表明了这是一个长久的过程。

融入当地生活的作者为我们更新了一大批意象。在描绘福建的自然风光时,作者运用了大量的色彩和味觉意象,如"天开一岁暖,花发四时春。杂卉三冬绿,嘉禾两度新"这些诗句表现了福建的气候宜人和自然资源的丰富。特别是"四时春"和"两度新"暗示了当地四季如春的温暖气候和一年两季的丰收景象,展现了福建独特的自然环境和丰饶的物产。此外,作者还描述了当地的风土人情和生活乐趣,这些描写不仅表现了当地人的淳朴和热情,也展示了丰富的物产和生活的多姿多彩。"俚歌"和"秫酒"是当地文化和饮食的代表,表现了作者对福建文化的接受和融入。而"丹荔"和"素鳞"则具体描绘了当地的特产,展示了福建物产的丰富和生活的富足。在描绘福建的日常生活时,作者的笔触更是细腻入微。"茉莉香篱落,榕阴浃里闾"一句通过描绘茉莉的香气和榕树的树荫,营

---

① 丁儒:《归闲诗二十韵》,见陈尚君等辑校《全唐诗补编》,北京:中华书局,1992年,第97—98页。

造了一种宁静而舒适的生活氛围。"雪霜偏避地,风景独推闽"则进一步强调了福建独特的自然环境和优越的地理位置。无论是双季的水稻、靡曼的俚歌、温醇的秋酒,抑或是玉液生津的荔枝龙眼、甜美的甘蔗乃至暗香时来的茉莉都跃然纸上,令人耳目一新。

在诗歌的后半部分,作者开始抒发其个人的情感和志向。"浑忘越与秦"一句中的"秦"显然指的是关中平原,也就是唐王朝的权力中心,而"越"指的是福建。在作者的笔下,两地的差异却被深厚的情谊所超越和消融。作者在与周遭的友人或亲属在日常的亲密相处中,构筑了如此牢固的情感纽带,以至于他完全忽略了彼此的地域与文化差异。这种忽略并非有意忽视或否认差异,而是源于心灵深处的自然融合与接纳。"辞国来诸属,于兹缔六亲"一句,展现了作者虽离乡背井,却在福建建立了新的亲情关系,进一步强化了其归属感。"追随情语好,问馈岁时频"则生动描绘了作者与当地人的深厚情谊及频繁交往,这些情感纽带使他更加深入地融入了福建的生活与文化之中。紧接着,"功成在炎域,事定有闲身。词赋聊酬和,才名任隐沦"一句,表达了作者对福建生活的深切认可与满足。从中可以直观感受到,作者自觉在福建实现了个人价值,且在闲暇之余,能够从容地创作诗赋,享受生活的闲适与惬意。这种满足感与成就感,标志着作者已完全融入了福建的生活,对这片土地产生了深深的依恋与归属。

结尾处"呼童多种植,长是此方人"之句,深刻地体现了作者的归属意识与浓厚的乡土情结。其中,"呼童多种植"一语,不仅透露出他对这片土地的深切珍爱,还彰显了他渴望与这片土地建立更紧密联系的强烈愿望。通过吩咐童仆增加种植的行为,作者积极参与并融入当地的农耕文化,此举实为他与土地建立情感纽带的一种具体表现。而"长是此方人"则直接抒发了作者的归属之感,他已将自身视为这片土地不可或缺的一部分,俨然一位长久的居民。此种情感的生发,既源于他对福建这片土地深沉的热爱,亦得益于此地山水之秀美、人情之淳朴、文化之深厚,诸多因素共同作用于心,使他产生了强烈的身份认同感。同时,作者长期生活于此，与当地人建立了深厚的情谊与联系，这也无疑加深了他作为"此方人"的自我认知与归属感。

同样是游历漳泉一带，陈陶初入闽时仍重弹蛮夷之乡的老调，称漳州是："井田异政光蛮竹，符节深恩隔瘴云。已见嘉祥生北户，尝嫌夷貊蠹南薰。"① 首先，"井田异政光蛮竹"一句中，"蛮竹"这一词汇蕴含异域与未开化之地的意味。尽管"光"字描绘出一派繁荣景象，但"蛮"字的使用仍透露出对当地文化或民族的陌生感与异质性，隐晦地表达了作者对福建地区文化异质性的一种保留态度。其次，"符节深恩隔瘴云"中的"瘴云"一词，常与南方湿热地区易发的瘴气相联系，在古代文学中常用来形容边远、未开发且环境恶劣的地区。此处，"瘴云"不仅描绘了福建的自然环境，也可能隐喻文化或社会层面的隔阂与障碍，表明中央政府的"深恩"难以穿透这层隔阂，暗含对福建地区某种程度上的边缘化与难以同化的看法。再看"已见嘉祥生北户"，此句表面上是对福建北部地区出现吉祥之兆的肯定。然而，结合下一句"尝嫌夷貊蠹南薰"，可以看出作者的态度颇为复杂。"夷貊"一词明显带有对当地原住民或文化的贬低意味，而"蠹南薰"则进一步将这种文化与南方的和煦之风相对立，暗示其可能对更广泛的南方文化造成损害。这种表述显然体现了作者对福建地区文化和民族的负面刻板印象。

迨行至泉州境内，陈陶又谓："古木闽州道，驱羸落照间。投村碍野水，问店隔荒山。身事几时了，蓬飘何日闲。看花滞南国，乡月十湾环。"② 首联以"古木"连接闽州道，暗示了福建地区的偏僻与古老，给人一种沧桑和荒凉之感，为全诗奠定了一种沉重、孤寂的基调。颔联进一步描绘了福建地区的自然环境。"投村碍野水"表明诗人在寻找村落时受到了自然水域的阻碍，这既体现了福建地区复杂多变的地形，也暗示了交通

---

① 陈陶：《赠漳州张怡使君》，见彭定求等编《全唐诗》卷七四六，北京：中华书局，1999年，第8565页。
② 陈陶：《清源途中旅思》，见彭定求等编《全唐诗》卷七四五，北京：中华书局，1999年，第8562—8563页。

的不便。"问店隔荒山"则说明了人烟稀少，旅店难寻，荒山相隔，更增添了旅途的艰难和孤寂。这里的"野水"和"荒山"不仅是自然景观的描绘，更是对福建地区偏远、荒凉、交通不便的地理环境的隐喻。这种环境的恶劣给旅人的行程带来了极大的困扰和不便，也进一步加深了作者的孤独和无助感。但值得注意的是，此时的村落旅店已不见蛮夷迹象，只是有些荒僻而已。颈联抒发个人感慨，表达了诗人对旅途奔波的厌倦和对安定生活的渴望，"蓬飘何日闲"则进一步强化了这种无根无依、漂泊不定的感觉。这两句诗反映了诗人在福建地区的旅途中感受到的孤独、无助和迷茫。尾联诗人以"看花"暗指自己逗留在南方，而"乡月十湾环"则表达了对家乡的思念之情。这里的"十湾环"可能寓意着回家的路途曲折遥远，进一步加深了诗人的思乡之情和漂泊在外的无奈。

其中提及的看花一事，陈陶还另赋《泉州刺桐花咏兼呈赵使君》诗道：

> 仿佛三株植世间，风光满地赤城闲。无因秉烛看奇树，长伴刘公醉玉山。海曲春深满郡霞，越人多种刺桐花。可怜虎竹西楼色，锦帐三千阿母家。石氏金园无此艳，南都旧赋乏灵材。只因赤帝官中树，丹凤新衔出世来。猗猗小艳夹通衢，晴日熏风笑越姝。只是红芳移不得，刺桐屏障满中都。不胜攀折怅年华，红树南看见海涯。故国春风归去尽，何人堪寄一枝花。赤帝常闻海上游，三千幢盖拥炎州。今来树似离宫色，红翠斜敧十二楼。①

由于诗题有一"呈"字，不排除陈陶在这首诗里有曲意逢迎的成分。但原本唯恐避之而不及的流谪之地的官员却成为了干谒的对象，这就尤能表明时人对福建的观感已有质的转变。首先，从开篇的"仿佛三株植世间，风

---

① 陈陶：《泉州刺桐花咏兼呈赵使君》，见彭定求等编《全唐诗》卷七四六，北京：中华书局，1999年，第8578页。

光满地赤城闲"可以看出，作者对福建的第一印象是极为积极的。他用"仿佛"一词，表达了一种惊艳和不可思议的情感，似乎被福建的美景所震撼，难以用言语形容。而"赤城"则形象地描绘了福建的地域特色，使得读者能够立刻联想到那片充满异国风情的土地。在接下来的诗句中，作者进一步表达了对福建自然风光的欣赏。"无因秉烛看奇树，长伴刘公醉玉山"，这里的"奇树"指的正是福建特有的刺桐。

随着诗歌的深入，作者开始专注于描绘刺桐花的美。"海曲春深满郡霞，越人多种刺桐花"，这两句诗生动地描绘了春天福建各地刺桐花盛开的景象，如同满天的彩霞一般绚烂。而"越人多种刺桐花"则反映了福建人民对刺桐花的喜爱和珍视，也体现了作者对这种地方特色的赞赏和认同。在接下来的诗句中，作者通过对比和夸张的手法，进一步强调了刺桐花的独特之美。"石氏金园无此艳，南都旧赋乏灵材"，这里通过对比石崇的金谷园和南朝的古都，凸显了刺桐花的非凡之美，似乎连历史上有名的花园和古都都无法与之媲美。这种对比不仅提升了刺桐花的地位，也展示了作者对福建特有植被的深深喜爱。"只因赤帝宫中树，丹凤新衔出世来"，这两句诗充满了神秘和浪漫的色彩。作者将刺桐花比作赤帝宫中的神树，而丹凤则象征着吉祥和幸福。赤帝即炎帝，象征中华民族的祖先，这一意象的运用不仅彰显了福建在中国文化中的重要地位，也表达了对这片土地的深厚感情。需要特别指出的是，陈陶对刺桐花这一南国物种不再仅仅是以猎奇的眼光去看待，而是将其纳入了文学与审美的范畴。石崇的金谷园与张衡的南都赋无疑都是北方主流文化的显著象征，陈陶却尝试为刺桐花在其中谋求一席之地，此举颇能反映出中唐文人已经开始自觉地对南方元素在文学领域中的长期缺席的现象重新进行审视与反思。更为重要的是对身份的认同。陈陶虽然仍直呼福建居民为越人，但已无任何轻蔑鄙夷的观感，取而代之的是一种可亲近的、友好的开放态度。

在诗歌的后续篇章中，作者的情感轨迹发生了微妙而深刻的转变，由起初的欣赏逐渐过渡至思乡与惆怅的交织。"不胜攀折怅年华，红树南看见海涯"一句，展现了作者在目睹刺桐花绚烂绽放之际，内心却涌动着对年华流逝的深深哀叹，同时，那片绚烂的景致如同一面镜子，映照出他对远方故乡的无尽思念。尽管如此，作者的笔触并未沉溺于乡愁之中，而是继续对福建的美景给予了高度的赞誉，"故国春风归去尽，何人堪寄一枝花"，此句不仅流露出作者对故土的深切怀念，更彰显了他对福建这片土地美好风光的无限留恋与不舍。至诗歌的尾声，"赤帝常闻海上游，三千幢盖拥炎州。今来树似离宫色，红翠斜欹十二楼"，作者巧妙地融入了神话传说的元素，为整首诗歌增添了一抹神秘而瑰丽的色彩。这一系列描绘不仅生动展现了福建地域的独特魅力与历史底蕴，更在宏观层面上体现了作者对福建的崇高敬意与深切赞美。通过神话与现实的交织，作者成功地将个人情感与对福建的赞美融为一体，使得整首诗歌在情感表达与艺术表现上均达到了新的高度。

除了上述诗作之外，陈陶还赋有一首《投赠福建路罗中丞》也颇值得论述，兹摘录如下：

> 越艳新谣不厌听，楼船高卧静南溟。未闻建水窥龙剑，应喜家山接女星。三捷楷模光典策，一生封爵笑丹青。皇恩几日西归去，玉树扶疏正满庭。[①]

首联作者以"越艳新谣"喻指福建地区独特而迷人的文化风貌，表达出自己对此极大兴趣与喜爱，以至于"不厌听"。而"楼船高卧"则形象地描绘了福建的海上风光，展现了福建作为海洋文化的独特魅力。这里的"静南溟"不仅指平静的南海，更隐含着诗人内心的宁静与安详，仿佛与这片海洋融为了一体。颔联巧妙地运用了典故与象征手法。"未闻建水窥龙剑"一句，通过龙剑的隐喻，展现了福建地区的和平安宁。在古代，龙剑常被视为权力和战争的象征，而此处"未闻"二字，则表明建水一带并

---

① 陈陶：《投赠福建路罗中丞》，见彭定求等编《全唐诗》卷七四六，北京：中华书局，1999年，第8566页。

未受到战争的侵扰,是一片远离战火、生活安定的乐土。"应喜家山接女星"一句中的"女星"常指天空中明亮的女宿星,也可引申为吉祥、美好的象征。此句表达诗人对福建的喜爱之情,认为福建之地如同与女星相接,充满了吉祥与美好。颈联通高度赞扬了福建地区在历史上的辉煌成就与杰出人物,认为他们的功绩与楷模形象在典籍中熠熠生辉,甚至超越了丹青之绘的局限。这一联不仅体现了作者对福建历史文化的深刻认识与高度评价,也进一步加深了他对福建的喜爱与敬仰。尾联以期待与留恋并存的笔触,表达了对福建美好时光的珍惜与对即将离别的无奈。其中"玉树扶疏正满庭"则形象地描绘了福建的繁荣景象,如同庭院中繁茂的玉树一样,生机勃勃,充满活力。

二、山水胜境的初发现

当然,此时的福建各方面发展还不能企及中原与江南。文人们对福建的溢美之词主要集中于福建的自然风光上,诚如杜牧所说:"东闽、两越,宦游善地也。天下名士多往之。"① 两越为江南旧地,旖旎之名早已为世人所悉知。而福建得以和两越添列一处,并且还能吸引天下名士多有往来,只能说是中唐后的一大新变。

在这一方面,或许曾有过游历福建经历的杜荀鹤更有话语权,其《福建秋思》谓:"雨匀紫菊丛丛色,风弄红蕉叶叶声。北畔是山南畔海,只堪图画不堪行。"② 首句巧妙地运用了"雨匀"二字,既展现了福建秋雨细腻均匀的特点,又突出了紫菊在雨中色彩斑斓、艳丽夺目的景象。同是秋天,同样面对繁花似锦的景致,设若是中唐时文人前来,难免要指摘一番此地为炎荒异域了。而杜荀鹤则投注以纯然欣赏的眼光,言辞间分明透露出一股怜爱之情。次句进一步通过声音的描绘,增强了诗歌的感官体验。

---

① 杜牧:《杭州新造南亭子记》,见董诰等编《全唐文》卷七百五十三,北京:中华书局,1983年,第7811页。
② 杜荀鹤:《闽中秋思》,见彭定求等编《全唐诗》卷六九三,北京:中华书局,1999年,第8048页。

红蕉是福建地区常见的植物，其宽大的叶片在微风中摇曳生姿，发出沙沙的声响。这里的"风弄"二字，既赋予了风以人的情态，又使得红蕉叶在风中的摇曳显得更加生动有趣。这种以声衬静的写法，烘托出福建的静谧与和谐。接下来，杜荀鹤拓展视线，极力将笔触拉伸到目力穷处为止。此时所见之福建虽然负山面海，崎岖难行，却是挥毫泼墨、摹绘丹青的绝妙素材。尤其是末句"只堪图画不堪行"以夸张的修辞手法，表达了福建自然风光只应存在于画卷之中，因其美丽得令人难以置信，仿佛行走其中都不忍踏足，生怕破坏了这份天然去雕饰的美。这既体现了作者对福建自然风光的珍视，也透露出对其深深的喜爱与赞赏。

非独杜荀鹤一人这样认为，韦庄在送别福州籍的王氏先辈时也坦言自己无比羡慕其"家寄闽山画障中"①的居住条件。"画障"二字寓意深远。我们知道，但凡宜画者必是游赏佳处，韦庄用一个"障"字将福建绵长的山带描绘得宛如一扇精巧的山水屏风。这一比喻不仅是对自然景观的赞美，更是对福建独特地理风貌的一种艺术化表达，生动描绘了福建山水的美丽与神秘，使读者仿佛能够透过这扇"画障"，窥见那绵延起伏的山峦、云雾缭绕的峰巅，以及隐藏在山间的溪流飞瀑。与此同时，韦庄的这一描绘与张说对"闽乡越嶂"的嫌恶态度形成了鲜明的对比。张说在其作品中曾流露出对福建山区的轻视与不满，认为那里是偏远之地，难以与中原的繁华相提并论。然而，韦庄却以艺术家的眼光发现了福建山水的独特魅力，并将其视为令人向往的居住之地。这种截然不同的态度，不仅反映了两位作家不同的审美取向，也揭示了他们对自然环境与社会环境关系的不同理解。

要说此时福建最为出名的景点当属建溪。建溪发源于武夷山脉，自西北向东南流经福建北部地区，是闽江的重要源流，因主要河段流经建州而得名。建溪流域的自然风光十分壮丽，多险滩、峡谷、深潭、瀑布等景

---

① 韦庄：《送福州王先辈南归》，见彭定求等编《全唐诗》卷六九八，北京：中华书局，1999 年，第 8104 页。

观。方干《题画建溪图》道："六幅轻绡画建溪，刺桐花下路高低。分明记得曾行处，只欠猿声与鸟啼。"① 在这短短四句中，方干巧妙地运用了"轻绡""刺桐花""猿声"与"鸟啼"等元素，勾勒出一幅生机勃勃的建溪图景。轻绡般的画卷上，建溪的美景被细致地描绘出来，而刺桐花盛开的道路则显得错落有致。诗人更表示，他清晰地记得曾经走过的每一处，只是缺少了猿猴的啼声和鸟儿的鸣叫，这无疑为这幅静态的画卷增添了几分动态与生机。

李涉也对建溪极为怀念，自言："孤舟一夜东归客，泣向春风忆建溪。"② 诗句中的"泣"字凝聚了诗人深沉的追忆之情，这种情感是如此的强烈，以至于诗人在春风中不禁泪流满面。而建溪作为这种情感的指向，无疑承载了诗人对故乡的所有美好记忆与深切眷恋。韦庄在《洪州送僧游福建》劝说其"殷勤早作归来计，莫恋猿声住建溪"③。"殷勤早作归来计"是韦庄对游僧的恳切期望，希望他能够早早规划归程。然而，接下来的"莫恋猿声住建溪"却以一种否定的方式，巧妙地展现了建溪的迷人之处。前文已述猿声作为古代诗歌中的常见意象，往往代表着蛮荒与凄苦的力量。在此，猿声却被赋予了象征建溪旖旎风光的角色，其哀转久绝之音，仿佛在低吟浅唱间，缓缓揭示了建溪那不可言喻的神秘面纱与无穷魅力。在此，韦庄采用了一种独特的否定性规劝手法，其实质在于以一种迂回的方式强化建溪的诱人之处。他并未直接铺陈建溪的秀丽景色，而是巧妙地通过描绘游僧可能萌生的留恋不舍，乃至萌生常驻之愿，来间接映衬出建溪那令人难以抗拒的美丽。联想到刘禹锡之前有句谓"莫怕猿声发建

---

① 方干：《题画建溪图》，见彭定求等编《全唐诗》卷六五三，北京：中华书局，1999年，第7558页。

② 李涉：《竹枝词》，见彭定求等编《全唐诗》卷四七七，北京：中华书局，1999年，第5462页。

③ 韦庄：《洪州送僧游福建》，见彭定求等编《全唐诗》卷七〇〇，北京：中华书局，1999年，第8124页。

溪"①，虽只改易两字，之间的反差却有若泾渭。

建溪有如此景致，自然便成为了一处文人聚会的胜地。黄滔曾陪同浙江道幕府而来的李频泛舟其上，并吟咏道：

> 越城吴国结良姻，交发芙蓉幕内宾。自顾幽沈槐省迹，得陪清显谏垣臣。分题晓并兰舟远，对坐宵听月狄频。更爱延平津上过，一双神剑是龙鳞。②

此诗以越城与吴国的良姻起兴，巧妙地以古代地域名指代福建与浙江，奠定了整首诗的基调。白天黄滔在此和友人们泛舟游戏，分题赋诗，等到夜幕降临，便相对而坐，赏月听狄，何其的悠闲自适。更吸引人的是，建溪的下游剑津还是一则流传甚广的传说的事发地。据《晋书·张华传》载，雷焕帮助张华在江西丰城的牢狱之下寻得宝剑两柄，一为干将，一为莫邪。雷焕将干将剑赠给张华，自己留下莫邪剑。张华在收到剑后预言双剑"天生神物，终当合耳"。其后，张华被诛，干将遂不知所踪。雷焕则在临终前将莫邪传给其子雷华。雷华在经过延平津时"剑忽于腰间跃出堕水，使人没水取之，不见剑，但见两龙各长数丈，蟠萦有文章，没者惧而反。须臾光彩照水，波浪惊沸，于是失剑"③。从文学本位来说，"双剑化龙"情节曲折离奇，铺垫与结局环环相扣，人物与线索纠缠紧密，寥寥数百字便交代了横跨两代人的故事，可谓文小指大。其暗含的人世变幻常常使人叹喟不止。

《晋书》的叙述在"须臾光彩照水，波浪惊沸，于是失剑"处就戛然而止，因该书的编撰者们左右不过想要证成的是"华之博物多此类，不可

---

① 刘禹锡：《夜燕福建卢侍郎宅因送之镇》，见彭定求等编《全唐诗》卷三六五，北京：中华书局，1999年，第4124页。

② 黄滔：《浙幕李端公泛建溪》，见彭定求等编《全唐诗》卷七〇五，北京：中华书局，1999年，第8193页。

③ 房玄龄等：《晋书》卷三十六，北京：中华书局，1974年，第1075—1076页。

详载焉"① 之说。但实际上传说这种不完全闭合的叙事策略，在不经意间为后续的敷衍留下了充足的空间。其中最为直观的一个问题便是"嘻嘻宝剑今何在"？有此一疑惑的人不在少数，形之于篇什的更是聚讼纷纭。一派以窦巩为代表，其《题剑津》言："风前推折千年剑，岩下澄空万古潭。双剑变成龙化去，两溪相并水归南。"② 诗人来到事发地，联想到前朝的传说，只是望着深潭空无一物，所见唯有溪水长流，自然有"宝剑沈沙世已倾"之慨。与窦巩约略同时的闽人欧阳詹，所见与窦巩不谋而合，他在路过延平时留下了"想像精灵欲见难，通津一去水漫漫。空余昔日凌霜色，长与澄潭生昼寒"③ 之语，对龙剑的求之不得之情溢于言表。还有一派所展示的意象截然不同，他们认为由剑化龙的宝物并未遁去，而是留在延平当地。诗人胡曾在其七绝《延平津》中描述自己在剑津的见闻时无比斩截地道："延平津路水溶溶，峭壁危岑一万重。昨夜七星潭底见，分明神剑化为龙。"④

在整个"双剑化龙"传说中，我们不难看出事件是分别在两个不同的区位发生的，即宝剑埋没之地丰城和宝剑化龙之地延平。如若单论二地在文中所占的比重，丰城显然比延平"戏份"更足。但笔者在翻阅相关文献时却发现一个颇为费解的情况：传说对于两地的影响完全不对等，甚至可谓有云泥之别。先说丰城，在故事流传开后，较早援为典故的是王勃那句耳熟能详的"物华天宝，龙光射牛斗之墟"，以致紫气干牛斗几为丰城的专属天象。再次便只有"丰城宝剑"的意象，如杨炯句"宝剑丰城气，明珠魏国珍"⑤，显是认为剑以丰城之气为上。又如达奚珣的《丰城宝剑赋》

---

① 房玄龄等：《晋书》卷三十六，北京：中华书局，1974年，第1075—1076页。
② 窦巩：《题剑津》，见彭定求等编《全唐诗》卷二七一，北京：中华书局，1999年，第3046页。
③ 欧阳詹：《题延平剑潭》，见彭定求等编《全唐诗》卷三四九，北京：中华书局，1999年，第3924页。
④ 胡曾：《延平津》，见彭定求等编《全唐诗》卷六四七，第7479页。
⑤ 杨炯：《和刘长史答十九兄》，见彭定求等编《全唐诗》卷五〇，北京：中华书局，1999年，第620页。

开章便直言"剑之利者,有丰城之宝锷"①,亦是认为丰城宝剑为剑之佳品。除上之外,再难寻到传说与丰城之间的联结。反观延平,情形就大为不同,历代来此题咏的文人多反复指认"神物当年化此中""神剑当年此化龙"。事实上,延平不仅因传说有了"剑津""剑潭""龙津""剑溪""化剑津"等等别号外,连正式的县名、府名也一度改为"剑浦""镡州""剑州"。

或许是有着这一层历史底蕴,剑津受到了僧道们的青睐。王初有《延平天庆观》一诗:"剑化江边绿构新,层台不染玉梯尘。千章隐篆标龙简,一曲空歌降凤钧。岚气湿衣云叶晚,天香飘户月枝春。盟金早晚闻仙语,学种三株伴羽人。"② 首句便用"剑化"二字,直接指向了"宝剑化龙"的传说,而"绿构新"则暗示了宝剑化龙后所带来的新生与变化。这种引入方式既保留了典故的原始精神,又赋予了其新的诗意内涵。翁承赞在此地也留下了《访建阳马驿僧亚齐》:"萧萧风雨建阳溪,溪畔维舟访亚齐。一轴新诗剑潭北,十年旧识华山西。吟魂惜向江村老,空性元知世路迷。应笑乘轺青琐客,此时无暇听猿啼。"③ 翁承赞通过提及"剑潭"与"华山",将福建的具体地理坐标与个人的文化记忆紧密相连。这不仅展示了诗人对福建地理的熟悉,也透露出他对这片土地的文化与历史的浓厚兴趣。这两个地点成为诗人回忆与情感的寄托,进一步丰富了福建在诗人心中的多维映像。

但建溪并不总是姗姗喜人。由于地处季风气候区,建溪的水位与流速极不稳定。尤其是每年的春夏之交,常常暴雨滂沱,弥月不止。这种长时间的强降雨会导致建溪水位急剧上升,流速加快,增加了水流的不稳定性

---

① 达奚珣:《丰城宝剑赋》,见董诰等编《全唐文》卷三四五,北京:中华书局,1983年,第3503页。
② 王初:《延平天庆观》,见彭定求等编《全唐诗》卷四九一,北京:中华书局,1999年,第5598页。
③ 翁承赞:《访建阳马驿僧亚齐》,见彭定求等编《全唐诗》卷七〇三,北京:中华书局,1999年,第8164页。

和潜在的危险性。建溪流域内地形错综复杂，遍布着多处险滩，这一地理特征进一步放大了水流的不稳定状态。险滩的密布使得水流变得更为湍急，无疑增大了航行与涉水活动的风险系数。特别是在诸如秤钩滩、剪刀滩等峡谷地带，受地壳抬升运动与河谷地形的双重影响，形成了暗礁密布、江中岩石裸露的复杂地形，致使建溪在这些区段的水流状况尤为凶险且难以预料。崔江就因此抱怨："那堪日夜有云雨，便似巫山与建溪。"①"巫山"在中国传统文化中常与神秘莫测、变化多端相联系，而"建溪"能与"巫山"相提并论，足见其地理环境的艰险与不确定性之甚。

进入汛期的建溪会以一种截然不同的姿态展现在世人面前，其狰狞面目令人不禁心生敬畏。可谓是"春滩建水狂"②。杜牧曾游历建溪，并在其诗作中留下了深刻的印记。他直言不讳地写道："水色饶湘浦，滩声怯建溪。"③ 此二句不仅精妙捕捉了建溪水色的斑斓多变，更以"滩声怯"三字，传神勾勒出汛期建溪的汹涌澎湃与令人胆寒的壮阔气势。在杜牧的笔下，建溪的汛期不仅是一场自然的壮观景象，更是一种令人心悸的力量的展示。无独有偶，李频初入建州时李频初抵建州之际，亦不禁发出"逢溪难饮马"④的感叹。此句简洁凝练，通过"难饮马"这一细微之处，生动刻画了汛期建溪水流之急，即便是马匹也难以近溪饮水，进一步凸显了建溪汛期的汹涌与不羁。

韩偓的诗句"长贪山水羡渔樵，自笑扬鞭趁早朝。今日建溪惊恐后，李将军画也须烧"⑤也以一种自嘲式的口吻深刻地反映出建溪的艰险以及

---

① 崔江：《宜春郡城闻猿》，见彭定求等编《全唐诗》卷七七五，北京：中华书局，1999年，第8866页。

② 罗隐：《送沈光侍御赴职闽中》，见彭定求等编《全唐诗》卷六五九，北京：中华书局，1999年，第7625页。

③ 杜牧：《龙丘途中二首》，见彭定求等编《全唐诗》卷五二四，北京：中华书局，1999年，第6055页。

④ 李频：《之任建安渌溪亭偶作二首》，见彭定求等编《全唐诗》卷五八九，北京：中华书局，1999年，第6894页。

⑤ 韩偓：《建溪滩波心目惊眩，余生平溯奇境，今则畏怯不暇，因书二十八字》，见彭定求等编《全唐诗》卷六八一，北京：中华书局，1999年，第7867页。

第二章　晚唐至五代时期文人的福建书写

其对行人心理产生的深远影响。这位唐代诗人在经历建溪的惊涛骇浪之后，竟至于对曾令他心驰神往的山水画产生了深深的恐惧，乃至提出要将李将军的画作焚毁的极端言论。"李将军"即李思训，其身份显赫，不仅为王室宗亲，更出任过武卫大将军，立下赫赫战功。与此同时，他并非仅仅以武功著称，其在丹青之道上的造诣同样令人瞩目。李思训尤以金碧山水名噪一时，他的画作笔格遒劲，山水树石栩栩如生，湍濑潺湲，云霞缥缈，仿佛能将观者带入一个神仙般的世界。张彦远在《历代名画记》中对李思训的画作给予了高度评价，称其画作中的山水树石笔力遒劲，水流湍急，云霞飘渺，时常能见到神仙般的景象，深远地展现了山岭的幽静。而《唐朝名画录》更是将其推举为"国朝山水第一"，足见其在山水画领域的卓越地位。到了明代，董其昌更是将李思训奉为山水画的"北宗"之祖，进一步确立了其在中国画史上的重要地位。然而，正是这样一位被历代推崇的山水画大师的作品，在韩偓眼中却成为了惊恐的源泉。这并非是对李思训画技的否定，而是韩偓在经历了建溪的艰险之后，对山水画中所描绘的自然景观产生了深深的恐惧。这种恐惧并非源于画作本身，而是源于韩偓对建溪真实体验的深刻记忆。在他的诗中，"李将军画也须烧"的言论，实则是借由焚毁画作这一极端行为，来表达自己对建溪艰险的深刻体验和由此产生的心理阴影。

三、清闲的仕宦之地

唐末五代之际，中原腹地战事连连，反观福建却较少蒙受战争直接冲击，使得福建在一定程度上能够保持较为稳定的社会环境。由于地理位置偏远，中央政府对福建的直接控制力相对较弱，使得当地政治生态相对独立和封闭。在此种背景之下，地方官员因此拥有更大的自主权，政务处理上更加灵活自主，从而在一定程度上减轻了工作负担。

正因如此，此时在福建为官似乎是件极为惬意的事。方干在《送人宰永泰》中声称到任后会是"下马政声王事少,应容闲吏日高衙"①。方干笔下的这种理想化的官场生活,描绘出了一幅官员在福建任职时的惬意景象。在这里,官员可以尽情享受闲适的时光,不必担心政事的繁重和压力。而后一句更是生动地勾勒出了一位悠闲自在的官员形象。"闲吏"指的是没有繁重公务的官吏,"日高衙"则形象地描绘了官员们在高大的官衙中悠闲度日的场景。这样的描述无疑让人对在福建为官的生活充满了无限的遐想和向往。

一县之长公务清闲还情有可原,但作为一州之长的王延彬也生活得优哉游哉就颇能说明问题了:

> 两衙前后讼堂清,软锦披袍拥鼻行。雨后绿苔侵履迹,春深红杏锁莺声。因携久酝松醪酒,自煮新抽竹笋羹。也解为诗也为政,侬家何似谢宣城。②

"两衙前后讼堂清"一语径直揭示了官员所处之公务氛围。其中,"讼堂清"一语双关,既隐含了政务井然、无案牍之劳形之境,又映射出地方治理之有序和谐,进而凸显了官员之闲适。此闲适非源于怠惰,实乃高效履职后之宁静与安逸。"软锦披袍拥鼻行"之句,通过对官员服饰与步态之细腻描绘,更添其生活之闲适氛围。软锦披袍,彰显作者身份之尊贵荣耀;而"拥鼻行"则精妙捕捉其步履间之从容自得。"雨后绿苔侵履迹,春深红杏锁莺声"两句巧借自然景观,以映衬作者之内心世界。雨后绿苔,寓清新生机之意,轻覆官员足迹,似在细语时光之流逝与生活之宁静;春深红杏,则象征生命之活力与热情,莺声环绕,构成一幅春日美景。此两句不仅描绘作者生活环境之清幽美丽,更借自然景观之烘托,展

---

① 方干:《送人宰永泰》,见彭定求等编《全唐诗》卷六五〇,北京:中华书局,1999年,第7518页。
② 王延彬:《春日寓感》,见彭定求等编《全唐诗》卷七六三,北京:中华书局,1999年,第8754页。

露其内心之宁静满足。"因携久酝松醪酒,自煮新抽竹笋羹"两句通过描绘作者品酒烹肴之场景,进一步展现其生活之精致惬意。此种自给自足、悠然自得之生活方式,实为福建官员清闲生活之真实写照。"也解为诗也为政,侬家何似谢宣城"作为结句,以谢宣城为比,强调作者不仅政务处理得宜,且文采斐然。谢宣城即谢朓,南朝齐时之杰出山水诗人,其诗风清新秀丽,对后世诗歌创作影响深远。此处以谢宣城为比,既显官员在诗歌创作上之才华造诣,又彰其政务处理上之能力与智慧。此种全面之素养与才华,使官员在清闲生活中更添充实与多彩。王延彬为王审邽长子,闽王王审知之侄,接替其父任泉州刺史达十六年之久。他在位期间,极力扩展泉州的海上贸易,因而被冠以"招宝侍郎"的称号,政绩颇丰,说明他并非庸碌无为之辈。然而公务之余,王延彬仍有闲情雅兴酿酒煮笋,"也解为诗也为政",如此状态是极令人羡慕的。

第二节 儒风始济与故土堪恋

一、艰难的抉择

福建印象能得到如此改善,与其时福建的文人群体开始崭露头角关系密切。历经数代的沉淀与积累,福建的文人逐渐在晚唐至五代时期的文坛上形成了自己独特的风格和声音。此外,福建文人群体亦积极投身于与其他地域的文化交流活动之中,此等互动不仅促进了文化的广泛传播,也极大地扩展了福建文化的影响力版图。其创作之作品,犹如一扇扇窗口,向外界展示着福建丰富多彩的文化面貌,成为外界了解福建的重要途径。尤为重要的是,这些文化交流与思想碰撞的过程,不仅为福建文化注入了新的活力,丰富了其文化内涵,更为福建文学形象的更新与重塑奠定了坚实的基础。

第一位对福建文教事业做出突出贡献的是李椅。独孤及认为"闽中无儒家流,成公至而俗易"①。这一评价不仅揭示了李椅到来之前福建儒家文化的缺失,更凸显了李椅到来后所带来的文化变革。成公为李椅的谥号,其人大历七年(772)冬任福建都团练观察处置使兼福州刺史。李椅的到任,不仅是一次行政职务的更迭,更是一种文化理念的传入。他对福建的文化现状有着深刻的洞察和独到的见解。在刚到任之际,李椅"未及下车,礼先圣先师",这一举动充分展现了他对儒家文化的尊崇和对教育事业的重视。然而,面对当时福建的文化教育状况,李椅"退而叹堂室湫狭,教学荒坠"②,表达了对当地教育环境简陋、教学荒废的忧虑。

李椅深知,教育的环境对于学习效果有着至关重要的影响。因此,他审时度势,决定将原有的学宫迁至城南的兴贤坊。新学宫不仅地势开阔,环境优美,而且更便于学子们前来求学。在迁移学宫的同时,李椅还着手扩大了学宫的规模,并对其进行了全面的修葺。他亲自监督工程的进展,确保每一处细节都符合教育的需求。经过精心的规划和施工,新学宫焕然一新,为学子们提供了一个宽敞、明亮且富有学习氛围的环境。学宫改建完成后,李椅立即着手改革教育内容和方法。他强调"五经"的重要性,并以此作为教育的核心内容。在李椅的引导下,学子们开始系统地学习"五经",深入理解儒家思想的精髓。同时,李椅还建立了严格的考核制度,确保每一位学子都能得到公正的评价和反馈。这种严谨的教育态度和方法,极大地提高了福建地区的教育质量。随着时间的推移,李椅的教育改革取得了显著的成效。借用独孤及之言以述其状,即"于是一年人知敬学,二年学者功倍,三年而生徒祁祁,贤不肖竞劝。家有洙泗,户有邹鲁,儒风济济,被于庶政"③。一载之内,众人皆知敬畏学问;二载之期,学者之成效倍增;及至三载,生徒云集,无论贤愚皆竞相勉励。家家户

---

① 独孤及:《福州都督府新学碑铭》,见董诰等编《全唐文》卷三百九十,北京:中华书局,1983年,第3964页。

② 独孤及:《福州都督府新学碑铭》,见董诰等编《全唐文》卷三百九十,北京:中华书局,1983年,第3964页。

③ 独孤及:《福州都督府新学碑铭》,见董诰等编《全唐文》卷三百九十,北京:中华书局,1983年,第3964页。

户，皆沐浴于洙泗、邹鲁之儒家文化氛围中。独孤及此番评价，不仅高度赞扬了李椅之贡献，更以"缦胡之缨，化为青衿"之生动比喻，深刻描绘了李椅如何将福建这一昔日文化贫瘠之地，转变为儒家文化昌盛之域。此评价不仅彰显了李椅在教育领域之卓越成就，亦凸显了其对于福建地区文教事业之深远影响。在李椅之引领下，福建文教焕发出勃勃生机，为后世培育了众多英才，更为中华文化之传承与发展作出了不可磨灭的贡献。

可以断言，李椅的实践与理念无疑对福建的文教事业产生了显著的正面推动作用。他对教育的深切重视、对教育环境的积极改善，以及致力于儒家文化传播的不懈努力，均为福建的文化发展注入了新的活力与动能。从更为宏大的文化视野审视，李椅的贡献不仅体现在其个人的行动与决策层面，更在于他所秉持的文化理念与价值观念在福建地区的广泛传播与深远影响。他的到来，不仅实现了福建教育环境的优化，加速了儒家文化的普及进程，而且为后续的文化发展构筑了坚实的基石。与此同时，李椅的贡献亦是中华文化传承与发展历程中不可或缺的一环。他的辛勤耕耘，使得福建地区逐渐融入更为广阔的中华文化圈，成为中华文化大家庭中不可或缺的一部分。李椅的教育实践与文化传播活动，不仅丰富了福建地区的文化内涵，而且为中华文化的整体繁荣与发展作出了重要贡献。

李椅之后，另一位对福建文教事业有突出贡献的是常衮。《新唐书》本传记载："始，闽人未知学，衮至，为设乡校，使作为文章，亲加讲导，与为客主钧礼，观游燕飨与焉，由是俗一变，岁贡士与内州等。……其后闽人春秋配享衮于学官云。"[①] 常衮与李椅之境遇，实乃惊人的相似，展现了历史情境中个体作用的共通性。在常衮莅临福建之前，该地区民众对学术之追求尚处于懵懂状态，教育水平显著滞后于时代潮流。然而，常衮之到来，犹如一股清流，为该地带来了教育领域的深刻变革。他积极倡导并实施教育改革，创立乡校，此举为当地居民开辟了新的学习空间与机遇，极大地推动了教育的普及化进程，使得学术知识不再局限于少数精英阶

---

① 宋祁等：《新唐书》卷一百五十，北京：中华书局，1997年，第4810页。

层,而是逐渐走向大众化,惠及更广泛的社会群体。常衮不仅限于乡校的创立,更亲自投身教学一线,身体力行地参与到教学实践中。他悉心指导学生文章撰写,不仅传授写作技巧,更亲自剖析文章内容,引导学生深入探究文化之精髓,这种言传身教的教学方式,极大地激发了学生的学习热情,同时也显著提升了教育质量。尤为值得一提的是,常衮在与学生相处的过程中,始终秉持平等、尊重的原则,与学生建立了深厚的师生情感纽带。他不仅在学业上给予学生悉心指导,更在生活上给予无微不至的关怀与帮助。据韩愈称,"今上初,故宰相常衮为福建诸州观察使,治其地。衮以文辞进,有名于时;又作大官,临莅其民;乡县小民有能诵书作文辞者,衮亲与之为客主之礼,观游宴飨,必召与之。时未几皆化翕然"①。常衮礼节下士,与学生同游名胜,共襄宴会,这种亦师亦友的关系,营造了一种轻松愉快的学习氛围,展现了常衮作为教育者的卓越智慧与人文关怀。

在常衮的精心培育与引导下,福建地区的学术氛围逐渐浓郁,文风蔚然成风。其不懈努力不仅深刻转变了福建民众对学问的认知与态度,更使得该区域的文化水平实现了显著提升,迈上了一个新的台阶。随之而来的是,福建开始向内州输送岁贡士,且这些贡士在数量与质量上均与内州保持相当水平,这一成就尤为引人注目。

贡士作为地方精心选拔的杰出人才,他们的学术造诣与文化素养直接映射出当地文化教育的发展状况。福建贡士的涌现,不仅是对常衮教育改革成果的有力证明,更在某种程度上标志着福建文化的崭露头角。这种崛起不仅体现在文化水平的整体提升上,更意味着福建地区在学术与文化领域影响力的显著扩大,为后世的文化传承与发展奠定了坚实的基础,注入了新的活力。鉴于此,福建人民对常衮的贡献深怀感激之情,他们在学宫中特设常衮牌位,每年春秋两季均会举行庄重的祭祀活动,以此缅怀这位

---

① 韩愈:《欧阳生哀词》,见董诰等编《全唐文》卷五百六十七,北京:中华书局,1983 年,第 5740 页。

伟大的教育家。这种纪念方式不仅彰显了闽地人民对常衮的崇高敬意，也深刻反映了他们对教育的重视以及对文化传承的深切渴望，进一步凸显了教育在福建历史发展中的重要地位。

欲客观评价李椅与常衮的功绩，我们需先对那一时期福建的文教基础有一定的了解。欧阳詹是一位极具代表性的人物，先看韩愈为其写的悼文：

> 欧阳詹世居闽越，自詹已上，皆为闽越官，至州佐县令者，累累有焉。闽越地肥衍，有山泉禽鱼之乐，虽有长材秀民，通文书吏事与上国齿者，未尝肯出仕。[①]

欧阳詹，字行周，福建晋江潘湖欧厝人。欧阳詹是唐代著名的文学家，被誉为"闽学鼻祖"，对福建文化的发展产生了深远影响。欧阳詹自幼聪颖好学，勤于问学，性格恬静。他曾在灵源山跟随道士蔡明浚学习修炼之术，后又得到福建观察使常衮的赏识和推崇。在学术上，欧阳詹的造诣深厚。他于贞元八年（792）与贾稜、韩愈、李观、崔群等文士同登金榜，时称"龙虎榜"，而欧阳詹更是位列榜眼，显示了其卓越的才华。他的文学作品被广泛传颂，著有《欧阳行周文集》十卷，其中诗歌、散文等作品均表现他深厚的文学功底和独特的艺术风格。此外，见彭定求等编《全唐诗》也收录了他的一卷诗作。欧阳詹终其一生虽未获得高官厚禄，但他一直积极参与政治活动。他曾上书宰相郑余庆，虽未得进用，但他依然全力参与韩愈的古文运动，为推动文学和政治改革作出了积极贡献。

欧阳詹之四世祖欧阳韶，于武则天久视元年（700）至唐睿宗景云二年（711）期间，自江西迁徙至泉州定居。欧阳詹之祖父欧阳衍，曾任温州长史一职，享有较高的官阶与声望；其父欧阳昌，则担任博罗县丞之

[①] 韩愈：《欧阳生哀词》，见董诰等编《全唐文》卷五百六十七，北京：中华书局，1983年，第5740页。

职，亦属地方官员之列；其长兄欧阳谟，官居安固县丞；仲兄欧阳巩，则任职潮州司仓，均各自在地方政务中发挥着重要作用。韩愈谓其"欧阳詹世居闽越，自詹已上，皆为闽越官，至州佐、县令者，累累有焉"。此评价精确地揭示了欧阳家族在闽越地区的深厚根基与显著的政治地位。欧阳家族成员世代为官，不仅人数众多，且多担任州佐、县令等重要职务，充分展现了该家族在地方政治中的广泛影响力。

至于"未尝肯出仕"一语则深刻揭示了中唐时期一个引人注目的社会现象：由于地域性偏见的存在，当时的统治者对南方人士，尤其是福建地区的文人，往往抱持着一种先入为主的负面观念。此种偏见不仅阻碍了福建文人在政治舞台上的发展，更使得他们的出仕机会被大幅压缩。在当时的政治生态中，福建文人所面临的困境并非孤例，而是南方士人普遍需要面对的问题。这种情况可能导致许多福建文人选择回避仕途，转而专注于学术和文化活动。欧阳詹及其家族在闽越地区的仕途选择和文化传承，不仅体现了他们个人的才华和志向，更反映了当时社会文化背景下，福建地方精英与中央政权、地方传统与仕途发展之间的复杂关系。他们的坚守和选择，对于我们理解那个时代的社会结构、文化心理以及地方与中央的关系，都具有重要的学术价值。而欧阳詹作为这一家族和地域文化的代表，其个人经历和家族背景，无疑为我们提供了一个观察和解读那个时代社会文化现象的独特视角。

黄子稜的《题所居》一诗或可为之佐证：

> 青衫木笏尚初官，未老金鱼是等闲。世上几多名将相，门前谁有此溪山。市楼晚日红高下，客艇春波绿往还。人过小桥频指点，全家都在画图间。[1]

考亭是南宋理学家朱熹晚年居住的讲学之地。绍熙三年（1192），朱熹在

---

[1] 周亮工：《闽小记》，上海：上海古籍出版社，1985年，第107页。

此筑室居住，因慕学之士自四方纷至沓来，遂于居室之东增建学舍，初名竹林精舍，后易名为沧州精舍，以应讲学之需。宝庆元年（1225），时任建阳县令刘克庄为纪念朱熹之功绩，特建祠堂以祀之。及至淳祐四年（1244），朝廷诏令将此地辟为书院，并御赐"考亭书院"匾额，以示尊崇。考亭书院在历史上是儒家弟子、文人墨客的朝圣之地，也是朱子理学的重要发源地。因此，后世有人误认为此诗为朱熹怀念乃父所作。然此诗于《全唐诗补编》续十卷中有收录，名为《望考亭》。[①] 但据《闽小记》对此诗本事的查考，其创作地点有值得商榷处。兹录周亮工的记叙如下：

> 世以考亭称文公。予辛巳陪巡过建阳，宿麻沙，见晦翁后人所藏家谱，知考亭是黄氏之亭。后从徐存永得见黄诗。按五季乱，黄端公稜随父礼部尚书入闽，见建阳山水秀丽，遂家焉。子稜诗云："青衫木笏尚初官，未老金鱼是等闲。世上几多名将相，门前谁有此溪山。市楼晚日红高下，客艇春波绿往还。人过小桥频指点，全家都在画图间。"殁而葬于三桂里，子稜乃筑亭于半山，以望其考，因名曰望考。文公居近其地，世因以考亭称之。以地称人可也，以他人之考称文公于理甚悖。然公在日实无以此称之者，后人误谬急当改正。[②]

周亮工在上述记叙中，对"考亭"这一称呼的由来进行了详细解释，并指出考亭的初建与朱熹本人并无直接关系。他提到黄稜的诗，以此证明"考亭"原是黄稜为纪念其父而修建的，并且地点位于黄稜的墓地附近。关于望考亭的始筑者，《八闽通志》与周亮工的意见一致："考亭书院在县治西三桂里。南唐侍御史黄子稜于此建亭，以为望先之所，名曰望考亭。宋朱松尉尤溪时经此，爱其山水清邃，恒欲卜居而未果。绍熙三年，其子熹奉

---

① 黄子稜：《望考亭》，见陈尚君辑校《全唐诗补编·续拾》卷四十七，北京：中华书局，1992年，第1462页。

② 周亮工：《闽小记》，上海：上海古籍出版社，1985年，第107—108页。

承先志,筑室居之。"① 而《朱子实纪》亦言:"考亭书院在建阳县三桂里,唐侍御史黄子棱构亭于此。以望先陇,名望考亭。"② 由此,黄子棱"所居"之地应是在考亭无疑。

确定了该诗创作的地点后,让我们重新回到诗作的内容之上。首句口吻颇为狂放。唐制六品以下官员着绿青色官服,持木笏上朝。青衫和木笏虽是低等官阶的代表,白居易即自言是"江州司马青衫湿"。金鱼当指金鱼袋,为三品以上大员的身份证物。诗人巧妙地运用这两组意象,开篇即以"青衫木笏尚初官,未老金鱼是等闲"之句,深刻地表达了自己对于仕途的独特见解:即便日后能攀至高位,享尽荣华,亦不过视为寻常之事,并未赋予其过多的价值或意义。接下来的颔联一句运用了对比手法。一方面,"名将相"作为世俗世界中功名与权力的象征,代表着大多数人所追求的世俗成功;另一方面,"溪山"则以其自然之美,寓意着隐逸与超脱。此等对比,不仅凸显了诗人对大自然的深厚情感,也流露出其对世俗功名的淡泊与超脱。诗人似乎在以问句的形式,表达了对世间少有如此美景的感慨,同时也透露出自己对都市繁华背后的喧嚣与浮躁的疏离。颈联则通过细腻的景物描写,进一步强化了诗人的情感表达。市楼与晚日的红霞交相辉映,客舟在春日的碧波上悠然往来,构成了一幅动人心魄的画面。此等景象不仅富有视觉美感,更寄托了诗人的情感与理想。市楼的繁忙与客舟的悠闲形成鲜明对比,反映了诗人对都市生活的厌倦和对乡村田园生活的向往。最后的尾联以小桥为引子,将全家人的生活融入了美丽的自然画卷中。这里的"画图间"既指实际的山水画卷,也象征着诗人理想中的生活状态。通过这种方式,诗人表达了自己对家庭生活的珍视和对自然美的追求。

当然,将闽地文士不愿外出为仕的倾向全然归咎于对山水之美的沉

---

① 黄仲昭修撰:《八闽通志》卷四十四学校考亭书院条,福州:福建人民出版社,2006年,第15页。
② 夏玉麟、汪佃修纂:《(嘉靖)建宁府志》卷十七学校,厦门:厦门大学出版社,2009年,第478页。

溺，这一论断显然忽略了更为复杂的社会与政治背景。在唐代，地方官员的选拔与任命主要由吏部与兵部共同承担，且这一过程通常在都城长安进行。对于那些已成功取得进士功名的士人而言，要想获得实际的官职，还需历经一系列烦琐且严苛的考核流程。然而，在岭南、黔中以及福建等偏远地区，官员的选拔却并未严格遵循这一中央统一的制度。这些地区往往采取了一种特殊的选拔方式，即"南选"。"南选"制度的实施，为闽地等南方地区的士人提供了一条相对便捷的入仕通道。他们无需远离故土，历经长途跋涉前往长安参加复杂的考核，便有可能在当地获得官职。这一制度使得闽人即便不背井离乡，也能有机会"官至州佐、县令"，且其难度相较于正常的及第取士要小得多。因此，在探讨闽人不愿外出为仕的原因时，我们除了需考虑山水之美等文化因素外，更应深入分析当时官员选拔制度的特殊性与地域性差异，以揭示这一现象背后的深层社会与政治动因。

所谓"南选"，指的是在唐朝的南部边疆地区，包括桂州、广州、交州、黔州等地，实行的一种特殊的官员选拔机制。这些地区因其地理环境、民族分布、社会经济状况与中原地区存在较大差异。因此，在官员选拔上，唐朝政府并未完全沿用传统的吏部选官方式，而是根据当地的实际情况，制定了一套相对独立的选拔体系。换言之，"南选"是指由当地地方长官直接任命，或由中央特别派遣京官前往这些地区，从当地原著居民中挑选并任用官员。这种选拔机制的出现，既可能源于这些地区与中央联系得相对薄弱，难以完全按照中央的规定进行选拔，也可能是为了更好地适应这些地区的特殊情况，以满足当地社会与经济发展的需求。对此史籍中多有记载：

> 上元三年八月七日敕。桂广交黔等州都督府。比来所奏拟土人首领。任官简择，未甚得所。自今已后。宜准旧制。四年一度。差强明清正五品已上官。充使选补。仍令御史同往注拟。其有应任五品已上官者。委使人共所管督府。——《唐会要·卷七

十五》①

  其黔中、岭南、福建郡县之官，不由吏部，以京官五品以上一人充使就补，御史一人监之，四岁一往，谓之南选。——《通典·选举三》②

  高宗上元二年，以岭南五管、黔中都督府得即任土人，而官或非其才，乃遣郎官、御史为选补使，谓之"南选"。其后江南、淮南、福建大抵因岁水旱，皆遣选补使即选其人。——《新唐书·选举志下》③

  从所给的三段史料中，我们可以清晰地看到"南选"制度的基本框架与实施细节。首先，《唐会要·卷七十五》中明确记载，桂广交黔等州的都督府，在以往选拔土著首领为官的过程中，存在选拔不当的问题。为了解决这一问题，唐朝政府决定恢复旧制，即每四年派遣一次廉明清正、品级在五品以上的官员，作为选补使前往这些地区进行官员的选拔与任命。同时，为了保证选拔的公正性，还会派遣御史一同前往进行监督。《通典·选举三》则进一步解释了"南选"制度的具体操作方式。在黔中、岭南、福建等地的郡县官员选拔中，不是由吏部直接负责，而是由京城中品级在五品以上的官员充当选补使，前往当地进行选拔。这一过程中，还有御史进行全程监督，确保选拔的公正无私。这种选拔方式每四年进行一次，因此得名"南选"。《新唐书·选举志下》则为我们提供了"南选"制度实施的历史背景与后续发展。高宗上元二年（675），由于岭南五管、黔中都督府在选拔土著官员时存在才能不匹配的问题，唐朝政府决定实施"南选"制度。此后，由于江南、淮南、福建等地时常受到水旱灾害的影响，唐朝

---

① 王溥：《唐会要》卷七十五，北京：中华书局，1955年，第1369页。
② 杜佑：《通典》卷十五选举志三，北京：中华书局，1984年，第84页。
③ 宋祁等：《新唐书》卷四十五，北京：中华书局，1997年，第1180页。

政府也派遣了选补使前往这些地区进行即时的官员选拔，以应对灾害带来的治理挑战。

福建地区自古便因其独特的地理位置和复杂的民族构成而独具特色。在历史的长河中，福建的州县长官选拔机制亦显得与众不同。追溯起源，福建地处偏远，远离国家的行政中心，交通往来极为不便，加之当地经济社会发展的相对滞后以及多民族混杂居住的复杂社会结构，使得北方人士因种种缘由往往不愿涉足此地担任官职。这种特殊的地理与社会环境，无疑为福建的行政管理带来了诸多挑战与困难。在此背景下，福建的州县长官选拔逐渐形成了一种独特的模式，即多由都督府在本地寻觅合适的"土人"来担任。这一做法在当时的历史条件下，具有一定的合理性与必要性。首先，本地人士对福建的社会状况、民族关系及地理环境有着更为深刻的理解与把握，他们能够更好地适应并妥善处理各种复杂情况，从而确保行政管理的有效进行。其次，选用本地人士担任长官，有助于缓解外地官员因不熟悉当地情况而可能出现的施政失误与不当干预，进而维护地方社会的稳定与和谐。然而，这种选拔机制并非尽善尽美，其弊端亦不容忽视。由于福建当地的发展水平相对较低，教育资源与文化素养的积累有限，这使得本地士人在行政管理与政策制定方面可能存在一定的局限性与不足。他们可能缺乏先进的行政理念与管理手段，难以引领地方社会的快速发展与进步。此外，长期依赖本地人士担任长官，亦可能导致行政体系的僵化与保守，缺乏必要的创新与活力，从而制约福建地区的长远发展。

值得注意的是，历史上曾有一些外地官员被派往福建任职，但由于不熟悉当地情况，往往会出现施政荒唐的现象。例如，韩愈在《顺宗实录》中详细记载了柳冕在福建的任职经历。柳冕作为福建观察使，久未得到升迁，为了寻求朝廷的恩宠，他竟上奏朝廷建议在福建放牧牲畜以增加收入。然而，福建的气候和地理环境并不适合大规模放牧，结果导致牲畜大量死亡，给当地百姓带来了沉重的负担。① 这一事件不仅成为了当时的一个笑柄，也反映出外地官员在不了解当地实际情况的情况下盲目施政的问题。柳冕的案例并非孤例，它揭示了外地官员在福建施政的困境。这些官员往往缺乏对当地社会、经济和文化的深入了解，导致他们的政策与实际情况脱节。这种现象不仅损害了当地百姓的利益，也影响了政府的形象和公信力。在这样的情况下，选择在当地素孚人望，拥有较好群众基础的"土人"为郡县之长既方便快捷又可对边鄙的福建起到羁縻怀柔作用，不失为一种行之有效的权宜之策。

"南选"这一制度并不稳定，在有唐一代断断续续，时行时废。在武则天朝时期，福建一些发达的郡县如建、福、泉等州，"既是好处，所有阙官，宜依选例省补"②，已不循"南选"例，而直接由中央委任郡县官员。一直到德宗贞元年间（785—805），随着唐王朝在南方统治的巩固以及南方各区的发展，中央才以"任官简择，未甚得所"为由将郡县之官的任免权从都督手中收回，改由五品以上的京官进行选拔，并有御史随行进行监察。至此，福建的"南选"制度才完全废除，"其福建选补司宜停，其桂、广、泉、建、福、贺、韶等州，宜依选例称补"③。"南选"既停，福建原有的仕进通道被彻底阻断，有志于一逞官场的文士们不得不循规蹈矩地走应试这条路，这是晚唐福建进士数量激增的一个不容忽视的原因。

需说明的是，"土人"所指范围并非囿于少数民族，从中原迁居而来的汉人亦参涉其中。这正是欧阳詹家族不用取得进士，却"自詹已上，皆为闽越官，至州佐、县令者，累累有焉"的原因。既世代为郡县之官，难免会受到官方意识形态的侵染，因此自然会在文教上着意培养家族子弟。与欧阳詹有亲属关系并过从甚密的李贻孙回忆道："欧阳君生于闽之里。幼为儿孩时即不与众童亲狎，行止多自处。年十许岁，里中无爱者。每见

---

① 韩愈：《顺宗实录》，见董诰等编《全唐文》卷五百六十，北京：中华书局，1983年，第5665页。
② 王溥：《唐会要》卷七十五，北京：中华书局，1955年，第1369页。
③ 王溥：《唐会要》卷七十五，北京：中华书局，1955年，第1370页。

河滨山畔有片景可采，心独娱之。常执卷一编，忘归于其间。逮风月清晖，或暮而尚留，窅不能释，不自知所由，盖其性所多也。未甚识文字，随人而问章句，忽有一言契于心，移日自得，长吟高啸，不知其所止也。"① 相较于普通家庭而言，世家大族的子嗣在成长历程中所享有的教育资源与家庭环境的熏陶无疑更为优越，这一优势条件为他们的成长奠定了坚实的基础，并促使他们在幼年时期便展现出与众不同的气质禀赋与卓越才华。具体而言，与普通家庭出身的子弟相较，世家大族的子弟在文字辨识与章句理解方面，往往表现出更为突出的天赋与悟性。以欧阳詹为例，尽管他在年幼之时对文字的识别能力尚显稚嫩，然而，他却能凭借着他人对书中章节与句子的询问，逐步领悟并掌握其深层含义。每当某一句话触动他的心弦，引发共鸣时，他便会陷入长时间的沉思冥想，随后高声吟诵，以表达对文中意蕴的深刻理解与赞赏。

有充分理由认为，欧阳詹如此早慧的性格与家庭教育脱不开关系。欧阳詹亦曾自言"尝侍论于长者，儵有之曰，近代之作玉杯，丽则丽矣，愚以谓不如古人之为陶。长者韪之，以为知言"②。此番言论不仅彰显了他对美的独特见解，更体现了家庭教育对他审美观念与价值取向的深刻影响。由此可见，家族对欧阳詹的教导并未局限于知识的传授，而是更加注重品德的塑造、审美情趣的培养以及独立思考能力的激发。

然而，即便欧阳詹展现了非凡的天赋和早慧的性格，其双亲对其未来前景仍怀有深深的忧虑与不安，唯恐他沦为默默无闻、饱受饥馑之苦的平民。亦即韩愈所记述的："父母不识其志，每尝谓里人曰：'此男子未知其指何如？要恐不为汩没之饥氓也。未知其为吉耶凶耶？'"③ 正是感受到了父母的那份期许与焦虑，欧阳詹"自此遂日知书，服圣人之教，慕恺悌之

---

① 李贻孙：《故四门助教欧阳詹文集序》，见董诰等编《全唐文》卷五百四十四，北京：中华书局，1983年，第5514页。
② 欧阳詹：《陶器铭》，见董诰等编《全唐文》卷五百九十八，北京：中华书局，1983年，第6044页。
③ 李贻孙：《故四门助教欧阳詹文集序》，见董诰等编《全唐文》卷五百四十四，北京：中华书局，1983年，第5514页。

化，达君臣父子之节，忠孝之际，唯恐不及。操笔属词，其言秀而多思，率人所未言者。君道之甚易，由是振发于乡里之间"①。从欧阳詹的学术成长来看，他"自此遂日知书，服圣人之教"他的学术成长轨迹，鲜明地映射出儒家经典及其教化在福建地域内的深度渗透与广泛接纳。进一步而言，儒家伦理道德在欧阳詹个人品性中的烙印尤为深刻。他仰慕和煦仁爱之风化，深谙君臣父子之礼节，于忠孝之道，唯恐践行不足，这充分彰显了他已将儒家所推崇的仁爱、礼义、忠孝等核心价值观内化为个人的行为准则与道德指南。再者，从欧阳詹的文学创作来看，"操笔属词，其言秀而多思，率人所未言者"既体现了他的文学才华，也透露出儒家学说对他文学创作理念的深刻影响。儒家重视文采与道德并重的文学观，在欧阳詹秀美而富有思辨性的作品中得到了充分体现。最后，"君道之甚易，由是振发于乡里之间"表明欧阳詹已将儒家学说融入日常生活与社会实践之中，通过自己的言行影响并提升了周围人群的道德水准和文化素养。这一过程进一步印证了儒学在福建当地社会文化中的深远影响与重要地位。

令人讶异的是，即便饱读儒家经典，欧阳詹并未有任何的赴举之志。他自白道："似或议事，以为地分遐陋，进取必无远大。若肆业承家，则安固潮阳，亦几于不坠乎，便怀耕食凿饮之心焉。"②这番言论透露出欧阳詹对当时社会环境和个人发展前景的深刻认知。在欧阳詹看来，他所处的地域偏远，资源相对匮乏，这限制了他的发展空间和机会。因此，他认为在仕途上的进取心可能会受到社会环境的制约，难以实现远大的抱负。欧阳詹之友人却极为热忱地劝勉与怂恿之。"予年二十有一，公范与群公则可予以进士之目，而有令予观国之心。"③除了友人之外，乡里同僚亦加入劝说之列。在欧阳詹隐居潘湖的三年中，"公范与群公虽不苦以前事相迫，

---

① 李贻孙：《故四门助教欧阳詹文集序》，见董诰等编《全唐文》卷五百四十四，北京：中华书局，1983年，第5514页。
② 欧阳詹：《与王式书》，见董诰等编《全唐文》卷五百九十六，北京：中华书局，1983年，第6022页。
③ 欧阳詹：《与王式书》，见董诰等编《全唐文》卷五百九十六，北京：中华书局，1983年，第6022页。

而流言时至"①。真正的转折出现在欧阳詹与故相国常衮的会面。建中初年,因地方官员的廉洁督察制度,常衮与原中书舍人薛令之一同来到潘湖。三人于南涧深谈,又共赏西湖之美景,此番经历使欧阳詹心灵受到前所未有的触动。常衮与薛令之对欧阳詹的才华大加赞赏,并以国家的未来和民众的福祉为由,劝说他出山。在此之后,"公范与群公激励转加,予亦稍信云云之劝"②。在友人的劝说下,欧阳詹也开始逐渐动摇,他心中的那份隐居的决心在乡党和朋友们的激励下逐渐瓦解。他开始重新审视自己之选择,不再如昔日般坚定欲隐居避世,而是转而积极思考如何将自身才华付诸实践。

在欧阳詹的人生抉择之际,最终起决定性作用的是他的父亲。"时兄弟亲属,方以众情闻于大人,大人与群公遂有龙首之会。特询可否,至于再三。群公不悔前言,以为可固可必。人之于予,皆欲其升高致远。至其秋,大人则有遣从计吏之命。"③ 在《送蔡沼孝廉及第后归闽觐省序》中欧阳詹表达得更为直白:"虚中以学,予谬以文,共受遣乎长者吏,皆求试于宗伯。"④ 蔡沼是欧阳詹的同乡,与詹同年赴举,并于次年明经及第。两则材料均表明,在欧阳詹所处的文化和社会环境中,家族对子弟的教育和职业规划有着重要的影响力。欧阳詹和蔡沼都是在家族的期望和支持下,踏上了求学和仕途之路。

与欧阳詹情况类似的还有林蕴,其父是前文提及的《无鬼论》的作者林披。林披生有九子,有八子在建中至光化年间(898—901)先后及第,唯一一位未及第的林蒙最终也累迁至循州刺史,号称"九牧林家"。这一

---

① 欧阳詹:《与王式书》,见董诰等编《全唐文》卷五百九十六,北京:中华书局,1983年,第6022页。
② 欧阳詹:《与王式书》,见董诰等编《全唐文》卷五百九十六,北京:中华书局,1983年,第6023页。
③ 欧阳詹:《与王式书》,见董诰等编《全唐文》卷五百九十六,北京:中华书局,1983年,第6023页。
④ 欧阳詹:《送蔡沼孝廉及第后归闽觐省序》,见董诰等编《全唐文》卷五百九十六,北京:中华书局,1983年,第6030页。

称号不仅彰显了林家的显赫地位,更体现了其家族成员在仕途上的普遍成功。兄弟九人拥有如此雷同的人生旨趣,在很大程度上是出于家族风尚。林家先祖最早可追溯至西晋的林禄。永嘉乱后,林禄追随司马睿南迁建康,俸敕守晋安郡,卒赠晋安郡王。自林禄之后,林家世代皆有子孙在官场中占据要职,这种家族传统一直延续至唐代。在唐代,林氏已成为当地的名门望族,其家族地位与影响力不言而喻。林披的祖父,即林禄的第十四孙林玄泰,官至瀛洲刺史,其政治生涯的成功无疑为林家后代树立了榜样。而林玄泰之子林万宠亦不辱家门,曾任饶州刺史、高平太守等职,其在官场的成就进一步巩固了林家的社会地位。林披的祖父,林禄第十四孙林玄泰官至瀛洲刺史,其子林万宠亦曾任饶州刺史、高平太守等职。故《新唐书·林蕴传》谓"蕴世通经",[1] 林蕴为林披第六子。史官们在为林蕴立传时,显然已深刻注意到其深厚的家学渊源,这不仅是对林蕴个人的认可,更是对林家整个家族文化传承的肯定。可以说在德、顺两朝离闽赴举的士子中,接受家族使命与意志,"共受遗乎长者"的情况当不是个例。这些士子在追求个人仕途发展的同时,也承载了家族的期望与荣耀。福建士子们的奋斗故事体现了当时社会阶层流动和文化融合的复杂性。他们的经历不仅反映了个人的奋斗史,也折射出当时社会发展的脉络和文化变迁。

二、敏感的地域与身份认知

当然,此时的福建尚未从文教弱势区的境况中摆脱出来。从福建走出来的举子一方面受到功名的召唤,孳孳汲汲。如欧阳詹赴举途中发表了一通充满理想主义的豪言壮语:"于是驱忠信以为车,执艺业以为贽。越三江,逾五岭,望尧旌而求试。庶亦呈功取爵,建德扬名。获甘旨以报勤,光昼锦以回衡。如弧斯张,如鸟斯征。射百步而期中,飞三年而必鸣。"[2]

---

[1] 宋祁等:《新唐书》卷二百,北京:中华书局,1997年,第5719页。
[2] 欧阳詹:《出门赋》,见董诰等编《全唐文》卷五百九十五,北京:中华书局,1983年,第6013页。

这番慷慨激昂的话语不仅体现了欧阳詹对科举考试的坚定信念，也展现了他对个人能力和未来成就的极高期待。他将自己比作张满的弓和即将翱翔的鸟，寓意着蓄势待发，必将一飞冲天。同时，他也表达了对父母养育之恩的感激之情，以及衣锦还乡、光耀门楣的强烈愿望。

但另一方面，欧阳詹又因为自己的出身而敏感自卑，其《上郑相公书》自陈：

> 某代居闽越。自闽至于吴则绝同乡之人矣；自吴至于楚则绝同方之人矣。过宋由郑，逾周到秦，朝无一命之亲，路无回眸之旧，犹孤根寄不食之田也。人人耕耘所不及，家家溉灌所不沾。[1]

开篇"某代居闽越"五字短语，不仅明确标识了欧阳詹的地域出身，还隐含了其对自我边缘化地位的深刻体悟。欧阳詹源自偏远的福建区域，于当时的文化中心视角而言，这无疑被视作一种"他者"的身份标识，使其置身于主流文化的边缘地带。他继而详细阐述了自身的流离生涯："自闽至吴，则同乡之人绝矣；自吴至楚，则同方之谊断矣。"此二句描述以精练之笔生动刻画了他背井离乡、逐渐远离故土与亲眷的孤独之旅。由闽越迁徙至吴地，他与同乡的联系戛然而止；再由吴地辗转至楚地，他甚至难以邂逅使用同一方言的乡亲。这种地域与文化的双重隔绝，无疑加剧了他的孤独感与自卑情绪，使他在异乡的土地上感受到了深刻的疏离。欧阳詹的叙述并未在此终止，他更进一步地描绘了自身在仕途上的孤寂与无助：穿越宋、郑，逾越周、秦，朝堂之上无亲人可依，旅途之中无故知可遇。可以说，欧阳詹遍历宋、郑、周、秦等地，却始终未能寻觅到可以倚靠的亲友。在朝堂之上，他缺乏可以信赖的亲人作为支撑；在漫长的旅途之中，他也未曾有幸遇见故知以慰藉心灵。这种孤立无援的境遇，使他感觉自己

---

[1] 欧阳詹：《上郑相公书》，见董诰等编《全唐文》卷五百九十六，北京：中华书局，1983年，第6026页。

仿佛是一株"孤根寄于不食之田"的幼苗，在社会的广袤田野中孤零零地生长，却难以汲取到充足的养分以滋养自身，从而更加凸显了他在仕途与人生道路上的艰难与困苦。

更为凄凉的是，欧阳詹觉得自己似乎被排除在主流圈之外，无法参与到社会的正常交流之中。这种感觉不仅加深了他的自卑感，也使他更加渴望得到他人的理解与接纳。可以说，欧阳詹的《上郑相公书》不仅是一篇自陈身世的文章，更是一份蕴含丰富情感与深刻心理剖析的内心独白。在这篇书信里，欧阳詹借着地域与身份的认知，痛诉自己漂泊在外的茕茕无依。犹疑与不自信等阴暗情绪在欧阳詹落第之后全面爆发，甚至开始怀疑促使他做出赴举决定的那些人，"反躬忖己，徘徊又疑，岂常薛公轻于布素，而有佞欤？为群公温良，与朋友有不忠欤？"[①] 这种怀疑和猜忌让欧阳詹陷入了更深的困境。他开始对人际关系产生不信任感，对周围人的动机和意图产生了质疑。这种情绪不仅影响了他与他人的交往，更让他对自己的未来感到迷茫和无助。

我们再来看欧阳詹于北漂途中所作的三首诗：

  正是闽中越鸟声，几回留听暗沾缨。伤心激念君深浅，共有离乡万里情。——《与林蕴同之蜀，途次嘉陵江，认得越鸟声呈林，林亦福建人也》[②]

  村步如延寿，川原似福平。无人相共识，独自故乡情。——《蜀门与林蕴分路后，屡有山川似闽中，因寄林蕴，蕴亦闽人也》[③]

---

 ① 欧阳詹：《与王式书》，见董诰等编《全唐文》卷五百九十六，北京：中华书局，1983年，第6023页。

 ② 欧阳詹：《与林蕴同之蜀，途次嘉陵江，认得越鸟声呈林，林亦福建人也》，见彭定求等编《全唐诗》卷三四九，北京：中华书局，1999年，第3922页。

 ③ 欧阳詹：《蜀门与林蕴分路后，屡有山川似闽中，因寄林蕴，蕴亦闽人也》，见彭定求等编《全唐诗》卷三四九，北京：中华书局，1999年，第3920页。

青苞朱实忽离离，摘得盈筐泪更垂。上德同之岂无意，故园山路一枝枝。——《与洪孺卿自梁州回，途中经骆谷，见野果有闽中悬壶子，即同采摘，因呈之，洪亦闽人》①

先看《与林蕴同之蜀，途次嘉陵江，认得越鸟声呈林，林亦福建人也》一诗。诗中"正是福建越鸟声"一句，直接点明了触发诗人思乡情感的媒介——越鸟之声。越鸟作为福建地域的象征，其鸣声在异乡响起，瞬间唤醒了诗人对故乡的记忆与情感。这种由外界刺激引发的内心情感波动，是文学作品中常见的思乡情感触发机制。"几回留听暗沾缨"进一步描绘了诗人对越鸟声的痴迷与留恋。他多次驻足聆听，以至于泪水沾湿了衣襟，这种强烈的情感反应，不仅体现了诗人对故乡声音的渴望与珍视，也暗示了他在异乡生活的艰辛与不易。思乡之情不仅是对地理空间的怀念，更是对文化身份、情感归属的寻求。欧阳詹通过越鸟声这一具象，传达了对故乡文化、亲人朋友的深深眷恋，以及对自身身份认同的强烈渴望。诗中的"伤心激念君深浅，共有离乡万里情"两句，直接表达了欧阳詹与友人共同承受的离乡背井之苦。这种孤独感不仅来源于地理上的远离，更源于心灵上的无依无靠。诗人与友人虽能相互慰藉，但终究无法替代故乡的温暖与亲情。欧阳詹通过"共有离乡万里情"这一表述，将个人的孤独感扩展为普遍的情感共鸣。他意识到，自己与友人以及所有离乡背井的人，都共同承受着这份难以言说的孤独与苦楚。

接着看《蜀门与林蕴分路后，屡有山川似福建，因寄林蕴，蕴亦闽人也》一诗，开篇"无人相共识，独自故乡情"直接而强烈地表达了欧阳詹的思乡情绪。欧阳詹身处蜀地，远离故土福建，面对陌生的环境与人群，他感到一种深刻的孤独与无助。这种孤独感并非仅仅源于地理上的隔离，更源于文化、语言、习俗等多方面的差异，使得他在异乡难以找到归属

---

① 欧阳詹：《与洪孺卿自梁州回，途中经骆谷，见野果有闽中悬壶子，即同采摘，因呈之，洪亦闽人》，见彭定求等编《全唐诗》卷三四九，北京：中华书局，1999年，第3922页。

感。因此，当他在蜀地看到与福建相似的山川时，这种思乡之情便如潮水般涌来，难以抑制。"村步如延寿，川原似福平"两句通过描绘蜀地山川与福建的相似之处，进一步强化了欧阳詹的思乡之情。然而，这种相似却并未给他带来安慰，反而加剧了他在异乡漂泊的孤独感。因为即便景色相似，人事已非，他仍然无法融入这个陌生的环境。这种孤独感不仅体现在物质层面上的漂泊无依，更体现在精神层面上的无所归依。从文化心理的角度来看，欧阳詹的思乡之情与孤独感是他对故土文化的深深眷恋与对异乡文化的难以适应共同作用的结果。作为福建人，欧阳詹从小耳濡目染的是福建的文化、习俗和语言，这些构成了他身份认同的重要组成部分。而在异乡漂泊时，他面临着文化身份的重新定位与认同危机，这种危机感进一步加剧了他的思乡之情与孤独感。在艺术表现上，欧阳詹巧妙地运用了对比与象征的手法。他通过对比蜀地与福建的山川景色，突出了自己对故土的深深眷恋；同时，他又通过象征的手法，将山川景色转化为自己内心情感的载体，使得诗歌的情感表达更加深沉而含蓄。

再来看《与洪孺卿自梁州回，途中经骆谷，见野果有闽中悬壶子，即同采摘，因呈之，洪亦闽人》一诗。诗中"青苞朱实忽离离，摘得盈筐泪更垂"一句，生动展现了欧阳詹在采摘野果时的复杂情感。盈筐的野果本是收获的象征，却引发了欧阳詹更深的思乡之泪。这种反常的情感反应，凸显了欧阳詹内心深处对故土的深切怀念。悬壶子作为福建的特产，在异乡的出现无疑触动了欧阳詹的乡愁，使其不禁想起远方的故乡与亲人，泪水因此夺眶而出。"上德同之岂无意，故园山路一枝枝"两句则借物抒情，表达了欧阳詹在异乡漂泊的孤独体验。上德同之，或可理解为诗人与洪孺卿（亦闽人）之间的共同情感与经历，即同为异乡漂泊的闽人，对故土有着相同的思念。然而，这种共同的情感并未能完全消解诗人的孤独感，反而使其更加清晰地意识到自己与故园之间的遥远距离。"故园山路一枝枝"，既是对故乡美好景致的回忆，也是对当前孤独处境的无奈感慨。

欧阳詹的这三首诗作，无一不深深浸透着他对故乡的眷恋与在异乡漂泊的孤独感受。在这些诗作中，自然景物成为了诗人情感抒发的媒介与触点，频繁地勾起他的思乡之情。这些触景生情的瞬间，不仅激发了欧阳詹的创作灵感，也使得他的诗句充满了对故乡的深情厚谊和对异乡的疏离感。他通过细腻的笔触，将这份情感淋漓尽致地展现在读者面前，让人感同身受。此外，欧阳詹还一再着力强调这些诗作的呈寄对象同是福建之人。他深知，只有同乡才能深刻理解这种身在异乡、心系故乡的情感。在异乡人的眼中，他的思乡之情或许只是无病呻吟，但在同乡的心中，却能引起强烈的共鸣。因此，他直言"无人相共识，独自故乡情"，表达了自己在异乡漂泊的孤独感和无奈。这份情感煎熬，只有他自己能够深刻体会，也只有通过诗歌，才能得以宣泄与释放。

进一步，我们可以说欧阳詹的这三首诗都围绕着一个核心主题：在异乡的漂泊与对故乡的深切思念。这种情感的产生，不仅源于他个人的离乡背井，更与他在中原主流文化圈中的位置有关。作为一个福建人，欧阳詹在中原文化圈中显然是一个"他者"，他的文化背景、语言习惯、生活方式等都与中原人士有所不同，这种差异导致他在异乡中难以找到真正的归属感。同时，从欧阳詹的诗中，我们也可以看出他与中原主流文化的疏离感。对于故里的羁恋是人之常情，正所谓"鸟飞反故乡，狐死必首丘"。但欧阳詹如此浓烈敏感的桑梓之情多少显得有些迥乎寻常。可以说欧阳詹在中原时始终是以一个外来者自居，他并未真正融入到北方的主流文化圈之中。他的诗中充满了对故乡的怀念与对中原的不适应，这种情感在很大程度上是由于他与中原文化的差异所导致的。他的这种漂泊无依的情感状态，正是他被中原主流文化圈排挤的一种体现。

尤以加强这种疏离与隔阂的是唐代的取士制度及衍生出的潜在规则。唐代取士人数极少，"举人大率二十人中方收一人，故没齿而不登科者甚众"[①]。在唐朝289年的国祚中，真正通过科举考试金榜题名的进士数量惊人地少。如果从唐高祖李渊算起，一直到"朱温篡唐"时期，科举制考试

---

① 赵匡：《选举议》，见董诰等编《全唐文》卷三百五十五，北京：中华书局，1983年，第3602页。

一共录取了不足7000人。按科举开科264次计算,平均每次仅录取进士26名。这一数据直观地反映了唐代科举取士的残酷现状,同时也意味着在大量的举人中,只有极少数人能够最终登科。在这样的制度下,尽管许多士人才华横溢,满腹经纶,但终其一生都未能踏过科举这道门槛,实现自己的抱负和理想。他们中的大多数人,只能默默承受着失败的痛苦和无奈,这种疏离与隔阂不仅存在于士人之间,更深深地烙印在整个社会的肌理之中,成为唐代社会一个无法忽视的现象。

又"唐世科举之柄,专付于主司,又有交朋厚者为之助,谓之'通榜',故其取人也……有胁于权势,或挠于亲故,或累于子弟,皆常情所不能免者"[①]。所谓"通榜",指的是科举考试中,主考官根据考生的社会声望和才德评价来预先制成的名单,供录取时参考。当时科举考试不糊名,主试者有很大的裁量权。试前,一些知名之士会被预列在录取名单之上,这些人往往更有可能被及第。"通榜"这一现象不仅涉及主考官的预先名单制定,还包括了文坛有地位和声望者向知贡举者推荐考生的行为。当知贡举者对举子的情况不够熟悉时,旁人的推荐信或评价往往成为知贡举者了解考生的重要途径。特别是一些在文坛具有显著地位和声望的人士,他们的推荐往往更具分量。例如在贞元八年(792)的科举考试中,古文大家梁肃就向主试官陆贽推荐了韩愈、崔元翰、崔群、李绛、李观、王涯。最终这六人均进士及第。由此可以看出,通榜的运作机制主要体现在两个方面。一是考官根据考生的社会声望和才德评价来制定名单。二是考生为了能上通榜,需要在考前多方行卷,即将自己的诗文择其佳者编成文卷,于考试前投献给名公巨卿、社会贤达及文坛领袖,以求得到他们的赏识和推荐。唐代行卷之风盛行,《唐诗纪事》卷六十六引《云溪友议》就记载了牛僧孺行卷于韩愈、皇甫湜一事。从科举考试的实际情况来看,行卷最初只是考生们的一种自发行为,后来逐渐形成了一种惯例。考生们

---

① 洪迈:《韩文公荐士》,见《容斋随笔》四笔,北京:中国世界语出版社,1995年,第436页。

纷纷将自己的得意之作写成卷轴，呈送给朝廷重臣或者文坛名士，请求他们向主考官推荐自己，从而增加及第的希望和可能。在唐代科举中，没有糊名和誊录制度，考官们往往会根据考生的名声和才学来决定录取与否，因此，行卷成为了一种非常重要的自我推销方式。这一过程中，考生的才学、名望以及社会关系网都成为了影响通榜的重要因素。

能够影响考试结果的种种人情关系无疑是福建文士极为匮乏的资源，从他们的登第所耗时间就可见一斑。被誉为福建"文章初祖"的黄滔历24载方进士及第。陈黯历21载，陈峤历20载，徐寅也经过了17年的苦熬才榜上有名。黄滔于《下第出京》叹喟"一生为远客，几处未曾游"[①]，又于《辞相府》中感慨"闽江似镜正堪恋，秦客如蓬难久留"[②]。在坎壈的仕进之途中，他不时产生"万里家山归养志"[③]的念头。

与黄滔有相同想法并付诸实际行动的亦是大有人在：

久客逢春尽，思家冒暑归。——孟贯《送吴梦阊归闽》[④]

客情消旅火，王化似尧年。——齐己《送赵长史归闽川》[⑤]

家山春更好，越鸟在庭柯。——郑谷《送京参翁先辈归闽

[①] 黄滔：《下第出京》，见彭定求等编《全唐诗》卷七〇四，北京：中华书局，1999年，第8175页。

[②] 黄滔：《辞相府》，见彭定求等编《全唐诗》卷七〇五，北京：中华书局，1999年，第8188页。

[③] 黄滔：《下第东归留辞刑部郑郎中诚》，见彭定求等编《全唐诗》卷七〇五，北京：中华书局，1999年，第8183页。

[④] 孟贯：《送吴梦阊归闽》，见彭定求等编《全唐诗》卷七五八，北京：中华书局，1999年，第8709页。

[⑤] 齐己：《送赵长史归闽川》，见彭定求等编《全唐诗》卷八四一，北京：中华书局，1999年，第9562页。

中》①

> 东南思归切，把酒且留连。——王毂《送友人归闽》②

首先，我们来看孟贯的《送吴梦阊归闽》一诗。诗中的"久客逢春尽，思家冒暑归"两句诗透露出吴梦阊长久的客居他乡之感，以及随着春天的结束，思乡之情愈发浓烈的情感状态。"久客"二字已明确表达了吴梦阊身处异乡的时长和无奈，而"思家"更是直抒胸臆，凸显了吴梦阊对家乡的深深眷恋。诗人用"冒暑归"来形容吴梦阊回家的决心和急切，也从侧面反映出吴梦阊对归乡的渴望。再来看齐己的《送赵长史归闽川》一诗。诗中的"客情"指的是赵长史在异乡为客的情怀，而"旅火"象征着旅途中的种种困苦与不安。诗人表达了一种期待，即希望通过归乡来消解这种在旅途中的孤独与焦虑。"王化似尧年"则借用古代圣王尧的典故，暗指归乡之后将享受到和谐安定的生活，这也从侧面反映出赵长史对当前处境的不满和对家乡的向往。郑谷的《送京参翁先辈归闽中》中的"家山春更好"一句，直接表达了对故乡春天美景的无限向往和赞美。在诗人心中，故乡的春天比其他地方的春天更加美好，这种对故乡自然景色的偏爱，体现了诗人对故乡深厚的情感依恋。同时，在无形中与诗人当前的异乡环境形成了对比，进一步强化了思乡的情感。"越鸟在庭柯"则运用了象征手法，以越鸟归巢于庭院树枝上的景象，来比喻京参翁先辈（或诗人自己内心中的情感投射）即将回归故乡的喜悦和安宁。越鸟归庭，既是对先辈归乡的祝贺，也是诗人内心对故乡深深眷恋的写照。最后，我们来看王毂的《送友人归闽》一诗。"东南思归切，把酒且留连"一句直接表达了诗人对东南福建的深切思念，同时又流露出一种无法即刻归乡的无奈与惆怅。

---

① 郑谷：《送京参翁先辈归闽中》，见彭定求等编《全唐诗》卷六七四，北京：中华书局，1999年，第7771页。
② 王毂：《送友人归闽》，见彭定求等编《全唐诗》卷六九四，北京：中华书局，1999年，第8059页。

"把酒且留连"既是对离别的不舍,也是对无法归乡的自我安慰。

通过上述细致剖析,可明确洞察,这些诗句深刻地传达了作者身处异乡所体验的客居之愁绪,以及对福建故土深沉而绵长的怀念。此番思乡情感的深层意蕴,实则映射出福建文人在当时主流文化语境中的边缘化处境。相较于唐代中原与江南地区的文化繁荣,福建地域的文化发展呈现出相对滞后的态势,这一背景导致福建文人在追求仕途成就与文化身份认同的过程中,遭遇了更为严峻的挑战。当他们在异乡求学、仕宦之际,不仅要应对日常生活的重重考验,还需承受来自主流文化圈层的无形压力与排斥。这种边缘地位,无形中强化了他们对家乡情感的珍视,使得家乡成为他们心灵慰藉的重要源泉。因此,在他们的诗歌创作中,对家乡的深切思念便成为了一种常态化的情感表达。值得注意的是,这种思乡情感超越了单纯的地域依恋,它与文人的身份认同、文化归属感紧密相连,构成了他们精神世界的重要组成部分。在主流文化圈中遭受排挤的他们,对于能够给予其归属感与认同感的家乡,怀有更为迫切的向往。故而,在这些以送别为主题的诗作中,我们不仅能够感受到作者对友人的依依不舍,更能深刻体会到他们对家乡那份难以割舍的眷恋与思念,这无疑是他们内心真实情感的深刻流露。

总的说来,这些诗作反映出在中晚唐间有一批福建文人士子走向中原,追求功名。在这一过程中,他们与中原的同道交游唱和,酬送赠答,获得了友情与认可。但因为种种原因,他们对中原无法完全适应,总有孤篷远飘之感。故土福建却始终在他们心中有举足轻重的地位。一俟得到机会,他们便不辞辛劳地返回福建,正如章碣一针见血地指出闽人是"还乡心壮不知劳"[1]。由此反映出的是福建文士在他乡的客愁以及对家乡的异乎寻常的思念。这种情感表达,不仅仅是对地理空间上距离的感知,更深层次地,它源自于福建文士在主流文化圈中所处的边缘地位,以及他们对家

---

[1] 章碣:《送谢进士还闽》,见彭定求等编《全唐诗》卷六六九,北京:中华书局,1999年,第7716页。

乡文化归属感的强烈渴望。通过细致解读这些诗作，我们可以更为深刻地洞察到那个时代福建文士的内心世界，理解他们在异乡漂泊中的客愁，以及对家乡那份超乎寻常的思念之情。

本章小结

　　安史之乱这场席卷唐王朝的风暴，不仅从根本上动摇了其长期以来建立的社会秩序，更对国家的经济基础造成了前所未有的重创，其波及范围之广，影响之深，尤以中原腹地最为显著。在这场浩劫中，无数文人雅士被迫背井离乡，踏上了漫长而艰辛的迁徙之路，以寻求一处能够安放身心的避风港。福建这片位于南方边陲的沃土，以其相对安定的社会环境，成为众多流离失所文人的首选之地。初抵福建的中原文人，面对迥异于北方的风土人情，难免会产生种种不适感，这不仅体现在生活习惯的差异上，更在于文化背景与心理预期的落差。然而，正是这些亲身体验与观察，如同一把钥匙，逐渐打开了他们心中那扇紧锁的门扉，使他们得以挣脱文本与过往经验的枷锁，以更加开放和包容的心态去接纳并欣赏这个新世界。在这一过程中，他们的文学创作不再仅仅是对过往的追忆或是对理想的憧憬，而是更多地融入了对福建生活的真实感受与深刻理解，从而发掘并展现了这片土地上诸多未被世人所知的秀美景观。在此之前，福建在中原文人的文学作品中往往被刻画为一个偏远、荒芜、文化贫瘠之地。但随着大量中原文人的涌入与定居，这一地域的文化形象开始发生显著的转变。福建独特的自然景观，尤其是那些奇峰异石、秀美江川，逐渐成为文人墨客笔下频繁出现的主题，成为了他们寄托情感、抒发胸怀的重要载体。这一现象不仅丰富了福建的文化内涵，也提升了其在全国文化版图中的地位，使之成为了一个充满魅力与活力的文化新域。

　　晚唐五代时期文人对福建自然景观的书写偏好，其背后蕴含着复杂而深刻的客观原因。一方面，这一时期的福建，无论是在经济发展水平还是文化积淀上，都尚未能与中原地区相提并论。在这样的背景下，福建所能提供给文人的，更多是那些独一无二、别具风情的地方景观。故文人的溢美之词主要集中于福建的山水之上；另一方面，长久沿袭下的文学书写传统与创作训练，使得文人对于自然景观有着更为敏锐的审美嗅觉。古人对于自然环境的改造能力是有限的，不具备短时间内大规模大范围改造地势地貌的可行性。此时福建在中原文人笔下不再被视作穷山恶水之地，反而呈现为山水秀丽的形象。既然曾经饱受诟病的自然环境不具备发生重大变化的可能性，那么这种略显突兀的审美态度的变更，只能表明到了晚唐五代期间，中原文人对于福建的认知基调与情感倾向都发生了实质性的转变。他们开始以更加开放和包容的心态去接纳这个曾经被边缘化的地域，用他们的文字与情感，为福建的山水赋予了新的生命与意义。

与此同时，随着王朝中央对福建重视程度的上升，更多的官员被派往福建任职，他们带来了中原先进的文化和思想，为福建的文化发展注入了新的活力。随着以李椅、常衮二人为代表的朝廷官员对福建文教事业的强力干预与倡导，福建的本土文人受到中原文人的熏陶与感召，逐渐接受了中原的儒家观念，以仕进为人生旨趣。最终促成儒风在福建的蔚然兴盛。我们可以发现，无论是独孤及还是《新唐书》的编撰者，在鼓吹李、常二人的历史功绩时都带着强烈的启蒙与救赎意味，将他们视作先进文明的布道者。二人给福建带来的不仅仅是儒家学识，还有一整套的意识形态规训。这些都迅速冲击并改变了当时福建人的风俗习惯与价值观念。他们不再满足于原先渔猎畜耕、偏安一隅的生活，而是渴望通过科考的途径，走出福建，走向中原。因此，越来越多的闽人离开家乡，北上中原以求功名。在此期间，晚唐五代的中原文人群体与当地文人士子展开了广泛而深入的交游唱和活动，这一文化互动现象不仅促进了文学创作的繁荣，亦标志着福建本土文人阶层在文学创作领域中的参与度显著提升。此类文学创作实践，本质上构成了一种双向的文化交流与融合机制。中原文士携带着中原文化的博大精深，而福建本土文人则贡献了地域文化的独特韵味与鲜活气息。两者在相互激荡与渗透中，共同铸就了一个既蕴含中原文化底蕴，又不失福建地方特色的文学新风貌。在此进程中，福建的文学地理意象得到了前所未有的拓展与丰富，其文学作品中所描绘的山水景致、人物形象、风土人情等，均成为了彰显福建地域特色的重要媒介。更为深远的是，这种文化交流与融合在地域印象与认知层面产生了积极影响。它有效地打破了中原与福建之间的文化隔阂与地域偏见，使得中原文人开始以更加平等和尊重的眼光审视福建，进而在文学作品中赋予其更为正面和积极的评价。

在福建士子初次踏出故土的那一刻，他们怀揣着满腔热血与憧憬，梦想着在更广阔的天地里大展宏图，实现个人理想和抱负。但严峻的社会现实给了他们当头一棒，出身自文化弱势区的心理阴影一直如影随形，无法消除。置身于全新的环境之中，他们往往面临的是迥异的社会风貌与文化氛围的严峻挑战。主流社会业已形成一套稳固的文化资本与社会资源网络，宛如铜墙铁壁，使得外来者难以穿透既有壁垒，融入主流的政治与文化圈层。因此，他们始终难以摆脱那种被边缘化的感觉，仿佛自己始终是这个社会的"异乡之客"。这种深切的失落感与挫败感，无疑加深了他们对故土的深切眷恋与对地域身份的强烈认同。每当他们在异乡遭遇挫折与困境时，故乡那熟悉的景致与亲切的声音便会在脑海中浮现，成为他们心灵的慰藉与情感的寄托。福建的山川人情、家乡的风俗习惯，宛如一座精神的避风港，为他们提供了心灵的归宿与情感的支撑。尽管他们身处异乡，但心却始终与故土紧密相连。对他们而言，故乡不仅是生命之源、成长之地，更是精神的家园与灵魂的栖息地。

此种与主流社会的深刻隔阂，犹如一道难以驱散的魅影，始终萦绕于福建文士的奋斗历程之中，不仅深刻影响着他们的自我认同，更在潜移默化中塑造了他们独特的地域意识与团体意识。换言之，在面对主流文化的强烈冲击与潜在排斥时，福建文士愈发珍视自身的地域身份与文化传统，从而孕育出一种强烈的地域归属感。因此，他们更倾向于与同乡建立紧密的联系，共同分享生活的点滴与情感的波澜。这种亲密的交流不仅加深了他们的情感纽带，更为他们提供了精神上的慰藉。明乎此，也就不难理解何以闽籍文士出现"秦城几年住,犹著故乡衣"① 的现象。看似极端的行为,实则是福建文士地域意识与团体意识的一种鲜明体现。即便在异乡生活多年,他们仍坚持穿着故乡的服饰,这既是对故乡深沉的怀念,也是对自身地域身份的一种坚定守护。通过这种方式,他们向主流文化圈发出了无声的抗议,宣告着自己的存在与坚持。从本质上审视,这实际上是福建文士在面对严峻社会现实时采取的一种策略性应对。他们通过坚守地域文化与团体意识,来寻求自我认同与价值归属,这种坚守也在一定程度上折射出他们对主流文化圈的失望与愤懑之情。

---

① 项斯:《送欧阳衮归闽中》,见彭定求等编《全唐诗》卷五五四,北京:中华书局,1999年,第6465页。

第三章 两宋时期文人的福建书写

经过晚唐五代时期的长期积累与酝酿，步入宋代之后的福建展露出了显著而迅猛的发展势头。这一时期，福建不仅在农业经济、手工业生产以及海外贸易等领域实现了质的飞跃，而且逐步累积起雄厚的经济实力，跃升为全国范围内令人瞩目的后起之秀。福建经济的蓬勃兴盛，为文化的繁荣奠定了坚实的物质基础。农业的精耕细作、手工业的技艺精进以及海外贸易的频繁往来，不仅促进了物质财富的积累，更为文化的交流与融合提供了广阔的空间。文人们纷纷将目光投向这片充满活力的土地，用笔墨记录下福建的风土人情、山水景色以及社会变迁。最直观的体现是相关文学作品数量的由寡至多。这其中不乏文献散佚与损毁的因素，但如若检阅相关文献就不难发现，唐代、五代与两宋时期关涉福建的诗文作品数量之悬殊，用天壤之别来形容亦不为过。尽管在历史长河中，文献的散佚与损毁是不可避免的，这在一定程度上遮蔽了我们对于唐代和五代时期福建文学全貌的认知，但即便是在充分考虑了这一因素的前提下，福建在宋代文学作品中的"曝光率"仍旧远高于前代，这一事实不容忽视。

面对这一显著差异，单纯将原因归结为文献的佚失显然难以令人信服。更为合理的解释是，与作品数量呈正相关的是宋代文人对福建的关注程度，作品数量愈多，说明关注度愈高。宋代的文人们，在继承传统的基础上，勇于突破与创新，他们不再局限于固有的题材与表达方式，而是以一种更加开放和包容的心态，积极地去探索与描绘福建独特的地域文化、风俗习惯以及自然景观。在这一过程中，宋代文人的笔触延伸到了福建的方方面面，举凡风俗形胜、人物琐事、方物特产均进入其视野之内。这种全方位、多角度的关注与刻画，使得福建的风土人情、自然景观以及社会文化等方面得到了深入细致的呈现，由此也催生出了众多崭新的书写主题，为福建文学形象的发展注入了新的活力与内涵。

第一节 东南乐土与地大物阜

一、众口一词的乐境

有宋一代，优渥的生活环境令福建成了人人向往的乐土，吸引了无数文人墨客的青睐与赞誉。这一时期的文学书写中，不乏对福建地区优美生活环境的赞美之词。其中，福州人许应龙的言论尤为引人注目。他直言不讳地宣称"惟全闽素号乐土"[1]。这一表述不仅体现了许应龙对家乡的深厚感情，更从侧面反映了当时福建在社会经济、自然环境以及文化氛围等多方面的优越条件。许应龙的这一论断，并非孤立无援。同期文人方大琮的言辞更为嚣放直接，他不止一次表示了类似"闽在近日比中州为乐土"[2]的观点。方大琮此语，不仅将福建与当时的中原地区进行了直接的对比，更在无形中凸显了福建在宋代社会中的独特地位与无与伦比的吸引力。值得注意的是，方大琮与许应龙皆为闽人，他们对于自己家乡的讴颂，虽难免带有一定的主观感情色彩，但正是这种"当局者"的视角，为我们提供了更为真实、细腻的福建生活画卷，在一定程度上反映了福建当时的实际状况。

我们不妨再看看外乡人是如何评断的。这种多角度的考量有助于我们更全面、客观地了解彼时福建的真实境况。先看司马光的评价："瓯越东

---

[1] 许应龙：《袁甫依旧宝章阁待制知福州福建安抚使制》，见曾枣庄等编《全宋文》第303册，上海：上海辞书出版社，2006年，第202页。

[2] 方大琮：《与袁侍郎书》，见曾枣庄等编《全宋文》第321册，上海：上海辞书出版社，2006年，第239页。

南美,田肥果稼饶。"① 这句诗不仅描绘了福建地区自然风光的秀丽,还展现了其农业生产的富饶景象。需指出,能做出如此评价于司马光而言实属难能可贵,须知他对闽人的印象并不友好。富弼去职后,神宗应王安石之请,欲擢建州人陈升之为相,并对此征询司马光的意见,司马光作出了如下回答:"闽人狡险,楚人轻易。今二相皆闽人,二参政皆楚人,风俗何以更得淳厚?"② 这番话不仅反映了司马光对闽人性格的负面看法,也揭示了他对地域文化影响政治风气的担忧。然而,正是司马光这种在对待福建自然环境与闽人性格上的截然不同态度,构成了一种有趣的对比,也进一步增强了其评价的可信度。他对福建自然美景与农业丰饶的肯定,并非出于盲目的偏爱或地域情感的驱使,而是在一定程度上超越了个人偏见,基于实际观察与理性判断所得出的结论。

司马光对福建的赞许并非孤例。其观点得到了后世多位学者的印证和共鸣。其中,南宋诗人赵蕃的陈述便是一个典型的例证:"人从福建来,尽道福建乐。旧谷既年丰,今雨还时若。公行亦何事,重赴三山约。我乃愿从之,微官还见缚。"③ 赵蕃之诗句,不仅细腻描绘了福建地区的丰饶景象与和谐氛围,更通过"人从福建来,尽道福建乐"的叙述,巧妙地揭示了这一赞美并非其个人偏见,而是众多亲历福建者的共同心声。此等共识的奠定,无疑是对福建自然环境、社会经济结构以及人文氛围等多方面因素综合作用的深刻反映,体现了地域特色与社会发展的内在联系。尤为值得关注的是,赵蕃在诗中表达的"公行亦何事,重赴三山约。我乃愿从之,微官还见缚"之情感,既展现了他对福建的深切向往与无法割舍的情愫,又透露出身为官员的无奈与束缚,使得其对福建的赞美之情更加复杂而深刻。赵蕃原籍郑州,靖康难后侨居江西信州(今上饶市),与福建毗

---

① 司马光:《送元待制出牧福唐》,见北京大学古文献研究所编纂《全宋诗》卷五〇六,北京:北京大学出版社,1991—1998年,第6158页。
② 陈邦瞻:《宋史纪事本末》卷八,北京:中华书局,1977年,第335页。
③ 赵蕃:《送赵叔自吏部知福州四首》其二,见北京大学古文献研究所编纂《全宋诗》卷二六一八,北京:北京大学出版社,1991—1998年,第30413页。

第三章 两宋时期文人的福建书写

邻。作为一个外地人,赵蕃对福建的赞美并非出于乡土情结,而是基于他对福建的真实体验和深入观察。因此,他的诗句具有客观性和说服力。

类似的例子还有程师孟,其诗曰:"江山自是长生境,城郭今为极乐坊。"① "江山自是长生境"勾勒出福州自然景观之瑰丽,喻示着该地区凭借得天独厚的自然条件,构筑了一个既宜居又生机盎然的生态环境。继而,"城郭今为极乐坊"一句,则以极为生动且诗意盎然的语言,精妙地捕捉并传达了福州城市风貌的独特韵味,赋予其以超凡脱俗的意境。王安石更是揶揄即将赴任的福州友人道:"名城虽云乐,行矣未宜遽。"② 王安石称福州为"名城",这本身就是对福州城市地位的一种认可。而"虽云乐"三字,更是直接点明了福州的享乐与安逸。因此,王安石的这句诗不仅是对友人的调侃,更是对福州繁荣与安乐的实质性肯定。这种肯定不仅体现了福州在当时的地位和影响,也为我们提供了一个了解宋代福州社会风貌的独特视角。通过此诗,我们可以想象出那个时代的福州,是一个充满活力和魅力的城市,吸引着无数人为之神往。

地域的比较与竞争一直是一个引人关注的话题。特别是在中国这样地域广阔、文化多样的国家,不同地区之间的比较更是常有的事。彼时一些好事的文人也时常将福建与江南一决高下。出人意表的是,作为成名已久的宦游胜地,江南的风头似乎已隐隐被福建盖过。做出这一宣判的不是闽人,恰恰是江南人自身。这种来自"对手"的肯定,无疑增加了福建文学形象的客观性。例如扬州人李正民谓:"春色故应无彼此,江南未必胜瓯闽。"③ "春色故应无彼此"一句,传达了李正民对于自然美景的普遍欣赏。春色作为大自然的一种恩赐,是无处不在的,它并不偏爱某一个地方。然

---

① 程师孟:《句》,见北京大学古文献研究所编纂《全宋诗》卷三五四,北京:北京大学出版社,1991—1998年,第4392页。
② 王安石:《送元厚之待制知福州》,见北京大学古文献研究所编纂《全宋诗》卷五四六,北京:北京大学出版社,1991—1998年,第6539页。
③ 李正民:《题大安驿诗。大安驿距信州分水岭二十五里,壁间有鲍娘题诗云:"鸡声哽入江南路,柳暗莺残别是春。"因题》其二,见北京大学古文献研究所编纂《全宋诗》卷一五四一,北京:北京大学出版社,第17499页。

而，在"江南未必胜瓯闽"一句中，李正民却认为尽管江南的美景和文化底蕴深厚，但福建地区同样有着不逊于江南的自然风光和人文魅力。他虽然并没有直接否定江南的美，但却强调了福建同样值得人们去发现和欣赏。相比于李正民暧昧模棱的态度，钱公辅的表态就更为直白得多："七闽天东南，群山号未绝。其中长乐郡，佳丽比吴越。"① 钱公辅为常州人，一生仕宦行迹基本不离江浙之地。如此地道的江南人的自陈无疑是足够有分量的。为此钱公辅给出的解释是福建"日出朝可攀，地温冬不雪"。② 这两句诗不仅描绘了福建的自然风貌，也反映出福建与江南在地理环境上的显著差异。福建之地，地形复杂多变，山川构造蔚为壮观。其气候特征尤为独特，常年温润平和，即便是在严冬时节，亦鲜见雪花纷飞之景，此番温润气象，为福建平添了几分宜人居住的魅力。相较于福建，江南地区则坐落于长江中下游平原，地势低洼，河流如织。江南之山也多以秀美、灵动著称。然而，由于江南纬度相对较高，且缺乏高山屏障，冬季时冷空气得以长驱直入，导致此地冬季气候显得尤为阴冷潮湿，与福建的气候形成了鲜明对比。生活在这样的环境中，钱公辅对温暖湿润的福建自然充满了向往。

不仅自然环境引人入胜，福建的人文环境与丰富物产同样广受赞誉。对此，永嘉学派的杰出代表陈傅亮曾给予高度评价："福建岂不好，莆中况多儒。其山有丹荔，其水有子鱼。"③ 福建的儒风之盛与丹荔之美暂且留待下文讨论。而诗中提及的子鱼，更是福建水域的瑰宝。据王得臣在《麈史·诗话》中的记载："福建鲜食最珍者，所谓子鱼者也。长七八寸，阔二三寸许，剖之子满腹，冬月正其佳时。莆田迎仙镇乃其出处。"④ 梅尧臣

---

① 钱公辅：《福州》，见北京大学古文献研究所编纂《全宋诗》卷五三四，北京：北京大学出版社，1991—1998年，第6454页。
② 钱公辅：《福州》，见北京大学古文献研究所编纂《全宋诗》卷五三四，北京：北京大学出版社，1991—1998年，第6454页。
③ 陈傅亮：《送鲍清卿教授莆中》，见北京大学古文献研究所编纂《全宋诗》卷二五二八，北京：北京大学出版社，1991—1998年，第29230页。
④ 王得臣：《麈史》卷中，北京：中华书局1985年，第34页。

第三章 两宋时期文人的福建书写

在其诗中赞曰:"南方海物难具名,子鱼珍美无与并。"① 叶适面对这样的珍馐也是不能自已,谓:"水有子鱼山荔枝,借我箸食前筹之。"② 梅尧臣与叶适的感慨,则进一步凸显了福建美食文化的魅力。在他们看来,无论是水中的子鱼,还是山上的荔枝,都是大自然赐予福建的珍贵礼物。面对这样的珍馐美味,他无法抑制内心的激动,只想借箸品食,细细品味其中的美妙滋味。

子鱼,一般是指鲻鱼,别称乌头、奇目仔、粗鳞鱼等。子鱼体型呈棒槌形,前部近似圆筒形,而后部则侧扁,通体呈青灰色,腹部颜色相对较浅。体侧上半部有几条暗色的纵带。子鱼为洄游性鱼类,每年在繁殖季节会迁徙到特定的产卵场进行繁殖。冬末春初,随着水温的逐渐回升,子鱼开始进入繁殖期,它们会游向淡水区域,寻找合适的产卵场所。从营养价值角度来看,子鱼籽不仅口感鲜美,而且富含蛋白质、脂肪酸以及多种维生素与矿物质,具有极高的营养价值。历史上,子鱼作为福建的特产,备受推崇。宋高宗绍兴八年(1138),来自莆田的举子黄公度一举夺魁,成为状元。在宫廷对答环节,高宗皇帝向他询问:"卿土何奇?"黄公度答:"披锦黄雀美,通印子鱼肥。"黄公度将子鱼推为莆田特产之首,确实显示出他对这种特产的深厚情感。实际上,在宋代,子鱼就已经被视为珍品,备受名人雅士的推崇。王安石的诗句"长鱼俎上通三印,新茗斋中试一旗"就体现了子鱼在当时的珍贵地位。

二、都会与边港之乐

就州郡而言,福建的繁荣景象是多样化的,各个州郡都有其独特的发展特色和繁荣面貌。在这其中,福州和泉州无疑是最为耀眼的两颗明珠,分别代表着都会的繁华与边港的兴旺。

---

① 梅尧臣:《和答韩子华饷子鱼》,见朱东润校注《梅尧臣集编年校注》卷十八,上海:上海古籍出版社,2006年,第429页。

② 叶适:《送王通判》,见北京大学古文献研究所编纂《全宋诗》卷二六六二,北京:北京大学出版社,1991—1998年,第31226页。

福州作为福建的省会，其地位得到了众人广泛一致的认可。张方平于其诗作《送福州监郡陈殿丞》中赞誉道："七闽一都会，乃是无诸城。海近气物异，山遥风候清。"① 此句精妙地勾勒出福州作为"七闽"心脏地带的繁荣景象，不仅凸显了其城市的繁华昌盛，更深层次地揭示了福州在当时作为区域政治中心、经济枢纽及文化中心的重要地位。蔡襄则更进一步，将比较的畛域扩大至整个东南，即便如此，福州也丝毫不弱下风，其谓："七闽滨海，其地险而壮。福州之治尤据其胜势，为东南一都会。"② 此番评价，不仅生动描绘了福州依山傍海、地势险要的自然风光，更深刻地指出这一得天独厚的地理环境为福州赋予了天然的防御屏障与丰富的自然资源，进而奠定了其在东南地区不可撼动的核心地位。

蔡襄的观点获得了朝廷的正式认可，此观点在林积担任福州知府时所颁布的敕令中得到了明确体现："长乐大藩，七闽之冠。衣冠之盛，甲于东南。工商之饶，利尽山海。"③ 同时，在辛弃疾知福州的敕令中也有"七闽奥区，三山为一都会，地大物阜，甲于东南"④ 的形容。如若仔细比对这两则敕令，会发现其间存在着两个共同点。一是两则敕令都强调了福州在七闽地区（即福建地区）的突出地位。第一则敕令中，"长乐大藩，七闽之冠"的表述直接点明了福州在七闽的领先地位，"冠"即首位、第一的意思。而第二则敕令中，"七闽奥区"的表述虽然没有直接说出"第一"，但"奥区"一词也昭示着福州在七闽版图中的核心作用与重大影响力。二是两则敕令都使用了"甲于东南"这一表述，来强调福州在东南地区的卓越地位。在第一则敕令中，"衣冠之盛，甲于东南"指的是福州的

---

① 张方平：《送福州监郡陈殿丞》，见北京大学古文献研究所编纂《全宋诗》卷三〇五，北京：北京大学出版社，1991—1998年，第3830页。
② 蔡襄：《福州修庙学记》，见曾枣庄等编《全宋文》第47册，上海：上海辞书出版社，2006年，第190页。
③ 苏辙：《林积知福州》，见曾枣庄等编《全宋文》第94册，上海：上海辞书出版社，2006年，第78页。
④ 楼钥：《太府卿辛弃疾集英殿修撰知福州制》，见曾枣庄等编《全宋文》第262册，上海：上海辞书出版社，2006年，第234页。

第三章　两宋时期文人的福建书写

文化繁荣、士人众多，其盛况在东南地区无可比拟。在第二则敕令中，"地大物阜，甲于东南"则是指福州地域广阔、物产丰富，这一优势在东南地区也是首屈一指的。虽然两者强调的方面不同，但"甲于东南"这一共同表述，显示了福州在东南地区的全面领先地位。

既为都会，福州的人家动辄以万计。王祖道所见即"云头楼阁群仙宅，雨脚桑麻万井家"①。"万井家"三字直观地反映了当时福州人口之众。同样，徐凝的诗句"万屋人家云阁下，一屏烟水石桥西"②也进一步印证了福州人口之盛。可以说，在当时描绘福州诗句中，"万"成为了一个频繁出现的量词，它不仅仅是一个数字概念，更是对福州人口繁盛的生动写照。有时用万已不能精准估量福州人烟的浩繁，便出现了以十万计的说法。温益感慨福州是"潮回画楫三千只，春满红楼十万家"③。计量单位的跃升，不仅是对人口数量增长的直观反映，更是对福州城市发展的肯定。画楫三千、红楼十万，一幅热闹非凡、人口密集的城市画卷跃然纸上。汪藻也以诗纪闻，称"长乐七闽会，山川富登临。重城十万家，问以烟树林"④。在这简短的诗句中，汪藻不仅展现了福州人口繁盛的景象，更深刻地揭示了城市景观与人口活力之间的相互映衬、相得益彰的关系，让人对这座古老而又充满生机的城市充满了无限遐想。

除了人口繁盛，彼时的福州还有"东南佛国"之称。宋真宗天禧五年（1021），福建的僧尼数已超七万，占全国总数的六分之一强。僧尼人数的激增，直接促进了寺院建设的蓬勃发展。福州作为佛教文化中心的代表，其城市风貌中寺院林立，成为了一道独特的风景线。宋代福建的佛教寺院

---

① 王象之：《舆地纪胜》卷一百二十八，成都：四川大学出版社，2005年，第4046页。
② 王象之：《舆地纪胜》卷一百二十八，成都：四川大学出版社，2005年，第4047页。
③ 温益：《句》，见北京大学古文献研究所编纂《全宋诗》卷八四三，北京：北京大学出版社，1991—1998年，第9766页。
④ 汪藻：《题叶尚书普光明庵》，见北京大学古文献研究所编纂《全宋诗》卷一四三三，北京：北京大学出版社，1991—1998年，第16511页。

数量达到了前所未有的高峰。据统计，唐代福建兴造寺院715所，而宋代则增至1180所，显示出佛教在福建地区的迅速扩展。这些寺院遍布福建各地，以福州、泉州、漳州、莆田等地最为集中。南宋时期的福州，仅城内就有寺院52所，各县寺院数量更是多达上千所，形成了"三步一庙，十步一寺"的盛况。程师孟所追忆的"故国楼台千佛寺"[①] 生动描绘了当时福州城内佛寺密布、香火鼎盛的盛况。而谢泌的"潮田种稻重收谷，山路逢人半是僧。城里三山千簇寺，夜间七塔万枝灯"[②] 则进一步以诗意的语言，展现了福州佛教文化的繁荣与民众对佛教的虔诚信仰。据《三山志》载，福州在庆历年间（1041—1048）有佛寺1625座。[③] 一州之内皆悉心向佛，以致当时流传着"福建塔庙之盛，甲于天下"[④] 的说法。

"闽都素号于富饶"[⑤]，福州的城市建设尤能体现此点。此时的福州从整体布局到各个细微之处，都流露出繁荣与富庶。曾巩在登临道山亭后以纪实的笔调写下了如下见闻：

> （福州）其城之内外皆涂，旁有沟，沟通潮汐，舟载者昼夜属于门庭。麓多杰木，而匠多良能，人以屋室巨丽相矜，虽下贫必丰其居，而佛、老子之徒，其宫又特盛。……其附山，盖佛、老子之宫以数十百，其瑰诡殊绝之状，盖已尽人力。[⑥]

---

① 程师孟：《句》，见北京大学古文献研究所编纂《全宋诗》卷三五四，北京：北京大学出版社，1991—1998年，第4392页。

② 谢泌：《长乐集总序》，见北京大学古文献研究所编纂《全宋诗》卷五十四，北京：北京大学出版社，1991—1998年，第598页。

③ 梁克家：《三山志》卷三十三寺观类一，北京：方志出版社，2003年，第583页。

④ 黄干：《处士唐君焕文行状》，见曾枣庄等编《全宋文》第288册，上海：上海辞书出版社，2006年，第415页。

⑤ 方大琮：《回朱提干钦祖启》，见曾枣庄等编《全宋文》第322册，上海：上海辞书出版社，2006年，第140页。

⑥ 曾巩：《道山亭记》，见曾枣庄等编《全宋文》第58册，上海：上海辞书出版社，2006年，第178—179页。

第三章　两宋时期文人的福建书写

根据曾巩的记述，彼时的福州城市建设体现了如下三个特点。一是福州的基础设施建设在宋代达到了相当高的水准。从文献记载可以看出，福州城内外的道路均为铺设良好的"涂道"（即平坦的道路），这些道路不仅方便了城市内部的交通，也增强了城外与城内的联系。特别值得注意的是，福州城旁设有沟渠，这些沟渠与潮汐相通，能够让舟船昼夜不息地在城市门庭之间往来。沟渠系统的建设表明福州已经具备了高度发达的水运交通网络，不仅方便了人员的流动，更促进了货物的运输和经济的交流。沟渠与潮汐之巧妙结合，不仅满足了交通运输之需求，亦映射出福州对自然资源之合理利用及工程技术之进步。潮汐现象被智慧地融入城市规划之中，使得城市运作更为高效，此等设计理念不仅凸显了宋代工程技术之先进性，亦体现了福州城市管理者对城市规划之深邃思考。二是在民居建筑领域，福州亦展现了令人称羡之繁荣景象。记述中提到，福州"麓多杰木，而匠多良能，人以屋室巨丽相矜，虽下贫必丰其居"。此记载揭示了福州木材资源之丰富及工匠技艺之精湛。优质木材为建筑提供了坚实基础，而高超技艺则确保了建筑之品质与美观。更为重要的是，福州居民对居住环境之追求已形成普遍社会风尚。无论贫富，皆竭力使居所显得富丽堂皇。此等风尚不仅反映了社会物质之富足，亦彰显了当时人们对生活品质之高度重视。此等普遍追求使得福州城市景观整体呈现豪华之貌，进一步提升了城市之整体形象。三是宗教建筑在福州的城市建设中占据了重要地位。记述中提到"佛、老子之徒，其宫又特盛……其附山，盖佛、老子之宫以数十百，其瑰诡殊绝之状，盖已尽人力"。这表明，福州不仅有数量众多的佛教和道教宫观，这些建筑还以其奇特瑰丽的外观和精湛的工艺闻名。从建筑之规模与装饰来看，福州之宗教建筑在某种程度上代表了宋代宗教建筑之最高成就。通过这些建筑，福州不仅展现了其宗教信仰之深厚底蕴，亦彰显了城市之文化魅力与艺术成就。

在宋代的福州，城市生活的繁华与多彩，不仅体现在经济的繁荣和文化的昌盛上，更在日常生活的点滴细节中得以展现。福州坐落于东南沿海之要冲，其得天独厚的地理位置赋予了该地区丰富的海洋资源。伴随着海洋贸易的兴盛与渔业产业的蓬勃发展，海鲜逐渐成为了福州人餐桌上屡见不鲜的佳肴。宋代著名的地理总志《舆地纪胜》中有诗曰："两信潮生海接天，鱼虾入市不论钱。户无酒禁人争醉，地少冬霜花正燃。"① 这首诗生动地描绘了福州海鲜市场的繁荣景象。每当潮汐起伏，海天一色之时，便是渔民们满载而归的喜悦时刻。新鲜的鱼虾被络绎不绝地运往市场，种类繁多且品质优良，使得市民们得以尽情品味海鲜的鲜美。而"不论钱"的表述，则进一步凸显了海鲜资源的丰盈与价格的亲民，从而使得海鲜稳固地占据了福州人餐桌上的重要一席。这种海鲜消费的繁荣，不仅体现了宋代福州人对海洋资源的充分利用和对美食的追求，也反映了当时社会经济的繁荣和市民生活水平的提高。同时，海鲜的普及和消费的兴盛，也促进了相关产业的发展，如渔业、运输业、餐饮业等，进一步推动了福州经济的繁荣。

仁宗朝官至太子洗马的龙昌期在福州讲学时曾用"百货随潮船入市，万家沽酒市垂帘"② 来描绘市井盛况，并自言"饮宴直尝千户酒，盘餐唯候两潮鱼"③。多种多样的货物随着潮汐的涌动而进入市场，万家酒肆的帘幕低垂，这不仅展现了福州作为海洋贸易重镇的繁荣景象，更凸显了市井生活的热闹与喧嚣。言辞间满是追忆之情。宁宗朝的礼部尚书黄裳在其《长乐闲赋》一诗中亦有"万户管弦春卖酒"④ 之记叙，为我们展现了福州春天时节的市井风情。在黄裳的笔下，春天是万物复苏的季节，也是市民们欢聚一堂、享受生活的时刻。万家酒肆的管弦之声此起彼伏，仿佛在诉说着春天的喜悦和生机。而"卖酒"二字更是将市井生活的热闹与喧嚣展

---

① 王象之：《舆地纪胜》卷一百二十八，成都：四川大学出版社，2005年，第4047页。

② 龙昌期：《三山即事》，见北京大学古文献研究所编纂《全宋诗》卷一四三，北京：北京大学出版社，1991—1998年，第1582页。

③ 龙昌期：《福州》，见北京大学古文献研究所编纂《全宋诗》卷一四三，北京：北京大学出版社，1991—1998年，第1582页。

④ 黄裳：《长乐闲赋》其一，见北京大学古文献研究所编纂《全宋诗》卷九四二，北京：北京大学出版社，1991—1998年，第11070页。

现得淋漓尽致。陆游在五十年之后回忆起宁德主簿任上与同僚饮酒食蛎的经历也是难以忘怀："昔仕闽江日,民淳簿领闲。同僚飞酒海,小吏擘蚝山。"① 这段回忆不仅体现了当时官民关系的和谐以及生活的闲适,更通过"飞酒海"与"擘蚝山"的生动描绘,再现了当年欢聚一堂、畅饮美食的欢乐场景,令人难以忘怀。

福州滨海,历来有出海捕捞作业的习惯,盛产鱼虾等海鲜之属不足为奇,但"万家沽酒"却是福建特有的景象。据《宋史·食货志》载:

> 建隆二年,以周法太峻,犯私曲至十五斤、以私酒入城至三斗者始处极刑,余论罪有差;私市酒、曲者减造人罪之半。三年,再下酒、曲之禁,户私造差定其罪:城郭二十斤、乡闾三十斤,弃市;民持私酒入京城五十里、西京及诸州城二十里者,至五斗处死;所定里数外,有官署酤酒而私酒入其地一石,弃市。乾德四年,诏比建隆之禁第减之:凡至城郭五十斤以上、乡闾百斤以上、私酒入禁地二石、三石以上,至有官署处四石,五石以上者,乃死。法益轻而犯者鲜矣。②

有宋一代,官方对民间酿酒、贩酒的管控尤为严厉。一方面,从刑罚的严厉程度来看,宋初对私造私卖酒曲的行为采取了极为严苛的处罚措施。《宋史·食货志》中明确记载,建隆二年(961),官方规定犯私曲至十五斤、以私酒入城至三斗者始处极刑,其余罪行则根据情节轻重分别论处。此番严刑峻法对于遏制私酒活动起到了显著的震慑效果。另一方面,就禁酒政策的覆盖范围而言,宋代不仅限于城市居民,亦将监管触角延伸至乡村区域。据史料,城内私自酿酒曲二十斤、乡村地区达三十斤者,均将遭

---

① 陆游:《绍兴中予初仕为宁德主簿,与同官饮酒食蛎房甚乐,后五十年有饷此味者,感叹有赋海府者,大劝杯容一升,当时所尚也》,见钱仲联等编《陆游全集校注》第7册,杭州:浙江教育出版社,2011年,第68页。

② 脱脱等:《宋史》卷一百八十五,北京:中华书局,1985年,第4515页。

受弃市之刑,此广泛覆盖的禁酒令彰显了政府根除私酒行为的坚定决心与强大执行力。此外,政府还严格限制了私酒流入京城及其他城市的数量,并配套制定了严格的惩罚机制,这些举措共同构筑了宋代禁酒政策的严苛框架。又《宋会要辑稿》载:"(庆历)二年正月七日,审刑院、大理寺请自今州县官监酒务处,令五家相保,如有私酿,坐五保。"① 通过"五家相保"制度,官方将责任扩大到了整个社区,使得居民之间形成了紧密的监督网络。这样的连坐与告赏措施延续到南宋庆元年间(1195—1200)都未见松弛。如《庆元条法事类》就曾记载:"诸私造酒曲沽卖,并舍邻人知而不纠,论如伍保律。"② 于是,"户无酒禁"的福建自然家家争相酿造,成为了值得此地文人大书特书的现象。

福州之外,当属泉州最为繁荣。泉州位于福建南部,地处中国东南沿海的地理要冲,拥有得天独厚的港口条件。在宋代,随着海外贸易的蓬勃兴起,泉州港逐渐崭露头角,从众多港口中脱颖而出,成为了海上丝绸之路上的重要节点。这一时期,大量的海外商船纷至沓来,不仅带来了世界各地的珍稀商品与多元文化,更为泉州本地的经济与文化注入了新的活力。泉州的经济因此得以迅速繁荣,城市规模不断扩大,人口数量激增,手工业与商业活动也达到了前所未有的繁荣程度,形成了独特的城市风貌和文化特色。诚如程俱所言:"朕惟瓯闽之区,实居岭海之会。督府之外,泉为大邦。"③ 从中可看出泉州在宋代福建地区的重要地位。当时,福州作为福建路的政治中心,其政治地位自然无可撼动。然而,若从经济与文化的角度来看,泉州却展现出了与福州不相上下的竞争力,甚至在某些方面还超越了福州。泉州港的繁荣使得泉州成为当时中国东南沿海的重要城市,与广州、明州(今宁波)并列为全国三大对外贸易港口,被誉为"东

---

① 徐松:《宋会要辑稿》食货二〇,北京:中华书局,2004年,第6425页。
② 谢深甫:《庆元条法事类》,见《续修四库全书》第861册,上海:上海古籍出版社,1995年,第330页。
③ 程俱:《谢克家差知泉州》,见曾枣庄等编《全宋文》第155册,上海:上海辞书出版社,2006年,第71页。

方第一大港"。

　　湖湘学派的奠基人之一胡寅曾用一句话深刻地揭示了泉州在宋代的独特地位，即"惟泉南负海，有舶市之饶，未尝罹兵革之祸，于今为望郡"①。在胡寅所处的时代里，海洋贸易的繁荣为泉州带来了前所未有的发展机遇，舶市的丰富使得这座城市日益富饶，且因地理位置相对偏远，未曾遭受兵革之祸，得以在相对稳定的环境中持续发展，终成一方望郡。泉州不仅是中国商品的重要出口地，同时也是外国商品进入中国市场的重要门户。因此，南宋理学家林之奇称"负南海征蕃舶之州，三泉其一也。泉之征舶通互市于海外者，其国以十数"②。林之奇的言论与胡寅的观点可谓是不谋而合，进一步印证了泉州在宋代海洋贸易中的重要地位。

　　彼时的泉州与众多国家维系着密集的贸易互动，其商船频繁穿梭于碧波万顷之间，承载着琳琅满目的商品，生动展现了该城市蓬勃的繁荣景象与盎然活力。故真德秀赞曰："泉之为州，控临大海，实闽陬要会之地。"③恰如其分地概括了泉州作为闽地要冲、海上枢纽的重要地位。时任中书舍人的崔敦诗也认为，"闽山衺长，泉为都会。蛮琛夷宝，利输中州"④。此语不仅印证了泉州作为海上丝绸之路重要起点之一的辉煌历史，亦凸显了其在促进中外贸易往来与文化交流中的桥梁纽带作用。泉州不仅从海外引入了诸多珍稀异物，涵盖南方少数民族及海外诸国的奇珍异宝，更将这些宝贵资源中转至中原腹地，实现了经济利益的流动与财富的累积。

　　繁荣的海外贸易活动与开放且包容的社会氛围，共同构筑了强大的磁

---

① 胡寅：《陈桷直龙图阁知泉州》，见曾枣庄等编《全宋文》第189册，上海：上海辞书出版社，2006年，第67页。
② 林之奇：《泉州东坂葬蕃商记》，见曾枣庄等编《全宋文》第208册，上海：上海辞书出版社，2006年，第76页。
③ 真德秀：《申枢密院措置沿海事宜状》，见曾枣庄等编《全宋文》第312册，上海：上海辞书出版社，2006年，第376—384页。
④ 崔敦诗：《赐敷文阁直学士太中大夫知泉州军州事程大昌乞改畀一在外宫观差遣不允诏》，见曾枣庄等编《全宋文》第273册，上海：上海辞书出版社，2006年，第149页。

吸效应，诱使众多外国客商络绎不绝地涌向泉州，并在此汇聚。《舆地纪胜》中就有诸如"诸蕃有黑白二种，皆居泉州，号蕃人巷"[①]的记述。"诸蕃有黑白二种"揭示了泉州当时外国客商的多样性。这些客商来自不同的国家和地区，拥有不同的文化背景和肤色。然而，在泉州这座包容的城市里，他们找到了共同的生活空间，形成了独特的社区——"蕃人巷"。这条"蕃人巷"成为了他们交流、互助和生活的重要场所，也见证了泉州海外贸易的繁荣和中外文化的交流与融合。同时，"蕃人巷"的形成也反映了泉州在海外贸易中的重要地位。正是因为泉州有着繁荣的海外贸易和优越的地理位置，才能吸引如此多的外国客商前来定居。他们的到来，不仅促进了泉州的经济发展，也为这座城市带来了更多的活力和机遇。

有关泉州的诗歌意象也多围绕航海与贸易展开。李文敏印象中的泉州是："苍官影里三州路，涨海声中万国商。"[②] 这里的"万国"一词虽不乏夸张之嫌，却极为生动地勾勒出泉州作为国际性贸易港口的繁忙景象与多元文化交融的特色。船只往来穿梭，商贾云集，各种语言和文化在这里交融，构成了一幅生动的港口画卷。相比之下，谢履的诗句"岸隔诸蕃国，江通百粤舟"[③]，则更为贴近实际。它描绘了泉州与周边国家和地区的紧密联系，以及江面上百舸争流的景象。这句诗不仅展示了泉州的地理位置和交通优势，还凸显了其在区域贸易中的重要角色。显然与实际情况更为贴合。

谢履还曾对这种盛况做了一番探析，其《泉南歌》曰："泉州人稠山谷瘠，虽欲就耕无地辟。州南有海浩无穷，每岁造舟通异域。"[④] 前一句诗揭示了泉州地区地理环境与社会经济的矛盾现状。由于地理位置的特殊性，泉州地区虽然山谷纵横，但土地贫瘠，不利于大面积的农耕活动。同

[①] 王象之：《舆地纪胜》卷一百三十，成都：四川大学出版社，2005年，第4113页。
[②] 王象之：《舆地纪胜》卷一百三十，成都：四川大学出版社，2005年，第4130页。
[③] 谢履：《诗一首》，见北京大学古文献研究所编纂《全宋诗》卷六二六，北京：北京大学出版社，1991—1998年，第7471页。
[④] 谢履：《泉南歌》，见王象之《舆地纪胜》卷一百三十，成都：四川大学出版社，2005年，第4135页。

时,随着人口的不断增长,人口密度过高使得传统农耕资源变得愈发紧张,无法满足当地居民的生活与发展需求。这种矛盾,迫使泉州人民寻找新的生存与发展路径。后一句诗则为我们说明了泉州人民如何巧妙地转化了这一矛盾,将其变为经济发展的契机。面对土地资源的限制,泉州人民转而向海洋寻求出路,每年建造船只,与异域进行贸易往来。由此,海洋便成为了泉州人民突破土地资源限制、拓展生存空间的关键。短短数字便以极高的洞察力指出过高的人口密度与临海的区位优势是泉州海贸发达的重要原因,使得谢履的这首小诗传唱一时。

在泉州港交易的货物总是充满异域风情,王迈有诗称:"泉为闽望郡,山海来航梯。琛贡交异域,珠贝象玳瑁。"[①]"泉为闽望郡"点明了泉州在福建乃至东南沿海的重要地位。"望郡"一词昭示着泉州经济文化发达,地位显赫,在政治、经济、文化等多个领域都占据着举足轻重的地位。这种地位的形成,与泉州港的繁荣密不可分。泉州港不仅连接了内陆与海洋,更成为了东南沿海地区的重要门户。"山海来航梯"则描绘了泉州作为海上交通枢纽的繁忙景象。"山海"二字,既指泉州依山傍海的地理环境,也象征着遥远的地域与文化的差异。"来航梯"则形象地比喻为连接山海、沟通内外的桥梁,暗指船只往来频繁,如同攀登阶梯一般,络绎不绝。这不仅体现了泉州海上贸易的发达,也暗示了当时中外交流的密切与频繁。"琛贡交异域",进一步揭示了泉州作为文化交流中心的角色。"琛贡"指的是珍贵的贡品,这里特指外国使节或商人带来的珍贵礼物。"交异域"则明确指出了这种交流是跨越国界、地域的。泉州以其开放的姿态,接纳来自四面八方的使者与商人,他们带来的不仅是物质上的财富,更是文化上的交流与融合。"珠贝象玳瑁",一句以具体的物象来展现"琛贡"的丰富与珍贵。"珠贝""象""玳瑁"等,都是海外特产,象征着异域的富饶与奇特。这些珍贵的贡品,不仅展示了外国对中华文明的敬仰与

---

① 王迈:《送黄成甫殿讲被召》,见北京大学古文献研究所编纂《全宋诗》卷三〇〇二,北京:北京大学出版社,1991—1998年,第35719页。

向往，也反映了当时中外贸易的繁荣景象。同时，这些物品也作为文化交流的媒介，将异域的文化元素带入中原，促进了文化的多元共生与发展。从王迈的诗句中，我们可以清晰地看到宋代泉州的地理优势、海上贸易的繁荣以及中外文化的交流盛况，展现了宋代泉州作为海上丝绸之路重要节点的辉煌历史。它不仅是对泉州经济文化繁荣的赞美，也是对那个时代中外交流盛况的生动记录。

《方舆胜览》作为宋代地理志的重要代表，对泉州港的繁荣景象也进行了详尽的记载，可互为佐证。其中所述与诗人王迈的描绘不谋而合，共同勾勒出泉州作为海上丝绸之路关键节点及贸易枢纽的辉煌图景。据该书记载："（泉州）每岁以大舶浮海往来，致象犀、玳瑁、珠玑、玻璃、玛瑙、异香、胡椒之属。"[①] 此段详实的记载，不仅揭示了泉州港与海外诸国间频繁且活跃的贸易往来，还细致枚举了通过海上丝绸之路流通的各类珍贵商品，生动展现了泉州作为国际贸易中心的重要地位。这些海上活动不仅促进了物质财富的流通，更为当时的文化创作提供了丰富的素材与灵感来源。水手与海员们在域外的广泛游历与独特见闻，无疑成为了文人墨客笔下宝贵的创作资源。他们远航至异国他乡，亲眼目睹并亲身体验了异域的风土人情、奇珍异宝以及丰富多彩的文化，这些独特的经历与感受极大地激发了文人们的创作热情与想象力，促进了文学艺术的繁荣与发展。

在这些文学作品中，方回的长诗《为张都目益题爪哇王后将相图》最具代表性：

阇婆之国古来有，其人裸体蓬厥首。后来改号作爪哇，君僭称王妻僭后。跣足露乳布缠腰，往往自妍不知丑。千岛万岛南海南，谓远无虞险可守。成周通道八蛮朝，旅獒越裳孰敢后。真腊彭亨皆入贡，巴尚答洽尔独否。壬辰腊月明日望，三平章往命招诱。泉州出门七州洋，飞樯舞帆朔风吼。五旬有馀至其境，惊禽骇兽破胆走。前主初丧后主立，国乱未定内掣

---

① 祝穆：《方舆胜览》卷十二，北京：中华书局，2003年，第208页。

肘。生擒瞎直吃当王，癸巳三月之十九。先降土汉必者牙，水陆引道分左右。继获昔剌小大子，□□留屯岂容久。所俘病亡或逋逃，穷则反噬如野□。□秋班师会占城，诸国降表肯相受。梢工满载槟榔果，征夫烂醉椰子酒。生金铜钱暨百宝，搜山讨掳恣意取。蜻蜓虾蟹玳瑁螺，芭蕉豆蔻皆可口。风俗可怪亦可怜，食无匕箸但用手。生年月日都不记，淫乱混杂忘牝牡。得此诗料告者谁，滕良伯父乃吾友。我赋长篇当凯歌，甘誓胤征同不朽。①

阇婆又称阇婆达、诃陵、社婆或有莆家龙，其地域范围大致涵盖现今印度尼西亚的爪哇与苏门答腊两大岛屿。阇婆地处南海之中，其优越的地理位置使其成为连接东西方的重要桥梁。据《宋史·外国传五·阇婆》记载，阇婆国东至海一月可达，西至海四十五日，南至海三日，泛海五日至大食国（今阿拉伯地区），北至海四日可达中国。这样的地理位置使得阇婆成为海上贸易的重要集散地，来自世界各地的商船在此汇聚，带来了丰富的商品和多元的文化。阇婆十分重视与中国的贸易关系，"中国贾人至者，待以宾馆，饮食丰洁"②。在南朝宋文帝元嘉七年（430），统治阇婆洲的呵罗单国便已遣使向中国献宝物，标志着阇婆与中国正式建立外交关系。此后，阇婆（或称阇婆婆达、诃陵、社婆等）与中国之间的交往日益频繁，不断有使者往来，献上各种奇珍异宝，如金刚指钚、赤鹦鹉鸟、五色鹦鹉、频伽鸟以及玳瑁、犀牙、沉香等。这些交往不仅加深了双方的政治联系，也促进了经济文化的广泛交流。

诗的开篇"阇婆之国古来有，其人裸体蓬厥首"即点明阇婆古国的悠久历史，并描绘了其居民的独特风俗：裸体、头发蓬松。这种原始而质朴的生活方式，反映了阇婆在古代文明发展中的一种独特状态，与中原地区的文明形成鲜明对比。随着时间的推移，阇婆的名称发生了变化，改为爪

---

① 方回：《为张都目益题爪哇王后将相图》，见北京大学古文献研究所编纂《全宋诗》卷三五〇六，北京：北京大学出版社，1991—1998年，第41847页。
② 脱脱等：《宋史》卷四百八十九，北京：中华书局，1985年，第14091—14092页。

哇，同时其国君和王后也开始僭越称王称后，显示了当地政治格局的演变和权力结构的形成。"跣足露乳布缠腰，往往自妍不知丑"进一步描绘了阇婆人的日常生活习惯，他们赤脚、露乳、以布缠腰，这种看似粗犷的生活方式，在他们自己看来却是美的体现，反映了不同文化背景下审美观念的差异。阇婆位于南海之中，周围千岛万岛环绕，地理位置独特。然而，正是这种偏远和孤立，使得阇婆人认为自己无需防备外敌，从而忽视了潜在的威胁。"成周通道八蛮朝，旅獒越裳孰敢后"一句引用了中国古代的典故，说明在周朝时期，中国已经与周边蛮夷国家建立了通道，各国纷纷朝贡。在当时，真腊（今柬埔寨）、彭亨（今马来西亚一带）等国都已向中国入贡，而阇婆（巴尚答洽可能是阇婆的另一种称呼）却迟迟未动，暗示了当时阇婆与中国之间的外交关系并非一帆风顺。

壬辰年腊月，中国朝廷派遣三位同平章事前往阇婆，意在招抚或诱降。这一行动标志着中国对阇婆的军事和外交干预的开始。因此，方回在诗中不仅描绘了爪哇的风俗，还详细记录了宋代海员们的航海经历。"泉州出门七州洋，飞樯舞帆朔风吼"说的是舰队从泉州出发，穿越七州洋，船帆飞舞，北风呼啸，描绘了出征的壮观景象。泉州至阇婆国是当时一条重要的海上航线，据《诸蕃志》载："（阇婆国）于泉州为丙巳方。率以冬月发船，盖藉北风之便，顺风昼夜行，月余可到。"[①] 此次军事行动十分顺利，出征的队伍获得了大量战利品。"梢工满载槟榔果，征夫烂醉椰子酒。生金铜钱暨百宝，搜山讨掳恣意取。蟳蚝虾蟹玳瑁螺，芭蕉豆蔻皆可口。"生动描绘了宋朝军队在征服阇婆后，舰队归航时的丰收景象与将士们的欢愉心情。梢工们船上满载着槟榔果，这是阇婆的特产，象征着物质的富饶；征夫们则沉醉于椰子酒的香甜之中，展现出征服后的放松与庆祝。除了这些，他们还搜刮了大量的生金、铜钱以及各式各样的珍宝，体现了此次行动的巨大经济收益。同时，阇婆丰富的自然资源，如蟳蚝、虾蟹、玳瑁、海螺等海鲜，以及芭蕉、豆蔻等可口植物也被一一列举，既展示了阇

---

① 赵汝适撰，杨博文校释：《诸蕃志校释》，北京：中华书局1996年，第54页。

婆的生态多样性，也暗示了宋朝军队对这片土地资源的全面发掘。

与此同时，阇婆的文化与习俗与中原存在显著的差异。例如，在饮食习惯上，阇婆国酿酒的原材料十分别致，据《宋史·阇婆传》所记载，阇婆之酒摒弃传统谷物酿造之法，转而采纳椰实与罕见之虾蠊丹树果实作为基材。虾蠊丹树对于中原人士而言，实为前所未有之奇珍。除了这些特殊的原料，阇婆还尝试使用桄榔、槟榔等物进行酿酒。[①] 此外，阇婆"土俗婚聘无媒约""其俗有名而无姓"[②]，与中原的礼法社会大相径庭，故而被方回讥为"可笑又可怜"。正是此等文化差异与异域风情，无疑为当时之文人墨客提供了丰富多元的创作素材。方回于其诗作中直言不讳，视阇婆之独特现象为难得之"诗料"，内心激荡，不吐不快。此亦从侧面印证了此类题材与意象，在当时文人作品中实属罕见。在诗的结尾，方回对为其提供珍贵诗料之友人表达了深切之感激，并誓言将以此长篇诗作来颂扬海员们之英勇壮举。可以说，此诗不仅是对海员们冒险历程之忠实记录，更是宋代泉州海外贸易与文化交流之生动见证，具有重要的历史与文化价值。

三、山水之乐

与福州、泉州等沿海都会的人文景观相比，福建的内陆地区则以自然景观为擅场。在这一众风景名胜之中，建州的武夷山以其独特的自然风貌和深厚的文化底蕴，尤为引人瞩目。时人有"到闽中而不游武夷山，到武夷山而不泛游仙溪，皆与不到同"[③]的说法。武夷山位于中国东南部的福建省与江西省交界处，主体沿赣闽两省边界蜿蜒伸展，全长约550公里。武夷山属于新华夏地质构造单元南岭山系的东北延伸支脉，其地质构造复杂多样，以典型的丹霞地貌著称于世。丹霞地貌主要由红色砂砾岩构成，

---

① 赵汝适撰，杨博文校释：《诸蕃志校释》，北京：中华书局1996年，第54页。
② 赵汝适撰，杨博文校释：《诸蕃志校释》，北京：中华书局1996年，第54页。
③ 李纲：《泛游仙溪》序，见北京大学古文献研究所编纂《全宋诗》卷一五五一，北京：北京大学出版社，1991—1998年，第17618页。

这些岩石多形成于中生代，富含铁质氧化物，故呈现出鲜明的红色调。在长期的地质历史进程中，经历了风化作用、流水侵蚀以及重力崩塌等多种外营力的共同作用，这些红色砂砾岩逐渐被剥离、雕刻，形成了今天我们所见的峰林耸立、沟壑纵横的壮丽景象。因此，武夷山的丹霞地貌以其山峰陡峭、形态多样、岩石色彩斑斓而著称，展现了大自然鬼斧神工的创造力。

与此同时，九曲溪作为武夷山的灵魂之水，自山间蜿蜒流过，不仅为这片土地增添了灵动之气，更是地质作用中流水侵蚀的生动例证。溪流的长期冲刷与侵蚀，不仅加深了河谷，还促进了山峰的进一步分割与塑形，如玉女峰、大王峰等著名景点，便是这一自然雕琢过程的杰作。九曲溪与周围山峰相互映衬，构成了"溪曲三三水，山环六六峰"的绝美画卷，既体现了自然地理的和谐之美，也蕴含了丰富的地质文化内涵。

在宋代，武夷甚至在与其他名山相较中亦不逊色，其独特的自然风光与深厚的文化底蕴吸引了无数文人墨客前来游历并留下传世佳作，使得武夷山在当时的文化舆论场上占据了举足轻重的地位。陈襄作为北宋理学大家、"海滨四先生"之首，对武夷山的推崇之情溢于言表，他十分笃定地认为武夷山"高于太华五千仞，秀出巫阳十二峰"[1]。杨绕善对武夷山的赞美同样不遗余力。他曾表示"说尽东南第一峰，武夷端与画图同"[2]。这句诗不仅强调了武夷山作为"东南第一峰"的显赫地位，更将其美景比作精美的画卷，寓意武夷山的自然风光如同经过精心构思与绘制的艺术作品，既展现了自然之美，又蕴含了人文之韵。淳熙年间任兵部郎中的喻良能亦表示"平生饱识佳山水，直作东南第一看"[3]。将两句诗结合起来理解，我们可以感受到诗人对武夷山的深厚情感与高度评价。诗人通过自己丰富的

---

[1] 陈襄：《经武夷山》，见北京大学古文献研究所编纂《全宋诗》卷四一四，北京：北京大学出版社，1991—1998年，第5087页。

[2] 杨绕善：《题武夷》，见北京大学古文献研究所编纂《全宋诗》卷三七六八，北京：北京大学出版社，1991—1998年，第45440页。

[3] 喻良能：《武夷山》，见北京大学古文献研究所编纂《全宋诗》卷二一六四，上海：上海辞书出版社，2006年，第24498页。

游历经历,将武夷山与各地的美景进行了比较,最终得出了"东南第一看"的结论。这一评价不仅是对武夷山自然风光的肯定,更是对其在诗人心中所占地位的彰显。

不止一人在游赏过后表示武夷的名声非虚,如陆游语曰:

> 少读封禅书,始知武夷君;晚乃游斯山,秀杰非昔闻。三十六奇峰,秋晴无纤云。空岩鸡晨号,峭壁丹夜暾。巢居寄千仞,鸿荒想羲轩,风雨蜕玉骨,难以俗意论。丹梯不容蹑,修蔓亦畏扪,沂滩进小艇,媿惊白鹭群。学道虽恨晚,养气敢不勤!宦游非本志,寄谢鹤与猿。①

诗的开篇即点明了陆游对武夷山的初步认识源自年幼时阅读的封禅书。封禅书通常记载帝王祭天地的典礼,而"武夷君"作为武夷山的神祇在此被提及,显示了武夷山在历史文化中的重要地位。这一句话不仅揭示了作者与武夷山结缘的渊源,也为后文的游历与感悟埋下了伏笔。然而,陆游直至晚年才得以亲临其地。当他真正踏上这片神奇的土地时,方才发现武夷山的秀美与卓绝远超出他过去的听闻。这种强烈的反差,无疑加深了陆游对武夷山的喜爱之情。在陆游笔下,三十六奇峰作为武夷山的标志性景观,被以简洁明快的语言勾勒出来。"秋晴无纤云"则进一步烘托了山峰的秀美与清晰,使得整个画面更加生动逼真。"空岩鸡晨号,峭壁丹夜暾"一句则通过描绘武夷山中的动物与光影变化,展现了山林的生机与活力。空岩中的鸡鸣与峭壁上的丹霞,共同构成了一幅动静相宜、色彩斑斓的山林画卷。陆游的诗歌还蕴含着对武夷山深厚文化底蕴的敬仰与探寻。"巢居寄千仞,鸿荒想羲轩"借用了巢居与羲轩等典故,表达了自己对武夷山古老历史的遐想与对远古文明的向往。巢居象征着原始的生活方式,而羲

---

① 陆游:《游武夷山》,见北京大学古文献研究所编纂《全宋诗》卷二一六四,上海:上海辞书出版社,2006年,第24498页。

轩则代表着上古的圣贤，两者相结合，使得武夷山在作者心中具有了更加深远的历史文化内涵。同时，"风雨蜕玉骨，难以俗意论"通过风雨中的蜕变与玉骨的意象，表达了作者对武夷山美景的独特感受与高度评价。风雨的洗礼使得武夷山更加秀美，而玉骨则象征着其内在的高洁与坚韧。作者认为，这种美景是无法用世俗的眼光来衡量的。在描绘武夷山的险峻与神秘时，陆游的笔触同样细腻而生动。他写道："丹梯不容蹑，修蔓亦畏扪。"红色的天梯陡峭难行，仿佛无法踏足；而长长的藤蔓也让人望而却步，充满了未知与挑战。然而，正是这种险峻与神秘，也赋予了武夷山美景的难得与珍贵。此外，陆游还以"泝滩进小艇，魄惊白鹭群"来描绘自己在武夷山游历的生动场景。他乘着小艇逆流而上，穿梭于清澈的溪流之间，惊起了岸边的白鹭群。这一景象不仅展示了武夷山的生态之美，也体现了诗人与自然和谐相处的意境。在诗的结尾，陆游以"学道虽恨晚，养气敢不勤！宦游非本志，寄谢鹤与猿"来抒发了自己的感慨与志向。他感叹自己学道之晚，因此要更加勤奋地修养身心；同时，他也表达了自己对仕途的淡漠与对自然的热爱。在他看来，武夷山的鹤与猿才是他真正的知己与伴侣，通过向鹤与猿致谢的方式，表达了自己对武夷山美好时光的怀念与对自然的敬畏之情。

总的来说，陆游的这段诗文以如椽大笔，细腻入微地描绘了武夷山的绝美风光与深邃意境。在他的笔下，武夷山的三十六奇峰、空灵的岩壁、丹霞映照的峭壁都仿佛跃然纸上，让人仿佛身临其境。同时，陆游还巧妙地融入了人文元素，通过对古人巢居、远古鸿荒的遐想以及对仕途的淡漠态度，展示了他对自然的热爱和对人生的独特见解。整首诗文不仅体现了陆游高超的文学造诣，更传达了他对武夷山美景的由衷赞叹和对人与自然和谐相处的深刻体悟，进一步凸显了武夷山名声非虚的美誉。

关于武夷的掌故与景致，历来为文人墨客所津津乐道。韩元吉曾有一段精辟的总结：

> 武夷山在闽粤直北。其山势雄深盘礴，自汉以来，见于祀

事，闽之诸山皆后出也。其峰之最大者，丰上而敛下，肖然若巨人之戴弁，缘隙磴道，可望而不可登；世传避秦而仙者，蜕骨在焉。溪出其下，绝壁高峻，皆数十丈。崖侧巨石林立，磊落奇秀，好事者一目不能尽。则卧小舟，杭溪而上，号为九曲。以左右顾视，至其地或平衍，景物环会，必为之停舟曳杖，倚徙而不忍去。[①]

韩元吉首先阐明了武夷山在地理坐标上的独特属性，其坐落于闽粤之北域，山峦壮阔，自古以来便是人们顶礼膜拜与祭祀的对象。相较于福建省内其他山系，武夷山的历史积淀更为深厚，其在群山之中的显赫地位不言而喻。从地理学的角度来看，武夷山位于闽粤地区的正北方，其山势雄伟，地形复杂多变，充分展现了自然力量的鬼斧神工。这里的山脉起伏跌宕，峰峦叠嶂，给人以强烈的视觉冲击。韩元吉用"盘礴"一词来形容，可谓恰如其分，既表达了山脉的连绵不绝，又暗示了其深厚的历史文化底蕴。随后，韩元吉对武夷山的峰峦形态进行了详尽的刻画。他指出，武夷山之主峰高耸入云，上部丰盈而下部渐敛，犹如巨人顶戴冠冕，屹立不摇。此番生动形象的描绘，不仅展现了武夷山峰的雄浑壮丽，更赋予其一种神秘且庄严的气质。然而，这些高峰虽引人无限遐想，却因其陡峭险峻而难以攀缘，仅能远观而无法近赏。同时，溪流自山麓潺潺流淌，两岸绝壁高耸，达数十丈之高度。这些绝壁不仅构成了宏伟壮观的自然景观，更为武夷山平添了一份神秘与险要。而溪流之畔，巨石遍布，形态万千，奇丽无比。在游历武夷山之际，韩元吉还提及了一种别具一格的游览方式——乘小舟顺溪而上。此种方式不仅使游客得以近距离感受武夷山的山水之美，更能在溪流的蜿蜒曲折中，领略武夷山九曲十八弯的奇妙景致。当游客抵达平旷之地，景物环伺，美不胜收，往往忍不住泊舟登岸，曳杖而

[①] 韩元吉：《武夷精舍记》，见曾枣庄等编《全宋文》第216册，上海：上海辞书出版社，2006年，第226页。

行，流连忘返。除自然景观外，武夷山还流传着众多富有传奇色彩的故事。韩元吉提到，世间流传有避秦而仙者，在此地脱胎换骨，得道成仙。这一传说不仅为武夷山增添了一抹神秘色彩，亦反映了古代人们对武夷山的崇敬与向往。这些故事与传说，与武夷山的自然景观相辅相成，共同构成了武夷山独特的文化韵味与魅力。

《史记·封禅书》有"武夷君用干鱼"祭祀的记载，虽文字简洁，却意蕴深远。武夷君，作为古代神话中的山神，其以干鱼为祭品的习俗，体现了古人对于地方神祇的独特崇拜方式。关于武夷君的记载，并非孤立存在。司马贞索引曰："顾氏案：《地理志》云建安有武夷山，溪有仙人葬处，即《汉书》所谓武夷君。"[1] 这一描述，与《汉书》中关于武夷君的记述相互印证，共同构建了一个充满神话色彩的山神形象。值得一提的是，武夷山的神秘色彩并未止步于此，此后当地又敷衍出武夷君于幔亭峰上设酒宴大会乡人的传说，因而武夷山不乏神异色彩。正是这些神秘的传说和记载，使得武夷山在文人墨客心中占据了特殊的地位。有人虽未亲临其境，却对这片仙山心生向往。他们听闻武夷之美，心生憧憬，不禁吟咏出"平生爱仙山，最闻武夷好"[2]。而那些有幸踏足这片神秘土地的人，更是被其深深吸引。当他们离开之后，故地重游之情油然而生。刘学箕便是其中之一，他忍不住哀叹道："十年不到武夷山，几与神仙绝往还。"[3] 诗中透露出他对武夷山的深深眷恋，以及无法常回此地的无奈与遗憾。李纲更是直言："须信神仙真窟宅，故令峰岫巧雕镂。"[4] 他将武夷山比作神仙的居所，对其自然景观赞不绝口。从《史记·封禅书》的记载到后人的诗词赞誉，我们可以清晰地看到武夷山在古人心中的神圣地位。无论是司马贞

---

[1] 司马迁：《史记》卷二十八，北京：中华书局，2014年，第1666—1667页。
[2] 郭祥正：《武夷行寄刘侍郎》，见北京大学古文献研究所编纂《全宋诗》卷七四九，北京：北京大学出版社，1991—1998年，第8735页。
[3] 刘学箕：《武夷山》，见北京大学古文献研究所编纂《全宋诗》卷二七八二，北京：北京大学出版社，1991—1998年，第32932页。
[4] 李纲：《崇安宰见示武夷图记》，见北京大学古文献研究所编纂《全宋诗》卷一五四四，北京：北京大学出版社，1991—1998年，第17536页。

的索引解读，还是刘学箕、李纲等文人的诗词吟咏，都为我们揭示了武夷山不同寻常的魅力。与此同时，《史记·封禅书》中关于"武夷君用干鱼"的祭祀记载以及与之相关的传说、诗词等文化现象，共同构成了武夷山独特的文化景观。这些元素相互交织、相互影响，使得武夷山在宋代文人心中占据了举足轻重的地位。

武夷的自然景观则主要集中于"三三"（九曲）、"六六"（三十六峰）上，即蜿蜒曲折的九曲溪和巍峨耸立的三十六峰。这一地理特征不仅赋予了武夷山别具一格的美学价值，同时也成了文化表达的重要载体。如欧阳光祖诗曰："听取渔歌说武夷，武夷九曲水涟漪。放舟理櫂从头去，三十六峰天下奇。"[①] 此诗不仅捕捉了武夷九曲溪的柔美与动态，更通过"三十六峰天下奇"的赞叹，凸显了武夷山峰峦叠嶂、雄伟壮观的自然风貌。这里的"九曲"与"三十六峰"被诗人巧妙地编织进诗句，形成了一幅生动的山水画卷。同样，白玉蟾也在其诗作中对"三三六六"的景观给予了高度评价："三十六峰真绝奇，一溪九曲碧涟漪。白云遮眼不知处，谁道神仙在武夷。"[②] 此诗以更为神秘和浪漫的笔触，描绘了武夷山的奇幻色彩。三十六峰的"绝奇"与九曲的"碧涟漪"相映成趣，构成了一幅如梦如幻的山水图景，令人心驰神往。

尤值得提出的是，朱熹在寓居位于五曲的精舍时作櫂歌十首，将九曲景致梳理了一遍：

武夷山上有仙灵，山下寒流曲曲清。欲识个中奇绝处，棹歌闲听两三声。

一曲溪边上钓船，幔亭峰影蘸晴川。虹桥一断无消息，万壑千岩锁翠烟。

[①] 欧阳光祖：《和朱元晦九曲櫂歌》其一，见北京大学古文献研究所编纂《全宋诗》卷二六一二，北京：北京大学出版社，1991—1998年，第30355页。

[②] 白玉蟾：《九曲櫂歌》其一，见北京大学古文献研究所编纂《全宋诗》卷三一三八，北京：北京大学出版社，1991—1998年，第37605页。

二曲亭亭玉女峰，插花临水为谁容。道人不复荒台梦，兴入前山翠几重。

三曲君看驾壑船，不知停棹几何年。桑田海水今如许，泡沫风灯敢自怜。

四曲东西两石岩，岩花垂露碧㲲毵。金鸡叫罢无人见，月满空山水满潭。

五曲山高云气深，长时烟雨暗平林。林间有客无人识，欸乃声中万古心。

六曲苍屏绕碧湾，茆茨终日掩柴关。客来倚棹岩花落，猿鸟不惊春意闲。

七曲移舟上碧滩，隐屏仙掌更回看。却怜昨夜峰头雨，添得飞泉几道寒。

八曲风烟势欲开，鼓楼岩下水萦回。莫言此地无佳景，自是游人不上来。

九曲将穷眼豁然，桑麻雨露见平川。渔郎更觅桃源路，除是人间别有天。[1]

朱熹于淳熙十一年（1184）在武夷山下修筑精舍作为讲学之所，讲学之余常与友人同游武夷山水。此组棹歌便是在这样的背景下创作而成，旨在以诗歌的形式记录游览的所见所感，并与同游者分享这份闲淡与喜悦。整组诗歌共十首，以七言绝句的形式，按照逆流而上的顺序，逐一描绘了武夷山九曲溪的美景。"櫂"又作"棹"，即船桨，櫂歌就是舟子渔夫所唱的歌。朱熹巧妙地借鉴了民间乐歌之形式，对武夷山九曲溪进行了全面而生动的艺术再现。

组诗开篇巧妙地勾勒出一幅武夷山水的绝美画卷，细腻描绘了武夷山

---

[1] 朱熹：《淳熙甲辰中春精舍闲居戏作武夷櫂歌十首呈诸同游相与一笑》，见北京大学古文献研究所编纂《全宋诗》卷二三九一，北京：北京大学出版社，1991—1998年，第27633页。

的神秘超凡、九曲溪的清澈蜿蜒、探寻奇景的冒险期待，以及棹歌悠扬的文化韵味，为整组诗奠定了深邃而迷人的基调，并巧妙地预示了后续诗篇的主题与情感走向。首句"武夷山上有仙灵"，开门见山，直接揭示了武夷山那超凡脱俗、神秘莫测的面纱。这一笔不仅为武夷山赋予了灵性，更为全诗营造了一种超脱尘世的氛围，暗示此地非同凡响，蕴藏着无尽的神秘力量与高远意境，为后续描绘自然景观铺垫了一层神秘而悠远的底色。"山下寒流曲曲清"一句，将读者的视线从山上引至山下，由虚幻的仙灵转向实在的山水。寒流曲曲，既描绘了九曲溪的清澈与蜿蜒，也为后续诗篇中具体描绘九曲溪的景致埋下了伏笔。此处的"清"字，不仅是对溪水清澈的直接描绘，更是诗人对武夷山水深深喜爱与由衷赞美的隐喻，为整组诗的情感基调添上了一抹清新与明快。再者，"欲识个中奇绝处"一句，巧妙地引发了读者的好奇心和探索欲。它预示着后续的诗篇将会带领读者去探寻武夷山的"奇绝处"，即那些独特而壮观的景致。最后"棹歌闲听两三声"一句，以船夫的歌声作为结尾，既为整首诗增添了一种悠闲自得的氛围，也为后续诗篇提供了一种叙述的角度和方式。棹歌的存在，使得朱熹在描绘自然景观的同时，也能融入当地的文化元素和人文情怀，从而丰富了整组诗的内涵和层次。

除第一绝总领组诗外，朱熹其余九绝各咏一曲的景观与特色。九曲溪发源于武夷山脉的主峰黄岗山的西南麓，全长不过十公里，方圆不过九平方公里，却荟萃了武夷山绝大部分的精华。此溪以其曲折回旋之特质与瑰丽之自然风光，声名远播。盖因此溪流经之地，形成三弯九曲之独特地貌，故得"九曲溪"之名。此溪之殊胜，在于沿途风光旖旎，山水交融，景致如诗画般绚丽。九曲溪畔，奇峰怪石林立，山峦叠翠，有的山峰峻峭入云，有的则温婉秀丽，各展风姿。每一曲溪段，皆有其不同景致，乘坐小舟，随波逐流，每移一步，景色随之变换。溪水依山势而流，时而平静如镜面，时而奔腾激荡，如万马奔腾，气势磅礴。

一曲位于问津厅前的晴川一带，主要景观为大王峰与幔亭峰。幔亭峰正是上文所提及的"武夷君"召宴乡人的神话的发生地。传说宴会的当天，虹桥架空，而当宴饮结束后，风雨骤至，虹消桥断，不复可寻。朱熹以钓船和幔亭峰为背景，构建了一个静谧而又深远的画面。"一曲溪边上钓船"直观地描绘了一曲溪边的静态画面，钓船静泊，与溪水相映成趣。钓船作为人文元素，与自然的溪水、山峦相得益彰，共同构成了一幅美丽的山水画卷。"幔亭峰影蘸晴川"一句形象生动地描绘了一曲中的核心自然景观。峰影倒映在晴朗的溪水中，犹如一幅流动的山水画，美不胜收。同时，"蘸"字运用得恰到好处，既形象地描绘了峰影与晴川的交融，又赋予了一曲景致以动态美。"虹桥一断无消息"这一描绘不仅增添了一曲的历史厚重感，更引发人们对过往岁月的遐想。虹桥的断裂，也象征着历史的变迁与时光的流转，使得一曲景致在宁静的自然美之外，又增添了一抹沧桑与历史的韵味。"万壑千岩锁翠烟"则以一种宏大的视角，描绘了一曲中的群山与峡谷。万壑千岩，层层叠叠，仿佛被翠绿的烟雾所笼罩，形成了一种辽远而深邃的氛围。同时，"锁"字的运用，也巧妙地表达了一曲景致的独特性和珍稀性。

从浴香潭北上，是为二曲。当面亭亭而立的便是著名的玉女峰。玉女峰山形峻峭挺拔，卓尔不群，似一位飘飘欲仙的淑丽女子，峰下有一澄莹的"浴香潭"，传说是玉女洗浴的地方。次句"插花临水为谁容"进一步丰富了玉女峰的意象。这里的"插花"并非实指，而是一种比喻，形容玉女峰犹如一位精心打扮的女子，临水照影，自我期待。同时，"为谁容"的人格化的描绘方式，使得玉女峰不再是冷冰冰的自然景观，而是充满了生命力和情感色彩。三句"道人不作阳台梦"引入了道人的形象，以此寓言表达了对世俗欲望的超越和对精神追求的向往。阳台梦典出宋玉《高唐赋》序，指男女欢会之事。这里反用其意，强调道人不为世俗情欲所动，而是专注于对自然美景和精神境界的追求。末句"兴入前山翠几重"以一种开阔的视野，描绘了朱熹的兴之所至。几重山峦，层层叠叠，共同构成了一幅美丽而深邃的山水画卷。

雷磕滩上下是为三曲。三曲的特色在于其独特的地形和与之相伴的人文景观。在沟壑纵横的险壁上有木质船形棺椁，是上古先民悬葬的遗留物。"驾壑"一词形象地描绘了船只仿佛穿梭于山壑之间的壮观景象，展现了自然与人文的和谐共生。停泊在此的船只，仿佛在诉说着历史的沧桑，让人不禁思考人类与自然、历史与现实之间的关系。"不知停棹几何年"则通过设问的方式，进一步加深了这种时间与空间的交错感。它暗示着这些船只已经停泊了很长时间，长到甚至无法确定其具体的年份。这种对时间的模糊处理，不仅增加了三曲的历史厚重感，也使得这里的景致更具有诗意和神秘感。而"桑田海水兮如许，泡沫风灯敢自怜"则是对前述景致的哲理性升华。沧海桑田的变化，象征着世界的无常和生命的短暂。与此同时，"泡沫风灯"则暗喻人类生命的脆弱和渺小。在这广袤的自然和历史长河中，人类如同泡沫一般短暂，风灯一样易灭。

  卧龙潭向北至古锥滩之间为四曲。这一河段两旁隔溪对峙着两座巍巍巨岩，东为大藏峰，西为西钓台。又大藏峰壁有金鸡洞，传说金鸡在此洞中为世人司晨。金鸡报晓是中国传统文化中的一个重要元素，它象征着新的一天的开始和希望。然而，在诗中，金鸡叫罢之后却无人得见，这更加凸显了四曲的幽静与深远。末尾"月满空山水满潭"一句，则以月光和潭水为元素，营造出一种空灵而深邃的意境。月光皎洁如练，洒落在空旷的山谷之间，使得整个四曲都笼罩在一片柔和的光影之中。潭水则静静地映照着月光，仿佛是一面镜子，将四曲的美景尽收眼底。这种月光与潭水的交融，不仅为四曲增添了一份浪漫与诗意，也使得这里的景致更加深邃与悠远。

  五曲坐落于平林渡口之侧，地势广袤，山环水抱，景致清幽宜人。朱熹曾择此地筑紫阳书院，传道授业，解惑答疑，培养后学。书院依山而建，环境幽静，为求学问道之理想境地。朱熹在诗中提及的"云气神"当指云窝。云窝是由山间的云雾缭绕形成的一片雾海，其形成与武夷特殊之气候、地貌息息相关。武夷地处亚热带季风之境，湿润多雨。山脉蜿蜒，山谷深幽。湿润之气升腾至一定高度，遇冷则凝，化为云雾。山谷温差、气流之变，又使云雾聚散无常，造就一系列变幻莫测之云海奇景。岩石的缝隙和凹槽成为了云雾聚集的理想场所，尤其是在晨昏时分，湿度较大的空气上升至岩石表面，迅速冷却凝结，形成了一层层的云雾。每当晨曦初露或夕阳西下时，云窝的云雾更是变幻莫测，将武夷山的山峰、岩壁、树木等元素完美地融合在一起，构成了一幅幅动人的自然画卷。

六曲位于老鸦滩附近，在九曲中流程最短，却有天游峰、仙掌岩、小桃园等一众景观。天游峰作为六曲区域的标志性景观，巍峨耸立，气势磅礴。站在峰顶，可以俯瞰整个九曲溪的壮丽景色。仙掌岩也是六曲中不可或缺的一道风景线。这块奇特的岩石因其形状酷似仙人的手掌而得名，不仅具有极高的观赏价值，还承载着丰富的民间传说和神话故事。我们从"六曲苍屏绕碧湾"一句也可以明显感受到六曲溪水的风韵。这里的"苍屏"很可能指的是苍翠的山峦或茂密的林木，它们如屏风般环绕着碧绿的溪湾。

自六曲至百花庄附近的獭控滩是为七曲。"移舟上滩"中的滩便是指獭控滩。其后有隐屏、仙掌二峰，故曰"回看"。隐屏峰犹如一道巨大的屏风，屹立于溪水之畔，而仙掌峰则形似仙人的手掌，高耸入云。一俟强降雨，便会有水瀑自峰顶凌空而下。因此，"却怜昨夜峰头雨"一句将自然景观与气候变化相结合，赋予了七曲景致更多的情感色彩。同时，峰头雨也预示着山间飞泉的涌动与变化，为接下来的景致埋下了伏笔。"添得飞泉几道寒"是整首诗的点睛之笔。这里的"飞泉"指的是山间因雨水而形成的瀑布或溪流。昨夜的峰头雨使得飞泉更加汹涌澎湃，增添了几分清冽与寒意。飞泉从高处倾泻而下，形成一道道白色的水帘，与周围的山石、林木相映成趣。

八曲地处芙蓉滩之东西两侧，水势汹涌，疾如奔马。于朱熹之翰墨中，八曲之景被绘得风烟缥缈，仿佛山水长卷即将铺陈开来，予人以遐想之无尽空间。观其描述，似可见那山岚缭绕，云烟弥漫，若隐若现间，峰峦叠翠，飞瀑流泉，皆入眼帘，构成一幅绝妙的山水图画。鼓楼岩下的溪水，则如丝带般萦回曲折，增添了无限的柔美与灵动。然此地因幽深僻静，鲜有游人。末句"莫言此地无佳景，自是游人不上来"显然是朱熹有意在为八曲景致正名，传告世人不要因为偏处一隅而忽视其妍丽之姿。

从幛岩附近的浅滩至齐云峰是为九曲。行舟至此，溪流转弯，将尽未尽之际，眼前景致蓦地开阔，仿佛别有洞天。前八曲之曲折蜿蜒，至此一扫而空，代之以广袤平川。此所谓"九曲将穷眼豁然"，真乃恰如其分之描述。平川是地名，指九曲尽头星村一带，平川之上，桑麻成片，雨露滋润，生机勃勃。农人耕作其间，与天地合一，尽显农耕文明之淳朴。此景仿佛一幅田园画卷，桑麻蔽野，鸡犬相闻，颇有陶渊明笔下桃花源的神韵。朱熹在"渔郎更觅桃源路"句中也是借用了这一意象，寓意第九曲如同一个隐秘的世外桃源。而"除是人间别有天"则进一步强调九曲溪的独特之处。在朱熹眼中，九曲溪仿佛是人间的另一片天地，其美景与世俗尘嚣截然不同，具有别样的风情与韵味。

　　总的来看，无论是名噪一时的幔亭峰与玉女峰，还是鲜有人问津的芙蓉滩与星村，朱熹都如数家珍，娓娓道来，足见宋人对于武夷九曲的勘探与开发已然十分完备。事实上，《九曲櫂歌》不仅是对武夷山九曲溪风貌的首次全面描绘，也为后世的山水诗创作提供了宝贵的范例和启示。后世有关武夷山尤其是九曲溪的诗词意象，均难逃朱熹这组櫂歌的藩篱。朱熹的开创性作品，不仅展现了武夷山水的秀美，更巧妙地融入了神话传说与历史人文景观，使得诗篇既有山水之形，又含人文之魂。历代文人纷纷赓和，多达二十余家，各自以其独特的视角和感受，为武夷山水注入了丰富的情感色彩。他们或从自然景观入手，描绘山水的壮丽和秀美，或通过历史典故和神话传说，赋予武夷山更多的人文内涵。无论是描写景物的自然之美，还是探讨历史文化的深厚底蕴，这些作品都在朱熹的基础上进行了丰富和拓展，使得武夷山在中国文学史上，成为一个充满魅力和深意的文化符号。

第二节　比家业儒与海滨邹鲁

一、文教昌隆："龙门一半在闽川"

　　自中唐以降，福建区域之文教事业已初露峥嵘，展露出勃勃生机，呈现出一派繁荣兴盛之景象。进入宋代之后，这种崇文重道的传统不仅得以延续，更显得愈发炽盛。在这个时期，福建的官学教育已经全面铺开，深入到了各个州县，形成了广泛的教育网络。自庆历年间（1041—1048）以来，朝廷上下倡导并兴办州学、县学的呼声持续不断，这种呼声在福建地区得到了积极的响应。各级官府纷纷设立乡学，使得教育资源得以更加均衡地分布，为更多士子提供了求学的机会。

与此同时，福建的私学也如雨后春笋般迅速崛起。无论是城市还是乡村，家塾、义塾、书社等各类私立学校星罗棋布，它们与官学相辅相成，共同构成了福建地区多元化的教育体系。这些私学不仅为当地学子提供了更多的教育选择，也在一定程度上推动了教育的普及和发展。值得一提的是，宋代福建的书院教育尤为发达，成为当地文教事业的重要组成部分。书院作为古代中国特有的教育机构，聚集了众多生徒，讲学传道，深究经史，形成了浓厚的学习氛围，培养了大量杰出人才。

彼时福建士民多以读书为荣，以学问为尊，经史子集，无不涉猎，呈现出百花齐放的学术盛景。这种对知识的渴求与尊重，不仅促进了个人学识的增进，也极大地推动了整个社会文化氛围的提升。与之相应的，福建在科举考试中的成绩斐然，各州排名均位居前列，隐隐有成为全国文化教育中心之趋势。《宋史·地理志》对福建的文教盛况给予了高度评价，称福建人民"向学，喜讲诵，好为文辞。登科者尤多"[①]。意指福建士子在科举考试中及第的人数众多，这一现象的背后，实则是福建民众勤勉向学、厚积薄发之结果。

众多文人据此将福建视作齐鲁文化风范的承继与递衍之地，誉之为"今闽越之地，若古洙泗之郊"[②]。"洙泗"指的是洙水和泗水两条河流的流域地区，孔子当年讲学之所正位于此地。故而，"洙泗"一词亦不时被引申为孔子及其儒家学说之代称，或喻指礼仪之邦、教化之源。宋代文人将

[①] 脱脱等：《宋史》卷八十九，北京：中华书局，1985年，第2210页。
[②] 危稹：《回陈教授》，见曾枣庄等编《全宋文》第297册，上海：上海辞书出版社，2006年，第145页。

第三章　两宋时期文人的福建书写

福建喻为"洙泗"，此举深刻揭示了福建区域在文化教育领域内所取得的卓越成就与深厚积淀，与唐代之时其境遇相较，实乃天壤之别。有人生动地描绘道："昔时蛮隶国，今作齐鲁化。"① 说明往昔被视为蛮荒僻远之隅的福建在宋代已文明蔚起，风化大开，足可与齐鲁等文化胜地并肩媲美。朱熹的三传弟子熊禾更是扬眉吐气地道："七闽天南陬，实惟文明方。风气一以开，文治何其昌。"② 熊禾之言，字里行间洋溢着对闽地文化勃兴之自豪与赞誉。七闽之地，虽位居天南一隅，实则已成为文明之典范。伴随着风气之开放与文化之繁荣，此间之文治已臻至前所未有的鼎盛之境。

两宋之世，福建一地科举成就卓著。进士及第者凡7144人，此数高居全国之冠，足堪昭示该地文风之昌盛。位居次席的是两浙东路，其进士占籍数量为4858人，仅为福建七成不到。又两宋年间（960—1279）全国进士计有28 933人，福建进士人数几占其中四分之一。③ 福建进士人数的高企，不仅令人瞩目，也为我们揭示了当时该地文化的繁荣与活力。特别是在某些年份和科目中，福建举子更是表现出色，包揽了前三名甚至状元等殊荣。宋代福建科举的兴盛还体现在科举世家的涌现和连续登科现象的出现。许多家族在科举考试中取得了卓越成就，形成了父子进士、兄弟进士、叔侄进士等奇特现象。这些家族不仅为福建科举文化的发展作出了重要贡献，也为后世留下了宝贵的精神财富。同时，连续登科现象的出现也进一步证明了福建科举文化的持续繁荣和强大生命力。

福建文治昌隆，学风兴盛还体现于庞大的学子数量上。长乐人陈必复曾于《端隐吟稿序》中称："（福建学子）负笈来试于京者，常半天下。家有庠序之教，人被诗书之泽，而仕于朝为天子侍从亲近之臣，出牧大藩持

---

① 陈普：《古田女》其二，见北京大学古文献研究所编纂《全宋诗》卷三六四六，北京：北京大学出版社，1991—1998年，第43739页。
② 熊禾：《上严廉访十首》其一，见北京大学古文献研究所编纂《全宋诗》卷三六七三，北京：北京大学出版社，1991—1998年，第44089页。
③ 林拓：《文化的地理过程分析——福建文化的地域性考察》，上海：上海书店出版社，2004年，第57页。

节居方面者亦常半。而今世之言衣冠文物之盛，必称七闽。"① 这一描述生动地展现了福建学子对科举的热情。他们不远万里，负笈进京，以期在科举考试中一展才华，实现自己的人生价值。这种对科举的执着，正是福建学风兴盛的重要体现。刘敞对此感喟道："（欧阳）詹死于今三百年，而闽之举进士为特盛焉。……其举以乡里者，岁常不下六七百人，其众居天下五分之一，闽之进士可谓多矣！"② 刘敞的这番话，既是对福建科举盛况的一种赞叹，也是对福建地区文化传承和教育发展的一种肯定。同时，这也从侧面反映了福建地区的社会风貌和人民的精神面貌，即崇尚知识、尊重人才，以及对于教育的重视和投入。乾道年间（1165—1173），参与解试的举子比例一度达到十分之七，以至官府在张榜公告中也忍不住慨叹："福唐今年秋赋，投家状于有司者万有七千人。乡举之众，天下莫比，亦闽中昔日之所未有也。可谓盛哉！"③ 应试人数的增加意味着录取比例的降低，故"今夫江、浙、闽、蜀，举人极多，而解额极少，至有百分取一者矣"④。据李廌估计，当时全国的平均中举率"约为中制二十取一"⑤。直至南宋末，闽人在择业观上依然是"闽人务本亦知书，若不耕樵必业儒"⑥。这种观念体现了福建人对教育的重视和对文化知识的追求。在福建地区，耕读传家的传统深入人心，人们普遍认为只有通过读书才能改变命运，实现人生价值。这种择业观进一步推动了福建文风的昌盛和科举考试的

---

① 陈必复：《端隐吟稿序》，见陈起辑《汲古阁景宋钞南宋群贤六十家小集》四十一，群碧楼藏书。

② 刘敞：《张氏杂议序》，见曾枣庄等编《全宋文》第 59 册，上海：上海辞书出版社，2006 年，第 206 页。

③ 王之望：《福唐解试告举子文》，见曾枣庄等编《全宋文》197 册，上海：上海辞书出版社，2006 年，第 240 页。

④ 李廌：《上礼部范侍郎论广文馆生疏》，见曾枣庄等编《全宋文》第 132 册，上海：上海辞书出版社，2006 年，第 128 页。

⑤ 李廌：《上礼部范侍郎论广文馆生疏》，见曾枣庄等编《全宋文》第 132 册，上海：上海辞书出版社，2006 年，第 128 页。

⑥ 刘克庄：《泉州南郭二首》其一，见北京大学古文献研究所编纂《全宋诗》卷三〇四四，北京：北京大学出版社，1991—1998 年，第 36300 页。

繁荣。

宋代福建文教的兴盛孕育出了一大批高官显宦与学术精英。这些杰出人物在政治实践、学术研究和文化传播等多个领域均取得了非凡成就，为福建乃至整个中华文化的繁荣发展注入了强劲动力。

在政治领域，宋代福建科举出身的高官显宦们展现了卓越的治国才能和深厚的学识底蕴。终宋一朝，福建一共走出过13位宰辅。如建州浦城县的章得象（978—1048）是真宗朝进士，后升迁为尚书刑部郎中，再到仁宗庆历五年（1047）时拜为镇安节度使、同平章事，封郇国公，成为宋朝时期人第一位福建籍宰相，标志着福建人在北宋朝廷里政治地位的提升。又如建州浦城的章惇（1035—1106），嘉祐四年（1059）进士及第，开始步入仕途。历任商洛县令、雄武军节度使推官等职务。熙宁二年（1069），王安石推行新法，章惇被任命为编修三司条例官，成为新法的重要推动者之一。此后，他历任多个要职，包括荆湖北路察访使、参知政事、知枢密院事等。哲宗亲政后，章惇拜尚书左仆射兼门下侍郎，成为宰相，主持推行新法。再如泉州晋江县的梁克家（1127—1187），宋高宗绍兴三十年（1160）状元。梁克家历任多个重要官职，包括签书枢密院事、参知政事、右丞相兼枢密使等。他以其卓越的治国才能和深厚的学识底蕴，对南宋的政治格局产生了深远影响。乾道年间，他两次出任宰相，其间主张整肃朝纲，选拔贤能，致力于国家治理与民生改善。除却上述三位，福建籍的宰辅还包括泉州晋江县的曾公亮、兴化仙游县的蔡京、泉州郡城县的蔡确、兴化莆田县的陈俊卿、福州长乐县的陈自强、建州邵武县的黄潜善、泉州永春县的留正、泉州同安县的苏颂、建州蒲城的吴充、福州闽县的朱倬。这些福建科举出身的高官显宦，以其卓越的政治才能和深厚的文化底蕴，对宋代乃至后世的政治格局产生了不同程度的影响，彰显了福建科举文化的辉煌成就，更被后世誉为"文献名邦"。

在学术领域，《宋史》作为一部重要的历史典籍，其中的《儒林传》与《道学传》专门记载了当时的儒家学者和道学家。值得注意的是，在这两部传记中，闽籍人士共有17位，这一数字位居全国之首，充分展现了福建在儒学和道学领域的深厚底蕴和人才济济的景象。此外，在《宋元学案》这部宋元学术思想史的重要著作中，同样不乏福建学者的身影。据统计，该书收录的闽籍学者多达178位，依旧是全国第一。这一数据直观体现了福建学者在学术界的广泛影响力。事实上，宋代的闽学作为理学的一个重要分支，对理学的发展产生了深远影响。

在北宋仁宗时期，闽学开始萌芽。这一时期的代表人物有陈襄、郑穆、陈烈、周希孟等，四人被后世尊称为"海滨四先生"。这些学者注重对儒学经典的研究，尤其重视《春秋》等经书，他们的学术活动为闽学的兴起奠定了初步的基础。虽然他们的思想尚未形成完整的体系，但他们对儒学的深入研究和阐发，为后来的闽学发展提供了重要的思想资源和学术传统。例如陈襄一生孜孜倡导，认为只要切实加强道德修养，时刻不忘存正去邪、存公去私，推物以尽理、明理以尽性，就能达到"诚"的境界。他的理学思想对后世产生了深远的影响，被杨时称赞为"以经术德行为一时儒宗"，朱熹也对其文字给予高度评价。

北宋末年和南宋初年，是闽学的创始阶段。这一时期的代表人物有"南剑三先生"杨时、罗从彦、李侗等人。他们不仅继续深入研究儒学经典，还积极传播和阐发洛学（即二程理学）的思想。洛学的入闽，为闽学的发展注入了新的活力，推动了闽学从萌芽走向创始。这些学者的学术活动和思想成果，为后来的朱熹集理学之大成提供了重要的思想基础和学术支持。

南宋绍兴至淳熙年间，是闽学成熟发展的阶段。这一时期的代表人物是朱熹，他是宋代理学的集大成者，也是闽学的杰出代表。朱熹在继承前人思想的基础上，通过深入研究儒学经典和理学思想，形成了自己独特的理学体系。他的思想以"理"为核心，注重"格物致知"和"存天理灭人欲"，对后世产生了深远影响。朱熹的著作如《四书章句集注》等，成为后世学习理学的经典教材，也标志着闽学的成熟和完备。闽学的学术成就，不仅丰富了宋代学术文化的内涵，而且推动了宋代学术文化的繁荣。

闽学学者注重学术研究，他们提出了许多新的观点和方法，为后世学者提供了重要的研究思路。同时，闽学学者还注重学术交流和传播，他们通过讲学、著书等方式，将闽学的思想传播到全国各地，甚至传播到海外，扩大了闽学的影响力。这些努力，不仅使闽学成为宋代学术文化的重要组成部分，而且推动了宋代学术文化的整体繁荣。可以说，闽学作为理学的一个重要分支，以其独特的思想体系和学术成就，在中国学术发展史上占据了重要地位。

在文化领域，福建人的表现同样不俗。根据《宋诗纪事》的记录，闽籍诗人的数量达到了128位，仅次于文化大省浙江。又据唐圭璋先生的《两宋词人占籍考》，《全宋词》中闽籍作者一共有110位，居全国第三，仅次于浙江与江西。① 这两组数据充分展示了福建在文学创作领域的实力和影响力。

在宋代初期的文化复苏与繁荣背景下，福建文学犹如一颗璀璨的新星，逐渐崭露头角。此时期，福建文学在深受中原文化，尤其是唐宋诗歌传统浸润的同时，亦保持着鲜明的地域特色与独立的文学品格。在这一进程中，杨亿作为西昆派的领军人物，其文学贡献尤为突出。他不仅个人诗歌创作成就斐然，更汇聚了西昆派诗人的精英之作编成《西昆酬唱集》，展现了这一流派独特的艺术风貌与审美追求。该诗集的问世，对全国文学风气的转变产生了深远的影响，标志着宋代文学一个新的发展阶段的到来。

随着宋代文化的全面繁荣和科举制度的广泛推行，福建文学步入了快速发展的黄金时期，涌现出了一大批才华横溢的文学家。在这一时期，柳永与蔡襄无疑是福建文学界的杰出代表。柳永作为北宋婉约派词人的典范，其词作情感细腻真挚，语言清新优美，深受民众喜爱，达到了"凡有井水处，皆能歌柳词"的广泛传播程度。他对宋代慢词的发展作出了不可磨灭的贡献，开创了婉约词风的新篇章。蔡襄则以其卓越的书法成就与文

---

① 唐圭璋：《两宋词人占籍考》，见《宋词四考》，南京：江苏文艺出版社，2009年，第1—16页。

学创作，在宋代文坛上占据了重要地位。作为"宋四家"之一，他的书法备受推崇，同时，其文学作品也颇具造诣，对福建乃至全国文学的发展都产生了深远的影响。柳永与蔡襄的文学成就，共同见证了福建文学在这一发展期的辉煌与繁荣。

南渡之后，随着宋朝政治中心的南移，福建地区经济文化得到了全面的发展，被誉为"东南全盛之邦"。在这一鼎盛期中，李纲、张元干与刘克庄无疑是福建文学界的三大巨擘。李纲作为南宋初期的著名政治家与文学家，其词作充满了深厚的爱国情怀与豪迈的气概，为辛派词的发展奠定了坚实的基础，成为了这一流派的重要前驱。他的词作不仅数量众多，而且质量上乘，对后世产生了深远的影响。与张纲同时期的张元干，其词风与李纲相近，同样充满了豪气与悲壮，他也是辛派词的重要代表人物之一。而南宋后期的刘克庄，则以其切近时事、昂扬豪迈、沉郁悲凉的词作风格，成为了辛派豪放词的"接棒者"。此外，刘克庄在诗歌批评领域也十分活跃，他刊行了大量诗话类的诗歌批评著作，对福建乃至全国的文学批评产生了重要的影响。这三位文学家的卓越成就，共同见证了福建文学在鼎盛期的辉煌与繁荣。

在南宋后期的文化脉络中，福建文学展现出了一种承前启后、继往开来的发展态势。此阶段，福建文学在充分继承和发扬前代文学成就的基础上，不断开拓创新，逐渐形成了独具特色的文学风格和流派，为中国文学史的演进贡献了重要力量。在这一时期，严羽作为南宋末期的著名文学批评家，其文学理论贡献尤为突出。他所著的《沧浪诗话》不仅系统提出了"兴趣""妙悟"等一系列重要的诗学概念，还对这些概念进行了深入的理论辨析，从而在当时的诗坛产生了广泛而深远的影响，更对后世的诗歌写作和诗歌批评产生了深远的启示作用。严羽的文学批评实践，不仅体现了福建文学在宋代后期的高度发展，也彰显了该地区文学在继承与创新方面的独特魅力。

两宋时期，福建在文教事业上取得了令人瞩目的成就，这一现象并非偶然，而是有着深厚的历史背景和多方面因素的共同作用，可以从以下几个方面来说明其成功的原因。

一是学风的传承。福建向学之风始济于中唐，历晚唐五代而不衰，反而愈显兴盛，此点在前文已做粗陋探讨。入宋后的闽人完全继承了前代的重学之风，并有过之而无不及。各级吏民均十分重视办学兴教，并创办了规模极为庞大的官学与私学系统。官学主要由官府创立，包括州学和县学两种。在官学方面，福建宋代实现了县学的全方位覆盖，即每个县都设有自己的学校，而在全国范围内，各路县学的设立比率仅为44%。[①] 这一数据表明，福建在官学方面的发展远远领先于全国平均水平。福建官学体系的完善和普及，为提高全域的文化素质和社会进步奠定了坚实的基础。私学则主要包括书院、家塾、义斋、乡学、书社等各类私立学校。书院作为私学的一种形式，在两宋时期的福建尤为兴盛。书院不仅是传授知识的场所，也是学术研究和思想交流的重要平台。福建著名的书院如白鹿洞书院、武夷书院等，都是当时学术文化的重要中心。通过设立讲座、组织讨论和交流的方式，书院培养了一大批才俊，使学术思想在福建得到了广泛传播和弘扬。此外，书院还注重道德教育和人格培养，这对社会风气的改善和地方文化的提升起到了积极作用。家塾则是由家庭自办的教育机构，主要面向家族成员及其亲友子弟。家塾通常设立在家庭内部或附近，由有学问的家庭成员或聘请的教师负责教学。家塾的设立不仅是为了让子弟接受良好的教育，也是家族传承文化和维护社会地位的重要方式。福建的许多家族通过家塾教育，不仅提升了家族整体的文化水平，也为地方社会培养了大量有用之才。义斋是一种由地方士绅或富商出资设立的免费学校，专门招收贫困家庭的子弟。义斋的设立体现了儒家思想中的仁爱和义务精神，旨在通过教育来改变贫困家庭的命运，促进社会的和谐与稳定。义斋通常设立在城市或乡村的公共场所，教师由地方贤达或热心教育的学者担任。义斋的课程设置与官学和书院类似，但更加注重基础教育和实用技能

---

① 林拓：《文化的地理过程分析——福建文化的地域性考察》，上海：上海书店出版社，2004年，第49页。

的培养，以期使学生在完成学业后能够自力更生，报效社会。义斋的广泛设立，为福建的教育普及和社会进步作出了重要贡献。乡学是设立在农村地区的私立学校，主要面向地方乡民和普通民众。乡学通常由地方乡绅或有识之士发起，资金来源于当地的捐赠或自筹。乡学的教学内容和形式较为灵活，既包括经典的儒家教育，也融入了当地实际需要的农业、手工业等实用知识。乡学的设立，极大地提高了农村地区的文化水平和生产技能，为地方经济的发展和社会的进步提供了人才支持，使得教育不再仅仅是城市和富裕家庭的特权，而成为广大普通民众也能享受的社会资源。书社是福建地区一种较为特殊的私学形式，通常由当地读书人或学术团体自发组织，类似于现代的读书会或学术沙龙。书社成员定期聚会，共同阅读经典，讨论学术问题，交流思想心得。书社的活动丰富多彩，既有正式的讲座和研讨会，也有非正式的茶话会和诗文雅集。书社的存在，为福建的学术文化生活增添了活力和多样性，推动了地方学术研究和文化交流的发展。这些私学虽然形式多样，但在福建文教的发展中起到了举足轻重的作用。首先，私学数量众多，覆盖面广，使得教育资源得以在更大范围内普及，弥补了官学在数量和覆盖上的不足。其次，私学由地方士绅和学者自发筹办，具有较强的灵活性和适应性，能够根据地方实际情况和社会需求，灵活调整教学内容和形式。再次，私学的多样化和自主性，激发了地方的学术活力和创新精神，培养了一大批具有独立思考和创新能力的人才。最后，私学与官学相辅相成，形成了一个多层次、多元化的教育体系，为福建文教的全面发展提供了坚实的保障。

二是宋朝崇文抑武的政治大背景以及大量开科取士的政策也对福建文教的繁荣起到了重要的推动作用。宋代统治者有鉴于前代武人多桀骜不驯，一旦风吹草动便以武干政的弊病，改而重用文官，坚持以文治国。这样的国策不仅改变了社会的权力结构，也大大提升了文人的社会地位和影响力。文人不再仅仅是文化的传承者和创造者，更成为了国家政治生活中的重要力量。他们通过参与朝政、制定政策、管理国家事务等方式，将自己的文化理念和政治抱负融入到国家的治理之中，推动了宋代文化的繁荣和社会的进步。以文治国的政策还促进了文化的普及和教育的发展。文人地位的提升使得更多的人开始重视文化教育，推动了社会文化的普及和民众素质的提高。与之相对，宋朝的科举制度极为发达且规范化，每次科举取士的人数都多达一二千人。若平均分摊至每一年，其数量"约为唐代的5倍，元代的30倍，明代的4倍，清代的3.4倍"[①]，这无疑是"前无古人，后无来者"的盛况。如此大规模的科举取士，为社会各阶层提供了广泛的上升通道，使得读书人有更多机会通过科举进入仕途，直接导致社会各界尤其是士绅阶层对教育的投入和重视达到了空前的高度。宋代统治者不仅大量选拔文士，还特别注重善待文官，给予他们十分优渥的薪俸待遇，鼓励文官们积极享乐。这无疑更加激发了社会各界尤其是知识阶层的学文入仕的热情。有理由认为，宋代崇文抑武政策的推行，改变了社会的价值取向和文化氛围。以文仕进成为社会普遍认同的理念，学习和教育受到前所未有的重视。地方上的士绅和学界人士积极投身教育事业，不仅兴办私学，还通过资助贫困学子、设立奖学金等方式，推动教育的普及和发展。这种高度重视教育的社会风气，为福建的文化繁荣提供了坚实的基础。

三是移民浪潮的涌入。唐开元年间（713—741）的福建仅有108 991户，至北宋太平兴国年间（976—984），福建的户数迅速攀升至467 815户，较开元年间（713—741）翻了三番。靖康南后，北方汉人大量向南迁移，到了南宋绍兴三十二年（1162），福建登记在册的就有1 390 556户，比宋初又增长将近3倍。[②] 人口的快速增长为福建地区带来了充沛的劳动力，加快了福建的开发进程，极大地促进了福建经济的繁荣。随着人口的涌入，农业、手工业和商业活动得到了前所未有的发展，福建成为当时中国南方的重要经济中心之一。经济的繁荣为文教事业的发展提供了坚实的

---

① 徐晓望主编：《福建思想文化史纲》，福州：福建教育出版社，1996年，第92页。

② 吴松弟：《宋代福建人口研究》，载《中国史研究》1995年02期，第50—58页。

物质基础和保障。充足的财政资源使得各级政府和地方士绅能够兴办更多的学校，改善教育设施，提高教学质量。从北方迁移而来的移民不仅带来了劳动力，还带来了宝贵的学术资源。北方移民中有不少是世家大族，他们具有深厚的文化积淀和优良的教育传统。随着这些家族的迁入，他们的家学传承也被带到了福建，对当地的学风培养、私学传授以及私家藏书和刻书风气的形成产生了重大影响。世家大族的家学传承是中国古代教育的重要组成部分。这些家族拥有丰富的藏书和一流的师资力量，能够为后代提供高质量的教育。北方移民的涌入，使得福建地区也享有了这种家学资源。许多北方士族将家族的私塾迁至福建，继续教授经典和传授学问，这不仅提升了福建地方的教育水平，也推动了私学的发展。北方移民还带来了丰富的书籍和刻书技术，推动了福建私家藏书与刻书风气的形成。移民中的世家大族通常拥有大量珍贵的书籍，这些书籍随着他们的迁徙流入福建，为当地的学者和学生提供了丰富的学习资料。同时，刻书技术的引入和传播，使得福建能够大量出版和复制书籍，促进了学术文化的传播和交流。移民带来的不仅是物质和文化资源，还有新的学术思想和教育理念。北方士族中有许多学识渊博、思想开放的学者，他们在福建定居后，积极参与地方教育事业，通过讲学、著书立说等方式，传播先进的学术思想和教育理念，推动了福建学风的革新和提升。

四是建本雕版印刷技术的迭代与升级。建本雕版印刷业的历史可以追溯到五代时期，其萌芽阶段便展现出独特的生命力和发展潜力。五代十国的分裂局面虽然导致了社会的动荡，但也为文化的交流与融合提供了契机。在这一时期，建阳地区凭借其优越的地理位置和丰富的自然资源，逐渐发展成为雕版印刷的重要基地。到了两宋时期，麻阳溪畔书院林立，学术氛围浓厚，闽学逐渐兴盛。这一时期的士人学子对书籍的需求日益增加，为建本雕版印刷业提供了广阔的市场。同时，建阳地区得天独厚的地理条件也为雕版印刷业的发展提供了有利条件。建阳地处闽北山区，木材资源丰富，为雕版印刷提供了充足的原材料；同时，其水系发达，交通便利，有利于书籍的运输与销售。因此，在两宋时期，建阳麻沙、书坊一带迅速崛起，成为当时全国三大刻印中心之一，与杭州、成都等地的刻印中心并驾齐驱。与浙本、蜀本相比，建本以其独特的风格和卓越的品质赢得了广泛的赞誉。浙本以官刻为主，注重书籍的规范性和权威性；蜀本则以佛经和道教典籍为主，具有浓厚的宗教色彩。而建本则以私刻、坊刻为主，更加注重市场需求和读者口味。在书本刻印、排版方面，建本进行了大量的创新，如采用活字印刷术、改进排版方式等，使得书籍更加美观、易读。这些创新不仅提高了书籍的质量，也降低了生产成本，使得建本在出版发行量上大大超过了浙本和蜀本。在历史的长河中，技术革新往往成为推动社会进步的重要力量。建本雕版印刷的兴盛，便是对此论断的一个生动诠释。它不仅在物质层面上改变了书籍的生产与传播方式，更在精神文化领域引发了深远的变革，直接促进了福建地区教育的普及与学风的显著提升。建本雕版印刷技术的成熟与广泛应用，使得书籍的生产成本大幅降低，数量则随之激增。这一变化，为文化知识的广泛传播奠定了物质基础。在此之前，由于书籍稀缺且价格昂贵，文化知识往往被贵族和士绅阶层所垄断，普通民众难以触及。然而，建本雕版印刷的兴起，打破了这一壁垒，使得书籍不再是奢侈品，而是逐渐走向大众化。越来越多的普通民众得以通过阅读书籍，接触到丰富的文化知识，从而提高了自身的文化素养。此外，建本雕版印刷还促进了学术交流与思想碰撞，进一步提升了福建地区的学风。随着书籍的大量流通，不同学派、不同思想的著作得以广泛传播，学者们得以跨越地域限制，进行深入的学术探讨。这种开放包容的学术环境，激发了学者们的创新思维，推动了文化的繁荣与发展。因此可以认为，建本雕版印刷技术的发展不仅促进了社会整体文化水平的提升，也为福建地区教育的普及奠定了坚实的基础。

五是宗族势力的重视与扶持。在中国古代社会，科举制度作为选拔官员的主要途径，不仅承载着国家政治功能的实现，也深刻影响着社会各阶层尤其是宗族的结构与命运。福建地区的宗族尤其深谙此道，普遍将对族人的文化教育置于战略高度，视之为维系并提升宗族地位的重要手段。为了激励族内成员积极参与竞争，众多宗族纷纷采取了一系列旨在提升族人应试积极性与成功率的策略，其中，物质与精神双重奖励机制构成了核心策略之一。以建州叶氏宗族为例，该宗族通过制定明确的奖励规则，展现了其对科举成就的高度重视与实质支持。具体而言，叶氏宗族规定，凡本派裔孙中能在科举考试中取得进士及第这一最高荣誉者，将获得纹银二十两的丰厚奖赏；对于在乡试中成功中举者，亦不吝赐予纹银十两以示鼓励。此外，为了减轻族人赴京参加会试及地方乡试的经济负担，宗族还特设盘费资助，会试者每人可得纹银十两，乡试者则为纹银五两。即便是初入学堂的新学者与参加学院初试的童生，也能分别获得蓝衫纹银三两及笔资纹银一两的支持，体现了宗族对教育事业从初级到高级阶段的全面扶持。这些奖励措施，从经济层面直接减轻了应试者的财务压力，使得更多有潜力的族人能够无后顾之忧地投身于科举备考之中。同时，物质奖励背后蕴含的荣誉象征与社会认可，无疑也起到了强大的精神激励作用，增强了族人的身份认同感与家族荣誉感，进而激发了他们追求学问、光耀门楣的内在动力。此外，学子求学至功成名就的历程中，经济因素作为支撑这一漫长旅程的基石，其重要性不容忽视。从初入学堂至最终考取功名，学子需历经多级考试筛选，而伴随这一过程的是诸如学费、旅费、生活费等一系列不菲的开支。在此背景下，宗族的经济实力成为决定族内子弟能否持续求学，直至功成名就的关键因素。宗族所兴办的族学是福建地区教育的重要组成部分。以莆仙地区为例，宋代便有"三家两书堂"之美誉，如林国钧创立的红泉义学（东井书堂）、林安中建立的澄渚梯云斋等。族学不仅提供了学习的场所，更重要的是，它作为一种制度化的教育形式，保障了族内子弟接受教育的连续性和系统性。加之两宋时期，福建凭借海上丝绸之路的繁荣，经济迅速崛起，特别是沿海地区，家族经济实力显著增强。在此背景下，那些经济基础雄厚的巨族大姓，在人才培养上拥有更多资源与优势，尤其是官宦家族，更是人才济济，科举成绩斐然。这一现象在地理分布上亦有所体现，如泉州、莆田、福州及闽北等地，成为福建籍进士的主要产地，其中福州三坊七巷的刘姓家族，便是以科举成就显赫、世代为官而闻名遐迩的典型例证。

二、四大学术中心

宋代福建以福州、泉州、莆田、建宁四州为核心，逐步形成了具有鲜明地域特色和深厚历史底蕴的文教中心体系。四州之间交相辉映，共同引领并推动了福建乃至周边广阔区域的文化教育与学术事业的繁荣发展。

宋代的福州作为省会城市，因其优越的地理位置和繁荣的经济发展，成为了当时文化和教育的重镇，生员人数占各州之首。龙昌期曾如此形容福州的读书氛围："等闲田地多栽竹，是处人家爱读书。"[①] 从中可见福州的读书风气不仅仅是局限于个别家庭或少数人，而是深深根植于城市的社会结构之中，成为一种普遍的价值追求和生活方式。程师孟的"城里人家半读书，学校未尝虚里巷"[②]。则进一步量化了这一文化现象，指出爱好读书的人群占据了城市人口的一半以上，凸显了福州教育普及程度之高，学校遍布街巷，教育资源丰富，形成了浓厚的向学氛围。故朱熹尝云："福州之学，在东南为最盛，弟子员数常数百人。"[③] 朱熹之言不仅是对福州教育规模与成就的肯定，更是对福州作为东南文化高地地位的确认。

福州在宋代的教育成就不仅仅体现在数量上，更体现在质量上。因此，有人作诗赞美道："闽为多士乡，三山最英特。问学可经世，文章更华国。"[④] 此诗不仅赞扬了福州作为福建文化中心的重要地位，更突出了福州人在学术研究和文学创作上的卓越成就。福州在宋代的文化繁荣不仅仅是个体学子的努力结果，更是社会风气和教育制度共同作用的产物。由于福州生源基数庞大，又拥有相对优质的教育资源，故而其进士数量也领先

---

① 龙昌期：《福州》，见北京大学古文献研究所编纂《全宋诗》卷卷一四三，北京：北京大学出版社，1991—1998年，第1582页。

② 程师孟：《句》其五，见北京大学古文献研究所编纂《全宋诗》卷三五四，北京：北京大学出版社，1991—1998年，第4391页。

③ 朱熹：《福州州学经史阁记》，见曾枣庄等编《全宋文》第252册，上海：上海辞书出版社，2006年，第142页。

④ 廖行之：《送岳阳陈倅秩满还朝八首》其二，见北京大学古文献研究所编纂《全宋诗》卷二五二三，北京：北京大学出版社，1991—1998年，第29158页。

全闽，共有 2299 人。进士作为科举考试中最高级别的入选者，代表了当时社会对知识和才华的最高认可。福州在科举考试中所取得的辉煌成就，既是福州教育资源丰富和教育氛围浓厚的直接反映，也是其文化底蕴深厚的体现。宋代的福州也流传着许多关于科举的佳话。如在南宋孝宗乾道二年至乾道八年间（1166—1172），福州籍举子萧国良、郑侨、黄定分别在连续三届殿试中高中状元，堪称神迹。[1] 又如南宋宁宗嘉定元年（1208），状元郑自诚、榜眼孙德舆、探花黄桂均为福州籍，一州之人包揽金榜前三甲，这样的壮举实在是不多见的。

福州之外，泉州也是"地推多士，素习诗书"[2]"儒雅之俗，多与江淮类"[3]。从中可以看出，泉州作为当时重要的海港城市，在文化教育方面也呈现一片繁荣景象。宋代泉州科举的繁荣是多方面因素共同作用的结果。完善的科举制度、兴盛的教育事业、良好的社会风气、坚实的经济基础、便利的交通条件、多元文化的熏陶以及政府的有力支持，都为泉州科举的发展提供了良好的环境和条件。哲宗朝的中书侍郎苏颂曾对泉州的文化高度赞誉，他在诗中写道："泉山南望海之滨，家乐文儒里富仁。弦诵多于邹鲁俗，绮罗不减蜀吴春。"[4] 可以说，此诗不仅是对当时泉州文人荟萃、家家崇文景象的艺术再现，也是对泉州丰富文化生活和社会风貌的深刻揭示。

泉州在宋代总计培养出了 936 位进士，其中频现家族成员接踵登科的盛景，甚至父子同登进士、兄弟共榜的佳话亦屡见不鲜。尤为典范的是晋江曾氏家族。曾会是晋江曾氏家族的开山之祖，他在端拱二年（989）通过科举考试成为进士，揭开了家族科举盛况的序幕。随后，其两位胞弟和

---

[1] 周亮工：《闽小纪》，上海：上海古籍出版社，1985 年，第 117 页。
[2] 曹修睦：《乞建州学表》，见王象之《舆地纪胜》卷一百三十，成都：四川大学出版社，2005 年，第 4112 页。
[3] 曹修睦：《乞建州学表》，见王象之《舆地纪胜》卷一百三十，成都：四川大学出版社，2005 年，第 4112 页。
[4] 苏颂：《送黄从政宰晋江》，见北京大学古文献研究所编纂《全宋诗》卷五二五，北京：北京大学出版社，1991—1998 年，第 6355 页。

四位嫡子也相继通过科举考试成为进士，家族内科举及第的传统得以延续和发扬。曾会之二子曾公亮，更是仕途显赫，官至同平章事，相当于宰相之职，成为家族中举足轻重的政治人物。曾公亮的嫡孙曾孝宽，同样在仕途上大放异彩，官拜左丞相，不仅承继了家族的荣耀，更将曾氏声望推向新的巅峰。五世孙曾怀，官至右丞相兼枢密使，进一步稳固了家族在政坛的显赫地位，同时为家族积累了丰厚的政治资本，使得家族在后代的科举和仕途上继续保持优势。尤其值得一提的是，八世孙曾从龙于庆元五年（1199）荣膺状元，成为家族中的又一重要人物。他历任奉国军节度判官、刑部尚书、礼部尚书等要职，后累官至枢密院事兼参知政事。曾氏家族在宋代的科举史上堪称传奇，他们在前后两百余年间，出了四位宰相、一位状元，成为当时最为显赫的家族之一。曾氏家族的辉煌成就引得时人戏称其为"曾半朝"及"一门四相"，形象地描述了其家族在政坛的影响力和显赫地位。事实上，曾氏家族的成功不仅仅是个人的成就，更是家族整体努力的结果。这也反映出泉州文教事业的深厚根基和优良传统。

　　莆田的儒风之盛，堪称全闽冠冕。时人对此不乏溢美之词，有诗褒扬曰："莆在东南夸独盛，材如荆楚信多奇。"① 此等赞誉，非虚名也，实有数据为证。据统计，宋代全国总进士人数为 97 300 人，而莆田一地的进士人数就占据了相当大的比例。特别是在兴化军（即莆田），其正奏名进士数量竟高达 1077 人，加之特奏名进士 579 人，合计已近 1700 人。这意味着在宋朝所取的进士中，每 58 人中就有一人是莆田人。此比例之高，在全国范围内实属罕见，充分彰显了莆田在科举事业上的非凡成就与繁荣景象。

　　更为难能可贵的是，莆田进士的成就并不仅仅局限于数量的累积，其质量上的卓越表现同样令人刮目相看。在宋代科举制度中，殿试作为整个选拔流程的关键环节，其重要性不言而喻。这一阶段的考试不仅是对考生

---

① 林希逸：《后村为李教赋诗且以索和辄课二首》其一，见北京大学古文献研究所编纂《全宋诗》卷三一二三，北京：北京大学出版社，1991—1998年，第 37308 页。

学识、才能的全面检验，更是决定他们未来仕途发展的关键所在。殿试成绩直接关联着进士的等级划分，而等级的高低则直接影响到进士们日后的官职任命与晋升空间。在此背景下，莆田进士在殿试中的表现尤为突出，屡屡取得优异成绩。例如熙宁九年（1076）出生于兴化府莆田县的徐铎就在殿试中脱颖而出，一举夺魁。再如南宋绍兴八年（1138），同样来自兴化府莆田县的黄公度也高中状元，成为莆田科场的又一佳话。

游酢称"莆田介泉、福之间，通海道，舟车所会，民物繁夥，比屋业儒，号衣冠盛处，至今公卿相望"①。由此可知，宋代莆田文教的繁荣是多方面因素共同作用的结果。优越的地理位置和繁荣的经济基础为文化发展提供了物质保障；社会重视教育和士族文化的推动使得儒学成为主流；大量的出仕官员又为文化的传播和发展作出了积极贡献。这些因素相互作用，共同促进了宋代莆田文教的繁荣。张渊在《兴化军到任谢表》中也曾赞叹："矧莆水之衣冠，实闽南之邹鲁。"② 张渊此言，不仅是对莆田地区文化繁荣和教育兴盛的直观描述，更蕴含了深厚的文化意义和历史内涵。它反映了莆田在文化教育方面的卓越成就和深厚底蕴，以及莆田士人群体对儒家文化的传承和发扬。对于科举与功名的推崇，莆田人甚至到了"士非以科第进者，同时辈往往嗤鄙之"③的地步。这句话深刻反映了莆田社会对科举功名的看重。在莆田，人们普遍认为，只有通过科举考试获得功名的人才能被视为真正的士人，否则可能会受到同龄人的轻视和鄙视。换言之，是否通过科举考试、取得何种名次，往往成为评价一个人成就高低的重要标准。这种对科举的极度推崇，无疑也推动了莆田科举事业的繁荣。

莆田的学风之盛还与其独特的地理环境和历史背景紧密相关。莆田傍

---

① 王象之：《舆地纪胜》卷一百三十，成都：四川大学出版社，2005年，第4115页。
② 张渊：《兴化军到任谢表》，见曾枣庄等编《全宋文》第254册，上海：上海辞书出版社，2006年，第368页。
③ 黄公度：《送郑少齐赴官严州序》，见曾枣庄等编《全宋文》第206册，上海：上海辞书出版社，2006年，第309页。

山滨海，地形支离破碎，适宜耕作的滨海平原又多盐碱地，导致莆田的人地矛盾十分尖锐。《仙溪记》所载莆田即是"三面皆山，而滨海之地仅东南一隅，生齿日繁，田畴有限"①。在这样的地理和经济环境下，莆田人不得不寻找其他的生计方式。南宋绍兴八年（1138）科举殿试揭榜，高中榜首的黄公度与榜眼陈俊卿皆为莆田籍贯之士。发榜之后，为表彰佳绩，宋高宗特于光禄寺设宴款待新科进士。席间，高宗皇帝对于莆田一地能同时诞生两名顶尖人才的现象表示出浓厚兴趣，遂问莆田何故有如此奇缘，能令二人并膺高第，分占状元、榜眼之位。黄公度以"披锦黄雀美，通印子鱼肥"作答。而陈俊卿的回答则更为深刻："地瘦栽松柏，家贫子读书。"②这句话生动地描绘了莆田的社会现实。由于土地贫瘠，农耕难以为生，许多家庭选择将子弟送入学堂，寄希望于通过读书和科举考试改变命运。这样的社会环境使得莆田的读书人更加努力，以期在科举考试中脱颖而出。反映之一便是宋代莆田的私学极为兴盛，史籍可见的书院就有22所，其中影响较大的有海滨书院、步云书院、寿峰义斋、梅峰书院、闽阳书院等。莆田书院文化的繁荣与发展，为地方营造了一种从师习儒、读书仕进的良好氛围。反映之二是莆田的私家藏书极为丰硕，周密曾指出"近年惟直斋陈氏书最多，盖尝仕于莆，传录夹漈郑氏、方氏、林氏、吴氏旧书至五万一千一百八十余卷"③。所谓"直斋陈氏"即《直斋书录解题》的作者陈振孙，曾任兴化军（莆田）通判。夹漈位于莆田城北，是一座景致清幽的小山，著名史学家郑樵曾在此著书立说。所谓"郑氏、方氏、林氏、吴氏"均是有名可考之辈，即郑可复、方嵩卿、林绅、吴叔告四家族。四人及其家族藏书均达数千卷，无怪乎周密会认为陈振孙的藏书是传录于彼。

前文已提及，作为闽北枢纽之地，建州在福建交通网络中占据了举足轻重的地位，其地理位置的优越性使得其成为北方移民南迁的首选之地。早至南朝永嘉乱后，就不断有许多衣冠大族举家搬迁于此。随着北方移民

---

① 赵与泌、黄严孙：《仙溪志》，北京：中华书局，2000年，第13页。
② 厉鹗等编：《南宋杂事诗》卷七，杭州：浙江古籍出版社，1987年，第283页。
③ 周密：《齐东野语》卷十二，北京：中华书局，1983年，第217页。

的涌入，建州的文化氛围日益浓厚。北方移民的涌入，犹如一股强大的文化洪流，与本土文化相互交融，共同塑造了建州独特的文化景观。他们所带来的中原农耕技术，如精耕细作、水利灌溉等，极大地提升了当地的农业生产水平，为经济的繁荣奠定了物质基础。更为重要的是，这些移民还将儒家文化中的崇文重教理念深深植入建州社会，使得读书识字不再是少数人的特权，而是成为广大民众普遍追求。在移民的影响下，建州人开始重视教育，耕读并重的生活方式逐渐成为主流，也就是胡寅所谓的"读且耕者，十家而五六"[1]。《舆地纪胜》引韩无咎语称彼时的建州"家有诗书，户藏法律，三岁贡籍，甲于东南"[2]，又云建州"俗如邹鲁之国，文物蔼然"[3]。这一评价不仅体现了建州在文化教育上的成就，也显示了其在东南地区的独特地位。可以说，建州的文教繁荣并非偶然，它是历史与地理因素共同作用的结果。作为交通要道，建州与外界的交流十分频繁，这不仅促进了经济的繁荣，也为文化的传播提供了便利。同时，北方移民的涌入为建州注入了新的文化活力，使得这片土地在保持自身特色的同时，不断吸收和融合外来文化。

建州学子人数之多，几与省会福州比肩。以浦城县学为例，宋徽宗崇宁五年（1106）其生员数量已逾千人。[4] 此规模在当时各路州学中堪称翘楚，充分彰显了建州地区教育普及之广度与深度。宋徽宗政和四年（1114）建州州学的生员亦达到1328人。[5] 通观整个北宋朝，从建州走出了809位进士，在福建位居第一。通过这些数据，我们可以清楚地看到，建州在北宋时期，无论在教育规模还是在科举成绩上，都占据了重要的地位。

进入南宋，建州的文教事业因地方动乱等原因出现一定程度的下滑，

---

[1] 胡寅：《建州重修学记》，见曾枣庄等编《全宋文》第190册，上海：上海辞书出版社，2006年，第87页。
[2] 祝穆：《方舆胜览》卷十一，北京：中华书局，2003年，第181页。
[3] 祝穆：《方舆胜览》卷十一，北京：中华书局，2003年，第181页。
[4] 脱脱等：《宋史》卷一五七，北京：中华书局，1985年，第3666页。
[5] 徐松：《宋会要辑稿》崇儒二，北京：中华书局，2004年，第2775页。

显得后劲不足。但这不足以影响建州文教中心的地位,盖因此时以朱熹为首的理学家们异军突起,开创影响深远的"闽学"学派。朱熹通过对儒家经典的重新解读,提出了许多新颖而深刻的见解,使得儒家学说焕发出了新的生命力。而这些思想,又通过其著作和门生的传承,得以广泛传播,深远地影响了后世的文化走向。在朱熹繁硕的著作中,又以《四书章句集注》的影响力最大,"今《四书》之教,近被中夏,远及裔夷,家藏户识,则曰闽人也。于是道学盛于东南矣,而闽尤盛"。[①] 作为朱熹的门人,熊禾更是毫不谦谨地鼓吹道:"每惟斯道南,七闽小邹鲁。考亭四书学,日月行万古。"[②] 朱熹在建州长达49年,创办学院18座,门生590余人。正是得益于朱熹及其门生的不懈努力,建州在南宋时期的文化地位得以显著提升。建州因此得以与曲阜、邹城相高,被尊为"闽邦邹鲁""理学名邦"。朱熹及其"闽学"学派的影响力,不仅深远地改变了建州的文化面貌,更在中华文化的发展史上留下了不可磨灭的印记。

科举制度作为中国古代封建王朝独具特色的人才选拔机制,自其滥觞之初,便渗透进汉文明意识的深层结构之中。这一制度远非行政层面上简单的选才手段所能概括,它蕴含了丰富的文化内涵和社会心理意涵,成为中国古代社会文化与政治互动的典范。科举制度通过统一的考试标准和内容,强化了全国范围内的文化认同。考试内容以儒家经典为主,儒家思想因此成为连接各地士人的精神纽带。士人们通过研读儒家经典,不仅掌握了入仕所需的知识技能,更在潜移默化中接受了儒家价值观,如忠孝、仁爱、礼义等,这些价值观进而成为维系社会稳定和促进文化统一的重要力量。科举考试成为传播儒家文化、塑造共同文化认同的重要途径,使得科举制度在深层次上成为文化认同的载体。在特定历史时期和地域,科举成绩往往被视为衡量地区文化繁荣与否的重要标尺。宋代福建在科举中的卓

---

① 方大琮:《南溪二朱先生祠堂志序》,见曾枣庄等编《全宋文》第322册,上海:上海辞书出版社,2006年,第176页。

② 熊禾:《赠陈教谕》,见北京大学古文献研究所编纂《全宋诗》卷三六七三,北京:北京大学出版社,1991—1998年,第44100页。

越表现,便是这一现象的典型例证。宋代福建士人在科举考试中屡创佳绩,不仅为当地士人打开了通往仕途的大门,更在全国范围内树立了福建文化昌盛的形象。科举的成功促进了福建文化的传播和交流,增强了福建文化的影响力和辐射力,提升了福建在全国的文化地位。这一现象不仅反映了科举制度对地域文化的促进作用,也体现了科举成绩作为文化繁荣标尺的社会认可度。

第三节 建茶故里与丹荔之乡

安史之乱不仅深刻改变了中原地区的政治格局,亦对周边区域的社会经济发展产生了深远影响。在这场动荡之后,随着中央政权对南方地区的开发与重视程度日益加深。福建作为东南沿海的重要区域,其人口增长尤为显著。北宋太平兴国年间(976—984),福建的人口数量已达 467 815 户,相较于唐开元年间(713—741)的 108 991 户,实现了超过 3.2 倍的增长。这一数据变化,直观反映了安史之乱后至北宋初期,福建地区人口增长的迅猛势头。元丰年间(1078—1085),福建人口突破百万大关进一步增长至 1 043 898 户,至崇宁元年(1102)更是达到 1 256 656 户。到了南宋的嘉定十六年(1223),福建人口再创新高,登记在册的就有 1 599 214 户,是宋初的 3.4 倍,每平方公里的土地上平均生活着 13.52 户人家。[1] 可谓是"宋兴三百年,生齿日繁,较之畴壤,不知其几倍焉"。[2]

福建多山的地形特征导致了绝大多数土地不适宜耕垦。据吴松弟先生推算,北宋元丰年间(1078—1085)福建路户均官田数量仅为 11.2 亩。作为对比,两浙路户均 19.8 亩,江南东路户均 39.9 亩,江南西路 33.1 亩,

---

[1] 吴松弟:《宋代福建人口研究》,载《中国史研究》1995 年第 2 期,第 50—58 页。

[2] 赵与泌、黄严孙:《仙溪志》,北京:中华书局,2000 年,第 8277 页。

程度府路为28.0亩。① 事实上，福建的耕地不仅绝对数量少，质量也无法与江南和四川广袤的膏泽平原相比。刘克庄于《劳农二首》中以同情的口吻道："江浙膏腴动渺然，惟闽硗薄少平川。可怜老子扶凋邑，绝似吾民垦瘠田。"② 因此，人工施肥就显得格外重要，"今天下之田称沃野者莫如吴、越、闽、蜀，其一亩所出，视他州辄数倍。彼闽、蜀、吴、越者，古扬州、梁州之地也。按《禹贡》，扬州之田第九，梁州之田第七。是二州之田在九州之中等最为下，而乃今以衍野称者，何哉？吴、越、闽、蜀地狭人众，培粪灌溉之功至也"③。此段论述揭示出吴、越、闽、蜀拥有一个共通点，即土地资源有限，而人口又相对密集，面临着严峻的人地矛盾。正是在这种压力下，当地居民充分发挥主观能动性，通过精耕细作、施肥与灌溉等农业技术措施，极大地改善了土壤肥力，提高了农田的生产能力，从而使得这些地区从昔日的贫瘠之地转变为今日的沃野。

　　谢履在其著作《泉南歌》中，以精练的笔触描绘了泉州地区独特的地理与人文景观，其中"泉州人稠山谷瘠，虽欲就耕无地辟"④ 一句，深刻揭示了该地区人口密集与土地资源稀缺之间的尖锐矛盾。与泉州相似，位于闽北的建州同样面临着地狭民夥导致的困境。面对土地资源的稀缺，福建人民不得不向地形条件更为复杂的区域拓展。随着靠近城郭乡邑的河谷与丘陵地带被逐渐开发殆尽，闽地人民开始将目光投向了更为荒僻的深山。如此之大的开垦难度远非围湖而田可比。在偏远的汀州，李纲留下了《桃源行》一诗，诗中有句曰："我观闽境多如此，峻溪绝岭难攀缘。其间

----

　　① 吴松弟：《宋代福建人口研究》，载《中国史研究》1995年第2期，第50—58页。

　　② 刘克庄：《劳农二首》，见北京大学古文献研究所编纂《全宋诗》卷三○四○，北京：北京大学出版社，1991—1998年，第36250页。

　　③ 秦观：《财用下》，见曾枣庄等编《全宋文》第120册，上海：上海辞书出版社，2006年，第48页。

　　④ 谢履：《泉南歌》，见王象之《舆地纪胜》卷一百三十，成都：四川大学出版社，2005年，第4130页。

往往有居者,自富水竹饶田园。"① 在该诗的序中,作者称:"今福建深山穷谷,人迹所不到,往往有民居,田园水竹,鸡犬之音相闻。"② 可见原本人迹罕至的深山穷谷也不再被忽视和闲置,反而逐渐成为了新的耕作区。一些坡度陡峻,不宜耕作的山地也被闽人以锲而不舍的精神加以改造,成为梯田。李纲诗中的描述,不仅展现了福建深山中的田园生活图景,也反映了福建人民在极端环境下寻求生存空间的努力。王十朋于《入长溪境》一诗中为我们还原了当时壮观场景,称其所见是:"种稻到山顶,栽松侵日边。"③ 梯田的开垦,是福建人民对不利自然条件的一种创造性适应,它极大地提高了土地的利用率,但也付出了巨大的劳动成本和环境代价。

据《三山志》描述,当时"闽山多淤田,人率危耕侧种,塍级满山,宛若缪篆"④。这一记载生动描绘了福建地区山地耕作的艰辛与土地开发的极致。为了解决山地灌溉不便的问题,闽人还修筑了诸多水利设施,一是从山下引水,从而"泉溜接续,自上而下,耕垦灌溉"⑤。在无水可引的情况下,闽人则采取"于田塍之侧开掘坎井,深及丈余,停蓄雨潦,以为旱干一溉之助"⑥ 的策略,即通过挖掘蓄水池来储存雨水,以备不时之需。朱行中的感慨"水无涓滴不为用,山到崔嵬犹力耕"⑦ 正是对这一时期福建人民艰苦奋斗精神的真实写照。

闽人如此汲汲地利用每一寸土地资源,谓其地尽其用似不为过,无怪乎《宋史·地理志》会做出"(福建)土地迫狭,生籍繁夥;虽硗确之地,

---

① 李纲:《桃源行》,见北京大学古文献研究所编纂《全宋诗》卷一五五〇,北京:北京大学出版社,1991—1998 年,第 17602 页。
② 李纲:《桃源行》,见北京大学古文献研究所编纂《全宋诗》卷一五五〇,北京:北京大学出版社,1991—1998 年,第 17602 页。
③ 王十朋:《入长溪境》,见北京大学古文献研究所编纂《全宋诗》卷二〇四〇,北京:北京大学出版社,1991—1998 年,第 22901—22902 页。
④ 梁克家:《三山志》卷十五版籍类六,北京:方志出版社,2003 年,第 228 页。
⑤ 徐松:《宋会要辑稿》瑞异二,北京:中华书局,2004 年,第 2639 页。
⑥ 徐松:《宋会要辑稿》瑞异二,北京:中华书局,2004 年,第 2639 页。
⑦ 朱服:《句》,见北京大学古文献研究所编纂《全宋诗》卷一〇四三,北京:北京大学出版社,1991—1998 年,第 11955 页。

耕耨殆尽"①的评价。面对尖锐的土地矛盾，宋代政府和民间都进行了一系列的尝试。政府方面，通过推行屯田、营田等政策，试图增加官田数量，缓解土地紧张；同时，鼓励开垦荒地，扩大耕地面积。民间则通过兴修水利、改良耕作技术、发展副业等方式，提高土地生产率和利用率。然而，这些措施并未能从根本上解决土地矛盾。为了满足人口增长带来的粮食需求，福建的农业分工逐渐细化，部分农民开始转向种植经济作物。建茶与荔枝即是其中突出代表。

一、建茶之名的兴起

唐代饮茶之风日渐盛行。据《新唐书·地理志》所述，当时长江流域已成为主要的产茶区域，其中又以江浙与巴蜀地区的茶叶最为出名，品质上乘，备受世人推崇。饮茶在唐代不仅是一种日常生活习惯，更是一种高雅的文化活动。文人士大夫们常常以茶会友，品茗论道，将饮茶与诗词歌赋、琴棋书画等艺术形式相结合，赋予了饮茶更多的文化内涵。唐代诗人如白居易、孟浩然等，都留下了大量以茶为主题的优秀诗篇，展现了他们对茶文化的热爱与推崇。

唐人对茶叶的品质有着严格的品评体系。《茶史》详细记录了各种茶叶的品级排序，其中，"剑南之蒙顶石花"以其独特的口感和香气被誉为最上等的茶叶，这显示了巴蜀地区在茶叶生产上的卓越地位。紧随其后的是"湖州之顾渚紫笋"，其品质亦属上乘，再往后则是"峡州之碧涧簝、明月簝"等，这些茶叶也各有特色，深受茶客喜爱。②在这一系列的目录中，我们并未看到产自福建地区的茶叶。说明福建在唐代虽然也有一定的茶叶生产，但相比之下，其茶叶的品质和知名度并未达到像巴蜀、江浙等地区那样的高度。再如裴汶在《茶述》中品评道："今宇内为土贡实众，而顾渚、蕲阳、蒙山为上；其次则寿阳、义兴、碧涧、湿湖、衡山；最下

---

① 脱脱等：《宋史》卷八十九，北京：中华书局，1985年，第2210页。
② 刘源长：《茶史》卷一，武汉：崇文书局，2018年，第124页。

有鄱阳、浮梁。"① 从裴汶在《茶述》中的品评也可以看出，福建并未被列入当时的主要产茶区。即便像鄱阳、浮梁这样地区，虽然其茶叶品质被评为最下，但至少还被提及，而福建则几乎被完全忽略。这进一步证明了在唐代，福建在茶叶生产上的地位并不突出。

然而，入宋之后，福建地区的建茶犹如异军突起，在茶叶品种繁多的市场中脱颖而出，展现出了独特的魅力，并引领了当时的茶饮风尚。该时期的文人对建茶的赞誉之声不绝于耳，他们通过诗词歌赋等形式，对建茶的品质和风味给予了高度的评价和赞美。其声誉甚至超越了前朝所推崇的吴地（江浙）和蜀地（巴蜀）的茶叶。时人有诗句称赞道："自昔称吴蜀，芳鲜尚未真。于今盛闽粤，冠绝始无伦。"② 这句诗深刻反映了建茶在当时的崇高地位。以往人们常称赞吴蜀之地的茶叶芳香新鲜，然而与今日的闽粤建茶相比，那些赞誉似乎颇有不实之处。建茶的独特风味与无与伦比的品质，使其在当时茶叶界中独领风骚，成为茶客们争相追捧的珍品。

建茶因其源自建溪流域而得名，其中建州北苑凤凰山区域所产出的北苑贡茶，尤为著称，历四纪而不衰。北苑贡茶以其独特的口感、馥郁的香气和深厚的文化内涵，赢得了无数茶客和文人墨客的青睐。周绛《茶苑总录》称："天下之茶，建为最；建之北苑，又为最。"③ 这句简短的评语，道出了建茶特别是北苑茶在当时茶文化中的独特地位。周绛作为北宋著名的茶学家，言辞间流露出的高度评价不仅是对北苑贡茶卓越品质的肯定，也反映了它在整个茶叶生产和消费体系中的独特价值。宋徽宗赵佶不仅是茶文化的爱好者，更是茶学的践行者和倡导者。在位期间，宋徽宗亲自撰写了《大观茶论》这部茶学经典，全面论述了当时茶文化的发展和茶叶的制作工艺。在《大观茶论》的序言中，宋徽宗对建茶给予了极高的评价，

---

① 裴汶：《茶述》，见陆廷灿《续茶经》，北京：中国文联出版社，2016年，第60页。
② 罗拯：《建茶》其一，见北京大学古文献研究所编纂《全宋诗》卷四〇八，北京：北京大学出版社，1991—1998年，第5022页。
③ 周绛：《茶苑总录》，见《舆地纪胜》卷一百二十九，第4089页。王象之：《舆地纪胜》卷一百二十八，成都：四川大学出版社，2005年，第4047页。

推崇备至:"本朝之兴,岁修建溪之贡,龙团凤饼,名冠天下。"① 宋徽宗的这段评价无疑将建茶推向了一个前所未有的高度。他不仅为建茶赋予了文化象征的地位,更将其与皇权、国家形象相联系,使建茶成为大宋王朝繁荣与昌盛的象征。这种政治与文化的双重背书,使建茶超越了普通饮品的范畴,成为了一种象征着高雅品位和文化修养的符号。由此,建茶在当时的社会地位达到了顶峰,不仅是皇室的贡品,也成为士大夫阶层竞相追捧的珍品。

北苑贡茶的文化价值并不仅仅体现在宋徽宗的推崇上,它的影响力还贯穿了整个宋代文人的创作和生活。无数文人墨客在其诗词、文章中提到建茶,甚至将品茶视作一种审美活动和精神享受。茶成为了他们表达情感、寄托心境的一种方式,而北苑贡茶则凭借其极高的品质和独特的香气成为了文人阶层的首选。黄庭坚特作词曰:"北苑春风,方圭圆璧,万里名动京关。"② 所谓"方圭圆璧",即形容茶饼像方形的圭和圆形的璧一样规整而美丽。元绛作为宋代著名的文学家和书法家,他在诗文中多次提到福建的茶叶。元绛曾自称吸引他到福建的原因是"丹荔黄甘北苑茶,劳君诱我向天涯"③。这里的"丹荔黄甘"指的是福建的荔枝和橙子,而"北苑茶"则是指福建北苑的茗茶。元绛将北苑茶与其他名产并列,足见其对北苑茶的喜爱。强至因为"建溪奇品远莫致",即建溪的优质茶叶在他乡难以见到,便"日夕梦想驰闽乡"④。这种对茶叶的深厚情感和强烈向往,生动地反映了建茶在当时的影响力。同样的理由,章甫也是"平生不识七闽

---

① 赵佶:《大观茶论》,北京:中华书局,2013年,第1页。
② 黄庭坚:《满庭芳》,见唐圭璋等编《全宋词》第一册,北京:中华书局,2009年,第386页。
③ 元绛:《谢京师故人》,见北京大学古文献研究所编纂《全宋诗》卷三五三,北京:北京大学出版社,1991—1998年,第4380页。
④ 强至:《谢通判国博惠茶》,见北京大学古文献研究所编纂《全宋诗》卷五八九,北京:北京大学出版社,1991—1998年,第6923页。

路，梦魂欲往山无数"①。章甫虽然一生未曾踏足福建，但他却在梦中无数次向往那里的山水和茶叶，这也从侧面印证了建茶的声名远扬。这些例证足以说明建茶在宋代的受欢迎程度。建茶不仅在文人雅士中享有盛誉，更成为了他们向往和追求的目标。

一生向往戎马倥偬、抗金杀敌的陆游在品尝到建茶之后也忍不住为之倾倒。并在诗篇中留下了对建茶的赞美与吟咏："建溪官茶天下绝，香味欲全须小雪。雪飞一片茶不忧，何况蔽空如舞鸥。银瓶铜碾春风里，不枉年来行万里。从渠荔子腴玉肤，自古难兼熊掌鱼。"② 在首联中，陆游以"天下绝"来形容建茶，足见其对建茶品质的极高评价。该联同时也揭示了陆游对建茶香气与滋味的独特理解。他认为，要想品味到建茶的完整香气与滋味，必须等到小雪时节。小雪时节的建茶，经过自然的淬炼与时间的沉淀，香气更加浓郁，滋味更加醇厚。颈联通过生动的景象描绘将建茶的品鉴过程诗意化。即便在飞雪飘扬的寒冬，茶叶依旧保持着卓越的品质。颔联进一步表达了陆游对建茶的珍视与热爱。这里的"银瓶铜碾"指的是用银瓶和铜碾来制作茶汤。陆游通过这些细腻的描绘，表达了他对建茶的极高赞誉。他认为，即便是行万里路来到福建，也不觉得枉费，因为能品尝到如此美妙的茶叶。尾联以比喻的手法，表达了陆游对建茶独特品质的赞美。他认为虽然荔枝果肉柔软如玉，但在其眼中，建茶已然代表了生活中的至高享受，远胜其他食物。通过这一对比，陆游以物喻志，表达了他对建茶的独特钟爱。这种对建茶的偏爱与执着，再次证明了陆游对建茶的深厚喜爱与独特认识。在另一首《试茶》中，陆游再次以轻松闲适的语调展现了他对建茶的由衷喜爱与向往。诗曰："北窗高卧鼾如雷，谁遣香茶挽梦回？绿地毫瓯雪花乳，不妨也道入闽来。"③ 首句"北窗高卧鼾如

---

① 章甫：《谢韩无咎寄新茶》，见北京大学古文献研究所编纂《全宋诗》卷二五一三，北京：北京大学出版社，1991—1998年，第29048页。
② 陆游：《建安雪》，见北京大学古文献研究所编纂《全宋诗》卷二一六四，北京：北京大学出版社，1991—1998年，第24480页。
③ 陆游：《试茶》，见《陆放翁全集》，北京：中国书店，1986年，第29页。

雷",描绘了一幅闲适安逸的画面:诗人于北窗之下,高卧而眠,鼻息如雷,展现出一种超脱尘世、心无旁骛的悠然状态。然而,即便是在这般深沉的梦境之中,诗人仍被一股不可抗拒的力量所唤醒——"谁遣香茶挽梦回?"这里的"谁"实则是诗人内心对建茶深情的呼唤,是那股沁人心脾的茶香,穿透了梦境,将诗人温柔地拉回现实,透露出诗人对建茶难以割舍的情愫。接下来,"绿地毫瓯雪花乳"一句,细腻地描绘了品茶的场景。"绿地",指茶盏之色,"毫瓯"则是指精美的茶具,而"雪花乳"则是形容茶汤之色泽与质地,如雪花般洁白细腻,乳香浓郁,既展现了建茶的高雅品质,又体现了品茶时的视觉与味觉享受,令人心旷神怡。末句"不妨也道入闽来",以自嘲而又亲切的口吻,诉说自身抵挡不住建茶的诱惑,不妨就顺应心意,再次踏上前往福建的旅程,只为那一杯令人魂牵梦绕的香茗。此句不仅表达了陆游对建茶的深切喜爱,也蕴含了对福建这片孕育佳茗之地的无限向往。

  中唐时,陆羽限于条件,未能亲口品尝建茶,但在《茶经》中称建州之茶"往往得之,其味极佳"[①]。这句话表明,建茶在当时已经小有名气,虽然未能广泛流传,但其品质已经得到了认同和赞赏。五代十国时期,建茶的发展迎来了重要的契机。据《福建通志》卷三十一北苑茶条文所载:"在府城东吉苑里凤凰山麓。北苑者,其地宜茶,凡三十里,唐邑人张廷晖居之。张廷晖仕闽为合门使,龙启中悉以其地输官,由是有北苑之名。北苑茶为天下第一,官私之焙凡千三百三十余所。苑中有宋漕司行(后经兵燹)。有御泉亭,造茶时取水于此。亭之前有红云岛……"[②]这段文字不仅从历史角度揭示了北苑茶的形成过程,也从地理、生产规模等方面展示了北苑茶在中国茶文化中的卓越地位。首先,文中提到"在府城东吉苑里凤凰山麓",明确了北苑茶的产地位于福建建州凤凰山的山麓。这一地点以其独特的地理条件、气候和土壤非常适合茶树的生长。凤凰山区域山峦

---

  ① 陆羽:《茶经》卷下,北京:中华书局,2010年,第181页。
  ② 黄仲昭修撰:《八闽通志》卷四十公署北苑茶焙条,福州:福建人民出版社,2006年,第1165页。

起伏，气候湿润，土壤肥沃，得天独厚的自然条件使得这里成为优质茶叶的理想种植地。产自这一地区的北苑茶以其独特的风味和品质在唐宋时期便享有盛誉，成为历代贡茶的首选。接着，文中讲述了北苑茶名的起源，"张廷晖仕闽为合门使，龙启中悉以其地输官，由是有北苑之名"。这段话讲述了唐代邑人张廷晖的重要作用。他将凤凰山一带的茶区上贡朝廷，从此这片茶区便以"北苑"命名。张廷晖的行动不仅使得北苑茶声名鹊起，也使北苑茶正式进入了官府的视野，成为御用贡茶。自此之后，北苑茶不再仅仅是地方特产，而是与皇家礼仪和权力象征紧密相关，成为帝王和士大夫阶层竞相追捧的对象。此外，文中提到北苑茶的规模，称"北苑茶为天下第一，官私之焙凡千三百三十余所"，表明了北苑茶的生产规模和影响力。北苑茶在唐宋时期不仅被誉为"天下第一"，同时在其产区内有超过千座茶坊专门为官府和民间生产茶叶。如此大规模的茶生产体系，不仅彰显了北苑茶在当时茶业中的主导地位，也显示出茶叶作为商品的经济价值。

到了北宋太平兴国年间（976—984），国家安定，经济繁荣，宋太宗赵光义对生活质量的要求也日益提升，尤其是对茶叶的需求达到了一个新的高度。他不仅喜爱品茗，更将饮茶视为一种高雅的文化享受和治国理政之余的闲适之趣。于是，他下令在福建建安的北苑地区设立御贡茶园。他亲自选派经验丰富的茶师，集结当地最优秀的茶农，共同致力于烘焙出最上乘的龙凤团茶。这种茶的特别之处在于茶饼上压制有精致的龙凤图案，象征帝王权力与吉祥，故而得名"龙凤团茶"。这一举措不仅极大地提高了建茶的产量和质量，使得北苑茶在制作工艺和品质上达到了当时的巅峰，也让北苑茶在皇室中的地位得到了空前的巩固。北苑茶从此成为了贡茶，专供皇室享用，其声名也开始初显。每当新茶制成，便会有专门的使者将其护送至京城，呈献给宋太宗。太宗在品尝之后，往往会大加赞赏，并赐予茶师和茶农丰厚的赏赐。这些赏赐不仅包括了金银财宝，还有官职和荣誉，使得北苑茶农们的生活得到了极大的改善，也激发了他们制作更优质茶叶的热情。随着北苑茶在皇室中的地位日益巩固，其声名也逐渐传遍了全国。许多文人墨客、达官贵人纷纷以品尝北苑茶为荣,甚至不惜花费重金购买。北苑茶不仅成为了皇室和贵族的专属饮品,更成为了当时社会的一种风尚和文化的象征。

在这一过程中,令建茶声名大振的关键人物是"前丁后蔡"。"前丁"指的是丁谓。丁谓在任福建转运使期间,奉宋真宗之诏负责贡茶的制作与供应。在此之前,北苑茶已经享有较高的声誉,但其制作工艺尚不够完善,茶叶的品质和制作过程仍有提升空间。丁谓上任后,特别重视龙凤团茶的制作与工艺,集中力量改进茶叶的烘焙和压制技术。龙凤团茶因其外观上雕刻有龙凤图案而得名,象征着皇权与祥瑞,专供皇室享用。丁谓意识到龙凤团茶不仅仅是一种茶叶,它还承担着维系皇权象征的作用,因此,他极其重视茶叶的形态、品质和制作过程中的每个细节。然而,由于当时技术和条件的限制,龙凤团茶的生产量非常有限。据记载,当时制作出的龙凤团茶"不过四十饼,专拟上供。虽近臣之家,徒闻之而未尝见也"[①]。正因如此,这种稀缺性使得龙凤团茶更加珍贵,成为皇帝与少数权贵之间象征身份与地位的象征品。可以说,丁谓在任期间对北苑茶的督造,不仅改进了龙凤团茶的制作工艺,提升了其品质,还通过贡茶制度将北苑茶推向了全国,使得北苑茶在宋代茶文化中占据了不可替代的地位。

"后蔡"指蔡襄。蔡襄是北宋时期的著名文学家和书法家,他不仅在文学和书法上有卓越成就,也在茶叶制作和推广方面作出了重要贡献。蔡襄于庆历初年(1047)任福建路转运使,在此期间,蔡襄深感北苑茶的制作工艺复杂且产量有限,便决心在继承传统工艺的基础上进行创新。他在仔细研究大龙凤团茶的制作工艺后,结合自己对茶叶的深刻理解,研制出了小龙凤团茶。这种小龙凤团茶不仅保留了大龙凤团茶的优良品质,更因其小巧精致、便于携带和分发而广受欢迎。据记载,小龙凤团茶"其品绝精,谓之小团。凡二十饼重一斤,其价值金二两。然金可有而茶不可得,每因南郊斋,中书、枢密院各赐一饼,四人分之。官人往往缕金花其上,

---

[①] 张瞬民:《画墁录》,北京:中华书局,1991年,第13页。

盖其贵重如此"①。这说明，小龙凤团茶的品质极高，每二十饼约重一斤，其价值相当于二两黄金。尽管黄金容易获取，但小龙凤团茶却极为稀有和珍贵，每逢重要的典礼或祭祀，如南郊斋祭时，中书、枢密院的官员才能得到一饼。由于其珍贵性，每饼茶需由四人分享，足见其在当时的珍稀程度。此外，小龙凤团茶的外观也极其讲究，官员们常常在茶饼上镂金花，以彰显其贵重。这样的做法不仅提升了茶饼的观赏价值，也进一步体现了北苑茶作为贡茶的尊贵地位。可以说，蔡襄的创举，不仅让北苑茶在制作工艺上有了重大突破，也使得北苑茶的声名远播，成为宋代茶文化的一个重要标志。

欧阳修在《龙茶录后序》中的记载可互为佐证：

> 茶为物之至精，而小团又其精者，录叙所谓上品龙茶者是也。盖自君谟始造而岁贡焉。仁宗尤所珍惜，虽辅相之臣未尝辄赐。惟南郊大礼致斋之夕，中书、枢密院各四人共赐一饼，官人翦金为龙凤花草贴其上。两府八家分割以归，不敢碾试，相家藏以为宝，时有佳客，出而传玩尔。②

欧阳修的这段文字详细记录了北宋时期龙团茶的珍贵和稀有。饶是欧阳修为朝之肱骨，也是二十余年才获得一次赏赐龙团的机会，其精贵程度可见一斑。得到赏赐的官员们将茶饼分割回家，视若珍宝，不敢随意品尝，只在有贵客来访时才会拿出来传玩。此后历代制茶人精益求精，北苑又相继有密云龙、瑞云翔龙、万寿龙芽、白茶、龙团盛雪等品种问世。龙凤团茶在宋徽宗之时达到巅峰，其本人也忍不住感慨其"采择之精，制作之工，品第之胜，烹点之妙，莫不胜造其极"③。熊藩也于《宣和北苑贡茶录》中

---

① 欧阳修：《归田录》卷二，北京：中华书局，1981年，第24页。
② 欧阳修：《龙茶录后序》，见曾枣庄等编《全宋文》第34册，上海：上海辞书出版社，2006年，第74页。
③ 赵佶：《大观茶论》，北京：中华书局，2013年，第1页。

谓："盖茶之妙，至胜雪极矣。"① 可见龙凤团茶品质之高。

二、皇家出品：从采摘到消费的全过程

历代记建茶事者，以丁谓《北苑焙新茶》较为详备，不妨将其作为讨论的切入点：

> 北苑龙茶者，甘鲜的是珍。四方惟数此，万物更无新。才吐微茫绿，初沾少许春。散寻萦树遍，急采上山频。宿叶寒犹在，芳芽冷未伸。茅茨溪口焙，篮笼雨中民。长疾匀萌并，开齐分两均。带烟蒸雀舌，和露叠龙鳞。作贡胜诸道，先尝只一人。缄封瞻阙下，邮传渡江滨。特旨留丹禁，殊恩赐近臣。啜为灵药助，用与上樽亲。头进英华尽，初烹气味醇。细香胜却麝，浅色过于筠。顾渚惭投木，宜都愧积薪。年年号供御，天产壮瓯闽。②

首二句极言建茶珍贵难得。事实上，终宋一代建茶的价值都居高不下，成为了当时茶文化中的瑰宝。这种珍贵的茶叶以其独特的品质和口感，赢得了广泛的赞誉和追捧，无论是贵族还是庶民，都对建茶情有独钟。例如梅尧臣曾感慨"近年建安所出胜，天下贵贱求呀呀"③。这句诗生动地描绘了当时社会对建茶的狂热追求，无论是富贵人家还是平民百姓，都争相购买建茶，以满足对高品质茶叶的渴望。这种追捧已经超越了简单的物质需求，成为了一种不分贵庶的社会风尚。由于市场需求总量大，而建茶的产量却受到诸多因素的限制，如气候、土壤、制作工艺等，因此供不应求的

---

① 熊蕃：《宣和北苑贡茶录》，见唐晓云校点《茶录（外十种）》，上海：上海书店出版社，2015年，第49页。

② 丁谓：《北苑焙新茶》，见北京大学古文献研究所编纂《全宋诗》卷一〇一，北京：北京大学出版社，1991—1998年，第1146页。

③ 梅尧臣：《次韵和永叔尝新茶杂言》，见北京大学古文献研究所编纂《全宋诗》卷二五九，北京：北京大学出版社，1991—1998年，第3262页。

情况时常出现。这种供需失衡的状况进一步拉高了建茶的价格，使其成为了一种奢侈品，苏轼曾称"紫金百饼费万钱"①，甚至"南土众富儿，一饼千金售"②。这些诗句虽然有些夸张，但从另一方面也足以说明当时建茶价格的昂贵和人们对它的珍视。建茶贸易的繁荣不仅为当时的商人和茶农带来了巨大的经济利益，也对整个社会产生了深远的影响。由于建茶的崛起，酒、药等相关商品的市场空间被压缩。范仲淹诗谓："长安酒价减千万，成都药市无光辉。不如仙山一啜好，泠然便欲乘风飞。"③ 酒、药与茶有一定的替代性，建茶的崛起，自然会挤占这二者的份额。这首诗通过对比长安酒价的下跌和成都药市的黯淡无光，突出了建茶在市场上的强势地位，同时也表达了对建茶品质的高度认同。此外，建茶的价值，还不只体现在商业上，其文化价值亦不容小觑。南宋时有人以苏轼、黄庭坚真迹惠予王十朋，后者自感苏、黄墨宝贵重，受宠若惊，特赋诗一首以记其事，诗尾言："归橐今不贫，持往东南夸。何以报嘉贶，龙团建溪芽。"④ 这句诗不仅表达了对赠送者的感激之情，也体现了建茶在文人心目中的重要地位。这种将建茶与文人真迹相提并论的做法，进一步凸显了建茶的文化价值和地位。

其后丁谓谈到了建茶的采摘与烘制。就文献来看，其流程与标准在两宋年间大致相同。每年建茶的原叶采摘时间在惊蛰前，"惊蛰节万物始萌，每岁常以前三日开焙，遇闰则反之"⑤。这其中的深意，不仅仅是顺应了自然的规律，更是对茶叶品质的一种极致追求。徽宗的《大观茶论》释之

---

① 苏轼：《和蒋夔寄茶》，见北京大学古文献研究所编纂《全宋诗》卷七九六，北京：北京大学出版社，1991—1998年，第9219页。

② 强至：《公立煎茶之绝品以待诸友退皆作诗因附众篇之末》，见北京大学古文献研究所编纂《全宋诗》卷五八七，北京：北京大学出版社，1991—1998年，第6906页。

③ 范仲淹：《和章岷从事斗茶歌》，见北京大学古文献研究所编纂《全宋诗》卷一六五，北京：北京大学出版社，1991—1998年，第1868页。

④ 王十朋：《王抚干赠苏黄真迹酬以建茶》，见北京大学古文献研究所编纂《全宋诗》卷二〇三七，北京：北京大学出版社，1991—1998年，第22858页。

⑤ 赵汝砺：《北苑别录》，北京：中华书局，1985年，第3页。

曰："茶工作于惊蛰，尤以得天时为急。轻寒，英华渐长；条达而不迫，茶工从容致力，故其色味两全。"① 这段话道出了茶叶采摘的精髓——在微寒的时节，茶叶的精华得以逐渐累积，茶工们有足够的时间从容不迫地进行采摘，从而确保了茶叶色泽与味道的完美结合。

欧阳修《尝新茶呈圣俞》诗即议论此事：

> 建安三千里，京师三月尝新茶。人情好先务取胜，百物贵早相矜夸。年穷腊尽春欲动，蛰雷未起驱龙蛇。夜闻击鼓满山谷，千人助叫声喊呀。万木寒痴睡不醒，惟有此树先萌芽。乃知此为最灵物，宜其独得天地之英华。终朝采摘不盈掬，通犀銙小圆复窊。鄙哉谷雨枪与旗，多不足贵如刈麻。②

福建暖湿的气候使得建茶成品时间早于其他地区，从而在市场上占尽先机。诗中所描述的，不仅仅是茶叶的采摘与运输，更是人们对于新鲜、对于品质的一种执着追求。正如赵汝腾所言："东风未绿无边草，北苑先抽绝品芽。"③ 苏颂也认为导致"近来不贵蜀吴茶"的原因正是"为有东溪早露芽"④。不止采摘的节气有要求，"采茶之法，须是侵晨，不可见日。侵晨则露未晞，茶芽肥润。见日则为阳气所薄，使芽之膏腴内耗，至受水而不鲜明。故每日常以五更挝鼓，集群夫于凤凰山（山有打鼓亭）。监采官人给一牌，入山，至辰刻复鸣锣以聚之，恐其逾时贪多务得也"⑤。由此可知，在采摘的过程中，茶工们同样遵循着严格的规定。他们必须在清晨进

---

① 赵佶：《大观茶论》，北京：中华书局，2013年，第1页。
② 欧阳修：《尝新茶呈圣俞》，见北京大学古文献研究所编纂《全宋诗》卷二八八，北京：北京大学出版社，1991—1998年，第3646页。
③ 赵汝腾：《陪饶计使至北苑焙》，见北京大学古文献研究所编纂《全宋诗》卷三二六二，北京：北京大学出版社，1991—1998年，第38880页。
④ 苏颂：《太傅相公以梅圣俞寄和建茶诗垂示俾次前韵》，见北京大学古文献研究所编纂《全宋诗》卷五二四，北京：北京大学出版社，1991—1998年，第6352页。
⑤ 赵汝砺：《北苑别录》，北京：中华书局，1985年，第3页。

行采摘，以保证茶叶的新鲜与肥润。因为清晨的露水尚未蒸发，茶叶的芽头最为饱满，口感也最为鲜美。如果等到太阳升起，茶叶就会被阳气所伤，导致品质下降。因此，茶工们每天都会在五更时分击鼓集合，开始一天的采摘工作。而在辰刻时分，又会再次鸣锣，将茶工们聚集起来，以防止他们为了贪多而耽误了最佳的采摘时机。这种对细节的极致追求，正是建茶能够成为名茶的重要原因之一。

在建茶制作流程中，采摘原叶的过程堪称一门艺术，其严格程度足以让人叹为观止。对此，宋人有着一套独特而精细的评判标准。这不仅仅是对茶叶外形的考量，更是对茶叶品质与口感的追求。"凡牙如雀舌、谷粒者为斗品，一枪一旗为拣芽，一枪二旗为次之，余斯为下。茶之始芽萌，则有白合，既撷，则有乌蒂。白合不去，害茶味；乌蒂不去，害茶色。"[1]这里的"斗品"代表着茶叶中的极品。那些形状如同雀舌般小巧玲珑，或者像谷粒一样饱满圆润的茶叶，被认定为最为上等的茶叶。而"一枪一旗"则指的是茶叶中的嫩芽和一片叶子的组合，这种被称为"拣芽"，其品质略逊于斗品，但依然十分珍贵。如果是一芽带两片叶子的组合，即"一枪二旗"，则品质再次降低，但仍属于可接受的范畴。而那些不符合这些标准的茶叶，便被视为次品，其待遇往往不尽如人意。在茶叶的采摘过程中，还有一个重要的细节需要注意，那就是对茶叶的"白合"和"乌蒂"的处理。当茶叶的嫩芽刚刚萌出时，顶端会有一片白色的薄膜，这被称为"白合"。如果不及时去除"白合"，它会影响到茶叶的口感，使其失去原有的清香。而采摘下来的茶叶，其蒂部往往带有一些黑色的部分，这被称为"乌蒂"。如果不去除"乌蒂"，则会影响到茶叶的色泽，使其显得暗淡无光。在这样严格的标准和细致的处理下，即便是次品的"枪旗"也常常遭到弃之如刈麻的待遇。这意味着即使是一芽带一片或两片叶子的茶叶，如果其品质不符合要求，也会被毫不犹豫地舍弃。因此，在采摘茶叶的过程中，茶农们需要付出极大的努力和耐心，以确保所采摘的茶叶都能

---

[1] 赵汝砺：《北苑别录》，北京：中华书局，1985年，第3页。

达到最高的品质标准。时间紧迫，标准又如此严苛，这使得采摘茶叶成为一项极具挑战性的工作。即使整天忙碌于采摘之中，茶农们也可能只能采摘到一小把符合标准的茶叶，因此"终朝采摘不盈掬"也就实属正常现象。这种艰辛和不易，也反映在了范仲淹的诗句"终朝采掇未盈襜，唯求精粹不敢贪"①中。这句诗不仅道出了茶农们辛勤采摘茶叶的场景，更深刻揭示了他们对茶叶品质极致追求的执着精神。

欧阳修诗中称采茶有千人之众，这只是官焙的雇佣数量，在建溪流域还有数量繁多的私焙存在，《方舆胜览》引韩无咎语云："其地不富于田，物产瘠甚，而芽利通天下，每岁方春，摘山之夫十倍耕者。"②建州这片土地虽然缺乏广袤的平原，却拥有得天独厚的山地丘陵，这为茶树的种植提供了极为适宜的环境。因此，当地的居民纷纷以茶为生，将茶叶种植与采摘作为他们主要的生计来源。故时人有诗曰："吾闻北苑胜，不与群山接。山下几千家，以此为生业。"③如此"舍本逐末"以取悦皇颜的行径一度引起了士大夫们的警觉。欧阳修在得知蔡襄造小龙团进贡后惊呼："君谟士人也，何至作此事！"④这句话中透露出的，不仅是欧阳修对蔡襄此举的惊讶，更是对整个社会风气的担忧。富彦国亦叹曰："君谟乃为此耶！"⑤苏轼也对此事表达了自己的看法，并特赋《荔枝叹》以示讽戒，诗以千里快骑为杨贵妃进贡荔枝的典故起兴，发出"我愿天公怜赤子，莫生尤物为疮痏。雨顺风调百谷登，民不饥寒为上瑞"⑥之感慨，又指出"君不见，武夷溪边粟粒芽，前丁后蔡相宠加。争新买宠各出意，今年斗品充官茶。吾

---

① 范仲淹：《和章岷从事斗茶歌》，见北京大学古文献研究所编纂《全宋诗》卷一六五，北京：北京大学出版社，1991—1998年，第1868页。
② 祝穆：《方舆胜览》卷十一，北京：中华书局，2003年，第182页。
③ 沈辽：《德相惠新茶复次前韵奉谢》，见北京大学古文献研究所编纂《全宋诗》卷七一九，北京：北京大学出版社，1991—1998年，第8304页。
④ 历鹗：《宋诗纪事》，上海：上海古籍出版社，1983年，第330页。
⑤ 魏庆之：《诗人玉屑》卷九，北京：中华书局，2007年，第276—277页。
⑥ 苏轼：《荔枝叹》，见北京大学古文献研究所编纂《全宋诗》卷八二二，北京：北京大学出版社，1991—1998年，第9516页。

君所乏岂此物，致养口体何陋耶？洛阳相君忠孝家，可怜亦进姚黄花"①。在这里，苏轼希望天公能够怜悯百姓，不要让他们因为追求那些所谓的"尤物"而遭受痛苦。

在宋朝的宫廷生活中，建茶的地位举足轻重，每年首批烘制好的建茶更是被精心挑选出来，用于进贡给皇室。这所谓的"先尝只一人"，正是对这一尊贵传统的形象描述，意指皇室成员是这些珍贵茶叶的首批品尝者。而在皇室享用之后，这些珍贵的建茶也会作为赏赐，分发给朝中的重臣。正如王珪诗中所云："内库新函进御茶，龙团春足建溪芽。黄封各各题名姓，赐入东西两府家。"②宋徽宗也出面印证此事，其诗曰："今岁闽中别贡茶，翔龙万寿占春芽。初开宝箧新香满，分赐师垣政府家。"③从诗中我们可以看出，宋徽宗对建茶的喜爱之情溢于言表，他不仅将建茶视为珍品，更将其作为一种特殊的赏赐。受赏的茶品与受赏人的身份、地位与品裔相关。据《宋朝事实类苑》记载："（建茶）凡十品，曰龙凤茶、京挺、的乳、石乳、白乳、头金、蜡面、头骨、次骨。龙茶以供乘舆及赐执政亲王长主；余皇族、学士、将帅皆得凤茶；舍人近臣赐京挺、的乳；馆阁白乳。"④也就是说，建茶共有十品，其中龙凤茶、京挺、的乳、石乳等品质上乘的茶叶，主要供皇室及赐给执政亲王长主享用；而凤茶则赐予余皇族、学士、将帅等；至于舍人近臣，则赐以京挺、的乳等稍次一等的茶叶；馆阁之士则得白乳茶。有时赏赐建茶的场合与流程还相当正式，宋白《宫词》谓："龙焙中春进乳茶，金瓶汤沃越瓯花。玉堂宣赐元承旨，明日

---

① 苏轼：《荔枝叹》，见北京大学古文献研究所编纂《全宋诗》卷八二二，北京：北京大学出版社，1991—1998年，第9516页。

② 王珪：《宫词》其二十三，见北京大学古文献研究所编纂《全宋诗》卷四九六，北京：北京大学出版社，1991—1998年，第5998页。

③ 宋徽宗：《宫词》其三十九，见北京大学古文献研究所编纂《全宋诗》卷一四九三，北京：北京大学出版社，1991—1998年，第17058页。

④ 江少虞辑：《宋朝事实类苑》卷六十，上海：上海古籍出版社，1981年，第796页。

登庸降白麻。"① 首句中的"龙焙"指的是皇家专用的茶叶烘焙场所,象征着建茶的珍贵与高级。次句中的"金瓶"指的是精致的茶具,而"汤沃越瓯花"则形象地描绘了用纯净的泉水冲泡茶叶时,茶汤在精美的茶具中泛起美丽花纹的情景,展现了宫廷生活的精致和讲究。第三句中的"玉堂"指皇帝的御书堂,象征着权力和尊贵。"宣赐元承旨"则表明皇帝在御书堂里颁布命令,将荣誉和赏赐赠送给有功之人。末句中的"登庸"指登朝为官,"降白麻"则是指颁布任命官员的诏书。整句意味着受赐之人明日将被正式任命为高官,进一步强调了这场赐茶仪式的重大意义和深远影响。总体观之,这首诗以其精练的语言和生动的描绘,勾勒出一个丰富多彩、层次分明的宫廷社会画卷。诗人巧妙地通过这短短几句诗,不仅展现了宫廷生活的奢华与庄重,还揭示了皇权与礼制的象征意义。

分茶之俗不局限于皇帝一人,在产茶地为官或获得赏赐的官员,往往会在每年新茶产出之后分赠交好的友人。这种分享不仅仅是物质的传递,更为福建与中原文人搭建了一条联结的链路。友人在收到茶后,一般都会赋诗以示答谢。如欧阳修《尝新茶呈圣俞》"建安太守急寄我,香箬包裹封题斜"②。这两句诗生动地描绘出收到新茶时的喜悦与期待。韦骧也有诗称:《谢严起寄凤团茶》"北苑先春云凤团,封题分寄墨初干"③。它者如梅尧臣《依韵和杜相公谢蔡君谟寄茶》、曾巩《方推官寄新茶》、苏轼《和钱安道寄惠建茶》、强至《谢通判国博惠建茶》、杨万里《谢福建提举应仲实送新茶》、王十朋《王抚干赠苏黄真迹酬以建茶》等皆属此类。这些文人以茶为媒,以诗会友,共同构建了一个充满诗意与茶香的文人世界。一些关系极好的友人间还会主动乞茶或是讨茶。这既是一种亲昵的玩笑,也是

---

① 宋白:《宫词》其四十九,见北京大学古文献研究所编纂《全宋诗》卷二〇,北京:北京大学出版社,1991—1998年,第283页。
② 欧阳修:《尝新茶呈圣俞》,见北京大学古文献研究所编纂《全宋诗》卷二八八,北京:北京大学出版社,1991—1998年,第3646页。
③ 韦骧:《谢严起寄凤团茶》,见北京大学古文献研究所编纂《全宋诗》卷七三二,北京:北京大学出版社,1991—1998年,第8571页。

对友情的一种独特表达方式。黄裳的《乞茶》诗便是一个很好的例证，他以轻松的口吻写道："未终七碗似卢仝，解跨骎骎两腋风。北苑枪旗应满箧，可能为惠向诗翁？"① 可见建茶已经成为宋代文人之间酬赠的常规佳品。

宋代还尤好斗茶。斗茶又称"茗战"，是古人集体品评茶之品质优劣的一种形式。其起源可追溯至唐代，但真正盛行始于宋代。宋代的斗茶之风，不仅源于民间饮茶习俗的普及，更受到皇室贵族及文人士大夫的推崇。宋徽宗赵佶所著的《大观茶论》详细记录了茶的采制、烹煮品饮及民间斗茶之风的盛况。宋代斗茶的形式多样，主要包括"斗茶品""行茶令""茶百戏"等。斗茶品是斗茶活动的基础，也是最为核心的部分。参与者需携带自己精心挑选或自家种植的茶叶，通过烹煮、冲泡，展示茶叶的色、香、味、形等特质。斗茶品的评判标准极为严格，不仅要求茶叶本身品质上乘，还注重冲泡技巧的掌握，以充分展现茶叶的最佳状态。在这一环节中，茶人的鉴茶能力和冲泡技艺得到了充分的体现。行茶令是斗茶活动中的一项趣味游戏，它增加了斗茶的互动性和娱乐性。茶令通常由主人或某位参与者提出，内容多与茶相关，如茶诗、茶谜、茶典故等。参与者需根据茶令的要求进行回答或表演，答对者或表演者将获得一定的奖励。行茶令不仅考验了参与者的茶文化知识，还锻炼了他们的思维敏捷性和语言表达能力。茶百戏，又称"分茶"，是斗茶活动中最具观赏性的环节。它要求茶人在冲泡茶叶时，通过特定的手法使茶汤在茶盏中形成各种美丽的图案，如山水、花鸟、人物等。茶百戏不仅考验了茶人的冲泡技巧，更展现了他们的艺术创造力和审美情趣。在宋代，茶百戏被视为一种高雅的艺术形式，深受文人雅士的喜爱。

斗茶的核心在于茶叶品质的高下，但评判标准却并非单一。除了传统的色、香、味之外，宋代斗茶还特别注重茶汤在茶盏中显现出的水痕及泡

---

① 黄裳：《乞茶》，见北京大学古文献研究所编纂《全宋诗》卷九四五，北京：北京大学出版社，1991—1998年，第11095页。

沫的持久度。茶汤的颜色是评判茶叶品质的重要依据。宋代斗茶以白茶为贵，茶汤要求色泽乳白、清澈透亮。茶色的深浅、明暗、均匀度都是评判的标准。茶香是茶叶品质的另一重要指标。宋代斗茶注重茶香的纯正与持久，要求茶香清新高雅，无异味杂味。茶香的评判需通过闻香杯进行，以充分感受茶香的细腻与层次。茶味是评判茶叶品质的核心。宋代斗茶要求茶味醇厚、鲜爽、回甘，无苦涩味。茶味的评判需通过细细品味，感受茶汤在口腔中的变化与回味。汤花是宋代斗茶中特有的评判标准。汤花指茶汤表面泛起的细腻泡沫，其优劣同样关乎斗茶的胜负。汤花的评判标准包括色泽与持久度两个方面。色泽上，汤花应与汤色保持协调，以纯白或接近汤色的标准为佳，这要求茶末的研碾必须极为细腻，以确保茶汤的均匀与细腻。而在持久度方面，汤花泛起后水痕出现的早晚成为了决定性的因素。水痕是指茶汤在茶盏中留下的痕迹，要求水痕越少越好，说明茶叶的内涵物质丰富，冲泡得当。水痕出现得越晚，说明汤花越能紧咬盏沿，持久不散，这种现象被形象地称为"咬盏"。咬盏不仅指汤花紧贴盏沿，更意味着整个盏内漂浮的汤花都能使盏底的兔毫纹（或油滴纹）呈现出被"咬住"或"拉动"的视觉效果，这种动态的美感极大地增添了斗茶的观赏性与趣味性。

在这其中，产自福建的建盏发挥了关键作用。蔡襄《茶录》曰："茶色白，宜黑盏，建安所造者绀黑，纹如兔毫，其坯微厚，最为要用。出他处者，或薄或色紫，皆不及也。其青白盏，斗试家自不用。"[1] 建盏的釉料独特，在烧制过程中能产生不同的筋脉和色彩。其胎体厚重，胎内蕴含细小气孔，有利于茶汤的保温，适合斗茶的需求。建盏的造型多为底小口大、形如漏斗的小碗，这种设计具有显著的力学优势特征，在汤水注入时可以均匀地在盏内四周用力，而不会造成盏面水纹的过大波动，有利于斗茶时汤花的呈现。建盏的釉色以黑色为基调，但在高温下形成的结晶斑纹

---

[1] 蔡襄：《茶录》，见唐晓云校点《茶录（外十种）》，上海：上海书店出版社，2015 年，第 14 页。

则为釉面增添了丰富的变化与层次感。兔毫、鹧鸪斑、曜变等结晶斑纹各具特色，有的如兔毛般细密柔软，有的如鹧鸪羽毛般斑斓绚丽。黄庭坚的"兔褐金丝宝碗，松风蟹眼新汤"[①] 即是对此的诗意记述。

  概而言之，茶不仅是人们日常生活中的饮品，更是一种文化和精神的象征。宋代的文人雅士常常以茶会友，通过品茶来交流思想、陶冶情操。茶宴、茶会等形式在宋代十分流行，成为社交和文化交流的重要方式。通过茶的传递与分享，文人们不仅加深了彼此之间的友谊，也共同推动了建茶文化的发展与传播。更为重要的是，宋代文人对建茶的推崇，本质上可以视为对福建这一地域文化的接纳和认同。这种接纳和认同不仅仅体现在诗词歌赋中的赞美，更在于他们将建茶作为一种文化符号，用以象征福建地域的独特性和文化深度。他们通过茶的传递与分享，不仅加深了彼此之间的友谊，也在无形中塑造了福建文化的独特魅力，使建茶成为了连接人与人、文化与文化的桥梁。这种文化桥梁不仅在文人之间架起，也通过茶的流通和贸易扩展到了更广泛的社会层面。建茶因其卓越的品质和独特的制作工艺，逐渐在全国范围内享有盛名，成为各地人们争相追捧的佳品。在这个过程中，福建的茶农和茶商们也扮演了重要角色，他们不仅将建茶带到全国各地，还通过与文人的互动，丰富了建茶文化的内涵，使其在不同的地域文化中得到融合和创新。通过这些努力，福建的地域文化得到了广泛的认可和尊重。

三、漫天红锦荔枝林：庞大的种植规模

  建茶之外，福建沿海的下四州盛产着另一知名贡品——荔枝。在宋代的福建，荔枝树被广泛种植于庭院、园林和田间地头，形成了独特的农业景观。尤其在荔枝成熟的季节，红艳艳的果实挂满枝头，成为一道亮丽的风景线。这种景象不仅吸引了文人墨客的目光，也成为地方文化的一部

[①] 黄庭坚：《西江月·茶》，见《黄庭坚词集》，上海：上海古籍出版社，2016年，第94页。

分，被赋予了丰富的文学和艺术表现形式。黄裳便笃定地认为"荔枝独作闽山秀，宜与龙团一处夸"①，他将其与建茶相提并论，显示出荔枝在福建文化中的重要地位。

荔枝作为热带作物，广泛分布于西南及南方沿海地区，福建为其北界。这里的气候条件得天独厚，为荔枝的生长提供了优越的环境。因此，福建的荔枝以其鲜美的口感和独特的风味而备受赞誉。在当时的闽粤地区流传着这样一种说法："自福州古田县海口镇至于海南，凡宰上木松桧之外，悉杂植荔支，取其枝叶荫覆，弥望不绝。"② 这种习俗与偏好说明了荔枝在福建当地的独特地位。实际情况应该相去不远，如"兴化军风俗，园池胜处，唯种荔枝。当其熟时，虽有他果，不复见省"③。蔡襄更是用充满文学色彩的笔触描绘道：

> 福州种植最多，延移原野。洪塘水西，尤其盛处。一家之有，至于万株。城中越山，当州署之北，郁为林麓。暑雨初霁，晚日照曜，绛囊翠叶，鲜明蔽映，数里之间，焜如星火，非名画之可得，而精思之可述。④

蔡襄不仅描述了荔枝的生长环境和数量之多，还以诗意的语言描绘了荔枝林在夕阳下的美丽景象。雨后初晴，夕阳的余晖洒在绛红的荔枝囊和翠绿的叶子上，在数里的范围内如同星火般闪耀。蔡襄的描写不仅仅是他个人的观察，其他宋代文人也对福州的荔枝美景留下了深刻的印象。例如程师孟在福州城外所见即"一等翠林无别水，四边惟有荔枝园"⑤，并言"最爱

---

① 黄裳：《长乐闲赋》其七，见北京大学古文献研究所编纂《全宋诗》卷九四二，北京：北京大学出版社，1991—1998 年，第 11071 页。
② 费衮：《梁溪漫志》卷四，《东坡荔枝诗》，三秦出版社，2004 年，第 124 页。
③ 蔡襄：《荔枝谱》，福州：福建人民出版社，2004 年，第 4 页。
④ 蔡襄：《荔枝谱》，福州：福建人民出版社，2004 年，第 5 页。
⑤ 程师孟：《荔枝二首》其一，见北京大学古文献研究所编纂《全宋诗》卷三五三，北京：北京大学出版社，1991—1998 年，第 4389 页。

荔枝初熟后，人间都在赤城间"①。李纲初贬福建，即以新奇的口吻称这里"负郭家家熟荔枝"②。表明荔枝不仅数量众多，而且是家家户户的特产。又如黄公度云"四月黄梅雨，千山荔子风"③，描绘了荔枝在梅雨季节中的繁盛景象。再如陈俊卿谓"红垂荔子千家熟，翠拥篔筜十亩阴"④ 则进一步突显了荔枝在福建地区的普及和茂盛。似乎两宋间福建丹荔之多已至充塞"人间"的地步，无怪乎戴表元会赋诗曰："趋闽渐近解闽吟，公子来时夏欲深。卷地翠棚榕树驿，漫天红锦荔枝林。"⑤ 这说明，荔枝林已经成为福建地区的一大景观，吸引了众多文人前来观赏和赞美。荔枝在这个时期已经超越了其本身的物质属性，成为一种文化符号，象征着中原文人的心理认同。

事实上，福建的荔枝不仅数量繁多，其品质亦占头筹。这一点从多位宋代文人的笔墨中可以得到明确的印证。周必大有句称："欧闽后出名高尚，广蜀先驱品下中。"⑥ 周必大在这句诗中明确地将福建荔枝的品质置于其他产地的荔枝之上。在诗后的自注中，他进一步解释了为何如此推崇福建荔枝："荔枝汉贡交州，唐取之蜀，而闽产至本朝方盛，非川广可望其万一。"⑦ 这里的"万一"无疑彰显了福建荔枝的非凡品质，是其他产地所难以企及的。福建荔枝之所以在品质上独占鳌头，与其得天独厚的自然条

---

① 程师孟：《句》，见北京大学古文献研究所编纂《全宋诗》卷三五三，北京：北京大学出版社，1991—1998年，第4392页。

② 李纲：《即事三首》其一，见北京大学古文献研究所编纂《全宋诗》卷一五六一，北京：北京大学出版社，1991—1998年，第17732页。

③ 黄公度：《别吕首三首》其二，见北京大学古文献研究所编纂《全宋诗》卷二〇〇六，北京：北京大学出版社，1991—1998年，第22484页。

④ 陈俊卿：《共乐堂》，见北京大学古文献研究所编纂《全宋诗》卷二〇五〇，北京：北京大学出版社，1991—1998年，第23047页。

⑤ 戴表元：《陆君采都目入闽》，见北京大学古文献研究所编纂《全宋诗》卷三六四四，北京：北京大学出版社，1991—1998年，第43707页。

⑥ 周必大：《次张子仪抑篇荔枝诗韵》，见北京大学古文献研究所编纂《全宋诗》卷二三二八，北京：北京大学出版社，1991—1998年，第26785页。

⑦ 周必大：《次张子仪抑篇荔枝诗韵》，见北京大学古文献研究所编纂《全宋诗》卷二三二八，北京：北京大学出版社，1991—1998年，第26785页。

件密不可分。福建地处亚热带地区，气候温暖湿润，土壤肥沃，非常适合荔枝的生长。丰富的降雨量和充足的阳光，使得福建的荔枝果实饱满，汁多味甜，成为众多荔枝品种中的佼佼者。杨万里曾辗转闽、蜀、粤三地，在经过审慎的比较之后得出"予尝闽蜀生荔三岁。亦尝广荔，当以闽为最。杨妃所爱者蜀荔，亦小而酸"[1]。这表明杨万里在多次品尝和比较之后，认为福建的荔枝是最好的。同时，他的评价不仅肯定了福建荔枝的卓越品质，还间接指出了其他产地荔枝的不足。即使是深受杨贵妃喜爱的四川荔枝，在杨万里看来，也显得小而酸涩，无法与福建荔枝相媲美。范成大的取证地域似乎更为广阔，其在记述广西风土人情的著作《桂海虞衡志》中声言："荔枝，自湖南界入桂林，才百余里便有之，亦未甚多。……自此而南诸郡皆有之，悉不宜干，肉薄味浅，不及福建所产。"[2] 在另一本日记《吴船录》中，范成大再次重申了自己的这一观点："（荔枝）唐以涪州任贡，杨太真所嗜去州数里，有妃子园，然其品实不高。今天下荔枝当以福建为第一，福建又以莆田陈家紫为最。川、广荔枝子生时，固有厚味多液者，干之肉皆瘠，闽产则否。"[3] 这段记述进一步说明，福建的荔枝不仅在新鲜时味道优美，即便是制干后，其肉质依然保持了良好的品质，而川、广地区的荔枝在这方面则逊色不少。通过周必大、杨万里、范成大等人的描述，我们可以清晰地看到福建荔枝在品质上的卓越表现。这些文人不仅对荔枝的外观、口感进行了详细的描述，还通过对比其他地区的荔枝，进一步凸显了福建荔枝的优越性。福建荔枝不仅数量众多，而且品质优良，在全国乃至世界范围内都享有盛誉。

尤以证明闽荔品质之优的是其销量与行情。据蔡襄称，每年福建所产的荔枝均"水浮陆转，以入京师。外至北戎、西夏。其东南舟行新罗、日

---

[1] 杨万里：《走笔谢吉守赵判院分饷三山生荔子》，见北京大学古文献研究所编纂《全宋诗》卷二三一三，北京：北京大学出版社，1991—1998年，第26618页。

[2] 范成大：《桂海虞衡志》卷四，见《范成大笔记六种》，北京：中华书局，2002年，第116页。

[3] 范成大：《吴船录》卷下，见《范成大笔记六种》，北京：中华书局，2002年，第215页。

本、流求、大食之属,莫不爱好,重利以酬之。故商人贩益广,而乡人种益多。一岁之出,不知几千万亿"①。一年获利几千万亿自然未足可信,但能跨出国门,远销海外,并深受喜爱,闽荔的影响力实在令人咋舌。难怪宋徽宗曾异想天开地把福建的荔枝树移植到宣和殿外,还眉飞色舞地赋诗曰:"密移造化出闽山,禁御新栽荔子丹。山液乍凝仙掌露,绛苞初绽水精丸。酒酣国艳非朱粉,风泛天香转蕙兰。何必红尘飞无骑,芬芳数本座中看。"② 颔联通过比喻和拟人的手法,将荔枝的形象生动地呈现在读者面前。荔枝的汁液被比作"仙掌露",显示其甘甜如神仙之露,而刚刚绽放的红色果实则如同精致的水晶丸,凸显了其外观的美丽与质感的独特。颈联通过嗅觉和视觉的感官描写,将荔枝的自然红润与人工脂粉的美艳进行对比,进一步表达了宋徽宗对荔枝的赞美。可以说,这首诗不仅展现了荔枝的美味与珍贵,更通过对感官体验的细致刻画,体现了宋徽宗对荔枝的热切向往。

在探讨宋代文人对于荔枝品种的评价时,范成大所提及的"陈家紫"无疑是一个引人注目的存在。此品种的荔枝不仅在口感、色泽、香气等方面独具特色,更在历史文献中留下了深刻的印记。若要追溯"陈家紫"在荔枝品种中的地位,便不得不提及蔡襄的重要性。首次将"陈家紫"推崇为荔枝之臻品的便是蔡襄。他对这一品种的赞誉并非空穴来风,而是基于其细致入微的观察与品鉴。理由是:"其树晚熟。其实广上而圆下,大可径寸有五分。香气清远,色泽鲜紫,壳薄而平,瓢厚而莹。膜如桃花红,核如丁香母,剥之,凝如水精;食之,消如绛雪。其味之至,不可得而状也。荔枝以甘为味,虽百千树,莫有同者。过甘与淡,失味之中,唯陈紫之于色、香、味,自拔其类。此所以为天下第一也。"③ 在蔡襄的描述中,"陈家紫"之所以脱颖而出,首要原因在于其独特的成熟时期和果实特性。这种荔枝树晚熟,所结果实形状广圆,底部直径可达一寸五分,显示出其

---

① 蔡襄:《荔枝谱》,福州:福建人民出版社,2004年,第4页。
② 赵佶:《宣和殿移植荔枝》,见北京大学古文献研究所编纂《全宋诗》卷一四九五,北京:北京大学出版社,1991—1998年,第17072页。
③ 蔡襄:《荔枝谱》,福州:福建人民出版社,2004年,第4页。

果实的丰满与硕大。不仅如此，蔡襄还进一步从香气、色泽、果壳和果肉等多个角度进行了详尽的描述。他称赞"陈家紫"荔枝的香气清远，能够飘逸到远方，使人闻之心旷神怡。其色泽鲜紫，给人以视觉上的享受，一看便知是佳品。果壳薄而平滑，易于剥离，露出里面晶莹剔透的果肉。蔡襄特别提到，其果肉如同桃花般红润，果核则形似丁香，整体给人一种精致而诱人的感觉。更为关键的是，"陈家紫"荔枝在口感上达到了极高的境界。蔡襄形容其果肉如同水一般凝练，吃起来又如绛雪般消融在口中，其美味无法用言语来形容。在众多以甜味为主的荔枝品种中，"陈家紫"能够在甜而不腻的口感中找到完美的平衡，这在蔡襄看来是其他荔枝所无法比拟的。正因如此，后世的文人墨客也纷纷在诗词中赞美"陈家紫"的独特之处。例如刘子翠的《荔子歌》云"中郎裁品三十二，陈紫方红冠流匹"[1]，意指在众多荔枝品种中，"陈家紫"因其出色的品质而独占鳌头。王十朋在《诗史堂荔枝歌》中同样对"陈家紫"赞不绝口："君谟亦作闽中谱，陈紫声名重南土。"[2] 这些诗句不仅展现了"陈家紫"在历史上的声誉，也证明了其在文人心中的重要地位。

欧阳修曾在《书〈荔枝谱〉后》感叹"牡丹花之绝，而无甘实，荔枝果之绝，而非名花"[3]，意指牡丹虽被誉为"花中之王"，其华美艳丽无花可比，却无法结出甘甜的果实；相对而言，荔枝的果实鲜美无比，堪称果中极品，然而其花朵却并不引人注目。欧阳修进一步指出，这两者虽各自在一方面达到了极致，却未能兼具多方面的优点，这恰好体现了自然界万物之间的平衡与制约，每种生物都有其独特的优势和局限。令欧阳修没有想到的是，自己的这段肺腑之言却在不经意间成了将荔枝与牡丹对举的滥

---

[1] 刘子翠：《荔子歌》，见北京大学古文献研究所编纂《全宋诗》卷一九一三，北京：北京大学出版社，1991—1998年，第21358页。

[2] 王十朋：《诗史堂荔枝歌》，见北京大学古文献研究所编纂《全宋诗》卷二〇三七，北京：北京大学出版社，1991—1998年，第22865页。

[3] 欧阳修：《书〈荔枝谱〉后》，见曾枣庄等编《全宋文》第34册，上海：上海辞书出版社，2006年，第89页。

筋。俞希孟有残句谓:"若把东闽比西洛,可将陈紫敌姚黄。"① 在这句诗句中,俞希孟将福建(东闽)的荔枝与洛阳(西洛)的牡丹相提并论,暗示两者在各自的领域里均达到了顶峰,可以相互媲美。王十朋也表达了类似的观点,他的诗句"端明品第首推陈,花里姚黄是等伦"②,同样将荔枝中的佳品陈紫与牡丹中的极品姚黄相提并论。对于这一现象,李纲在其《荔枝后赋》中给出了更为详尽的阐释。他疏解称:"洛阳牡丹,百卉之王。鹤白鞋红,魏紫姚黄。嫣然国色,郁乎天香。艳玉栏之流霞,列锦幄之明红。价重千金,冠乎椒房。此亦天下之至色也。相彼二物,标格高奇,名虽一概,种有多岐。絮长度美,可并荔支。"③李纲首先盛赞洛阳牡丹为"百卉之王",其色彩丰富多变,如鹤白、鞋红、魏紫、姚黄等,每一种都堪称国色天香,美丽至极。随后,他将话题转向荔枝,指出荔枝与牡丹虽名不同,但都是各自领域中的佼佼者,具有极高的品质和审美价值。他特别提到,用荔枝中的陈紫来与牡丹中的姚黄相比,并非妄自尊大,而是基于两者在各自领域内的卓越地位。值得注意的是,姚黄作为牡丹中的极品,素有"花王"之称,其地位在花卉界几乎无可撼动。然而,闽人却敢于用荔枝中的陈紫来与之相提并论,这反映出闽人在物产及其衍生出的审美与文化上,已经有了足够的底气与自信来与中原地区一争高下。这种自信不仅来源于荔枝本身的美味与珍稀,更源于闽人对自身文化的认同与骄傲。他们开始将本土的特产与文化符号推向更广阔的舞台,与中原的传统名花相媲美,展现了一种地域文化的自信与崛起。这一现象也从一个侧面反映了当时中华文明的多样性与交流融合的趋势。

---

① 俞希孟:《句》,见北京大学古文献研究所编纂《全宋诗》卷三四七,北京:北京大学出版社,1991—1998年,第4286页。
② 王十朋:《荔枝七绝》,见北京大学古文献研究所编纂《全宋诗》卷二〇四一,北京:北京大学出版社,1991—1998年,第22919页。
③ 李纲:《荔枝后赋》,见曾枣庄等编《全宋文》第169册,上海:上海辞书出版社,2006年,第25—26页。

四、《荔枝谱》与闽荔地位的确立

闽荔之所以能够获得如此显赫的地位，与蔡襄所撰写的《荔枝谱》有着密不可分的关系。《荔枝谱》是蔡襄撰写的一部植物学书籍，全书分为七篇，详细描述了荔枝的产地、生态习性、品种分类、栽培方法以及荔枝的用途和加工贮藏方式。这本书被赞誉为"世界上第一部果树分类学著作"，对后世研究荔枝及其文化产生了深远影响。《荔枝谱》的结构严谨，内容丰富，从荔枝的历史故实到具体品种的详细描述，无所不包。第一篇主要讲述福建荔枝的历史与写作此书的缘由；第二篇重点介绍兴化地区对陈紫荔枝品种的重视及其特点；第三篇描述了福州地区荔枝的盛产情况及其远销的情景；第四篇探讨了荔枝的多种用途；第五篇和第六篇则分别介绍了荔枝的栽培方法和贮藏加工技术；最后一篇列举了32个荔枝品种，并详细记录了它们的产地和特点。该著作不仅对荔枝进行了深入细致的研究，更在某种程度上推动了闽荔文化的传播与认同，使其名声远扬，备受推崇。

曹勋在《荔子传》中就认为"蔡君谟谱其世家，闽族方著"[①]。这一观点揭示了《荔枝谱》在确立闽荔地位方面的重要作用。同样，刘克庄也持类似看法。他认为："名荔绝甘冷，与莆争长雄。不逢蔡公谱，埋没瘴烟中。"[②] 这进一步强调了若没有蔡襄的《荔枝谱》，福建的荔枝可能至今仍默默无闻，湮没在瘴气烟雾之中。《荔枝谱》凡七篇，详细论述了福建荔枝的优异、贾鬻、品第及种植之法与食用之法。《荔枝谱》甫一问世，就受到欧阳修的认可，亲作《书〈荔枝谱〉后》附于谱末，踵增其华。以欧阳修在文坛的崇高地位，他的认可与推崇无疑极大地提升了《荔枝谱》在文人群体中的接受度和影响力。《荔枝谱》的影响力在进入南宋之后似乎不降反升，绍兴年间（1131—1162）有人称"蔡君谟作荔枝、茶两谱，皆

[①] 曹勋：《荔子传》，见曾枣庄等编《全宋文》第191册，上海：上海辞书出版社，2006年，第116页。

[②] 刘克庄：《即事十首》其六，见北京大学古文献研究所编纂《全宋诗》卷三〇四四，北京：北京大学出版社，1991—1998年，第36304页。

极尽物理,举世皆以为当"①。这一评价不仅彰显了《荔枝谱》的学术价值,更反映了其在社会各界所产生的广泛影响。

蔡襄这位最初的记录者也不断为后人所记录,略举几例:

东来坐见玉肌丰,识面中郎旧谱中。
———周紫芝《食生荔子五首》②

尝观蔡公谱,梦想到莆中。
———戴复古《赵敬贤送荔枝》③

三州嘉木皆眼见,更阅君谟向来谱。
———王十朋《病中食火山荔枝》④

通过这些诗文的引用和描述,可以看出蔡襄及其《荔枝谱》在后世文人心中的重要地位和深远影响。蔡襄以其细腻的笔触和深入的观察,将荔枝这一南国佳果的特征、生长环境、品种差异等详细记录下来,不仅为后世留下了宝贵的文献资料,也使得荔枝文化得以传承和发扬。

不得不说,闽人尤其是下四州人对于荔枝的感情是极深厚的。荔枝已然融入了闽人的血脉之中,成为了他们生活中不可或缺的一部分。刘克庄

---

① 王灼撰,刘安遇、胡传淮点校:《王灼集校辑》,成都:巴蜀书社,1996年,第152页。
② 周紫芝:《食生荔子五首》其五,见北京大学古文献研究所编纂《全宋诗》卷一五二八,北京:北京大学出版社,1991—1998年,第17363页。
③ 戴复古:《赵敬贤送荔枝》,见北京大学古文献研究所编纂《全宋诗》卷二八一六,北京:北京大学出版社,1991—1998年,第33533页。
④ 王十朋:《病中食火山荔枝》,见北京大学古文献研究所编纂《全宋诗》卷二〇四〇,北京:北京大学出版社,1991—1998年,第22910页。

曾用"闽人尤惜荔,鲁史首书灾"[1]来形容荔枝之于闽人的重要程度。在闽人的语境中,荔枝时常成为桑梓的代名词。黄裳在异乡为客时,曾满怀伤感地询问"家山荔子邀谁赏"[2]?这句诗透露出了深深的思乡之情,荔枝成为了连接游子与故乡的纽带。无独有偶,王十朋也直言不讳地表达了自己对荔枝的依恋,坦言"忍看丹荔别泉南"[3],于他而言是件极残酷的事。

与此同时,闽人对于荔枝的自豪之情往往不加掩饰。曾有人给林希逸送去金钟(荔枝一种)千颗,后者立马于诗题中惊呼:"此吾乡名品也!"[4]这当不是个别现象,晁冲之在《送惠纯上人游闽》的开篇中这样写道:"蚤听闽人说土风,此身常欲到闽中。春沟水动茶花白,夏谷云生荔子红。"[5]从后句来看,所谓的"土风"不出建茶与荔枝二者,且吸引力极大,否则听闻者也不会产生"欲到闽中"的念头。这足以证明荔枝在闽文化中的地位,以及其对外界的影响力。或许正是受到了闽人不遗余力的推荐,周紫芝曾深情地表示:"何时遂作七闽客,日啖玉肌三百丸。"[6]为了一种吃食而打算专程前往福建,足见荔枝的惊人魅力。

可以认为,荔枝在闽地文化中占据着举足轻重的地位,其深厚的文化内涵和象征意义远超一般的美食代表。在闽人的日常生活中,这颗色彩鲜艳的果实早已超越了单纯的味觉享受,成为了当地文化精髓的承载者和人

---

[1] 刘克庄:《诘旦思之世岂有不押之韵辄和北山十首》其四,见北京大学古文献研究所编纂《全宋诗》卷三〇五四,北京:北京大学出版社,1991—1998年,第36429页。

[2] 黄裳:《寄及之》,见北京大学古文献研究所编纂《全宋诗》卷九四〇,北京:北京大学出版社,1991—1998年,第11055页。

[3] 王十朋:《次蒋元肃韵》,见北京大学古文献研究所编纂《全宋诗》卷二〇四三,北京:北京大学出版社,1991—1998年,第22953页。

[4] 林希逸:《方遣三山学记仍寄径山文字笔砚稍宽梁秘阁忽送金钟千颗此吾乡名品也》其二,见北京大学古文献研究所编纂《全宋诗》卷三一二二,北京:北京大学出版社,1991—1998年,第37304页。

[5] 晁冲之:《送惠纯上人游闽》,见北京大学古文献研究所编纂《全宋诗》卷一二二四,北京:北京大学出版社,1991—1998年,第13884页。

[6] 周紫芝:《和张元明食生荔子》,见徐海梅笺释《太仓稊米集诗笺释》,南昌:江西人民出版社,2015年,第209页。

际情感交流的纽带。它的存在，犹如一种隐形的文化图腾，巧妙地将闽地的历史积淀、传统习俗与民间风情融为一体。闽人对荔枝的深厚感情，远非对普通水果的喜爱所能比拟。这份情感，既源于荔枝甘甜如蜜的口感所带来的心灵满足，也深深植根于对故土文化的深沉记忆与强烈认同。正是在这个意义上，荔枝不仅仅是一种果实，它更在潜移默化中赋予了闽地一种别具一格的文化韵味。这种韵味巧妙地融合了自然景观、历史积淀与文化底蕴，使得闽地在华夏大地的众多文化瑰宝中独树一帜，熠熠生辉。每当荔枝之名被提及，人们便会自然而然地联想到那片富饶的闽地，这种自然而然的文化联想，无疑为闽地增添了更多的文化魅力和国际知名度。更值得一提的是，荔枝已经赫然成为了闽地的一张璀璨夺目的美食名片。它的美誉不仅在当地家喻户晓，更在全国范围内，甚至在国际上都享有盛名。这张熠熠生辉的名片，为闽地吸引了络绎不绝的食客和游客，他们不远万里而来，只为品尝那颗颗晶莹剔透的荔枝，只为沉浸在那份别具一格的文化氛围中。同时，荔枝也架起了一座连接闽人与外界的文化桥梁。通过这座桥梁，闽地的独特文化和风情得以远播四海，使得更多的人有机会领略闽地的山水之美、人文之韵。可以说，荔枝不仅是闽人引以为傲的美食瑰宝，更是他们与世界沟通交流的重要文化使者。

本章小结

两宋时的福建成为了文人们在诗文中交口称赞的乐土，无论是在与中原抑或是江南等膏腴之地的对比中，福建均有一较之力，不拜下风。从文人书写的内容来看，其时福建沿海地区的福州已是知名的综合性大都会，生齿繁稠，城建豪奢，无一不昭示着这片土地的繁荣与昌盛。尤为值得一提的是，福州的海鲜与美酒供应充足，这两样物资的丰富使得福州成为了文人墨客们流连忘返的胜地。他们在此品酒论诗，享受着海鲜美味，同时也被这座城市独有的文化氛围所吸引。福州之外，泉州凭借通商口岸的优势亦紧随其后，这里被文人们描绘为一个繁荣富裕、商贾云集的海港城市。在文人细致入微的描绘中，我们可以清晰地看到泉州街头巷尾繁忙的商贸活动，以及商人们忙碌的身影。福建内陆地区则是自然风光旖旎，武夷的山水胜境便于北宋时期被发现与传颂。其壮丽的山水景色在北宋时期就被人发现并被广为传颂。武夷的山水不仅为文人提供了无尽的创作灵感，同时也成了他们隐逸山林、寻求心灵寄托的理想之地。相比于前朝，宋代的文人们首次将书写视角聚焦于福建的物质与经济之上，而这也是在漫漫的历史长河之中，福建第一次以富饶安乐的形象示人。文人们不再仅仅关注福建的自然风光或者文化传统，而是开始深入洞察福建的经济发展与社会繁荣。这一转变，无疑标志着福建在历史上的重大转折，即从昔日的边陲之地，逐步蜕变为富饶安乐的人间仙境。文人诸多的溢美之词为福建披上了一层华丽的外衣，进一步遮蔽了本就所剩无几的"蛮夷"气息。福建的形象在这一时期得到了极大的提升，从一个边远、蛮荒之地，逐渐转变为了一个文化繁荣、经济发达的地区。

此外，肇始自中唐时期的崇儒风尚，在福建地区亦呈现方兴未艾之势。这一时期，福建的文化教育领域经历了显著的变革与发展，形成了以福州、泉州、莆田、建州四大学术中心。这些学术中心汇聚了大量文人学士，他们致力于儒家经典的研习与传播，推动了福建地区学术文化的繁荣。在这一背景下，福建的学子们在科举考试中常年榜上有名，成绩斐然，福建因此被恭维作"海滨邹鲁"。这一美誉不仅彰显了福建学子们的学术实力，更反映了福建地区对于中原文化的深度接纳与融合。此时福建已全盘接受了来自中原文人的以仕进与功名为核心的主流价值观，甚至比中原地区的文人践行得更加出色。他们不仅在学术上有所建树，更在政治、社会等多个领域发挥了重要作用。这一现象表明，福建地区已经不再是文化的边缘地带，而是成为了中华文明体系中不可或缺的一部分。层出迭现的本土文人使福建逐渐摆脱了长期"失语"的局面。这些文人不仅能够积极参与到福建文学形象的塑造与建构中去，更能够借助文学这一载体，将福建的独特文化魅力传播至更广阔的领域。至此，福建才完全融入了以中原文化为核心的中华文明体系之中，不再是一个被审视的"他者"，而是成为了这个体系中不可或缺的一员。唐宋时期福建的文化发展历程，不仅见证了中华文明的包容性与多样性，更彰显了福建先民在文化传承与创新方面的智慧与贡献。这种融入并非简单的同化，而是在保持自身文化特色的基础上，与中原文化相互借鉴、共同发展的过程。

两宋间福建的特产建茶与丹荔在经过不断改良与宣传后，声名鹊起。这两种珍品不仅于市井之间赢得了极高的商誉，更在文人骚客的翰墨之下，成为了吟咏不辍的主题，由此映射出其在当时社会文化语境中的显赫地位。宋时的建茶与荔枝，已然超越了单纯的物产层面，它们升华为福建地区的文化徽记，恍如一张熠熠生辉的文化名片，向世界诉说着福建深厚而独特的地域文化与丰饶的物产魅力。人们对建茶与荔枝的钟爱与推崇，并未止步于物品本身。受到"爱屋及乌"的心理影响，对这两大珍品的热爱也悄然转化为对福建这片热土的眷恋与喜爱。这种情感的流溢，不仅深化了外界对福建的认知与好感，更使得福建的文化底蕴变得愈加鲜明与丰满。从更宏观的视角审视，建茶与荔枝在促进中原文士对福建的认知与接纳过程中，起到了举足轻重的作用。在宋代这一历史时期，文人间的学术交流与情感互动异常活跃，他们的诗文大作常能跨越千山万水，广为传颂。当中原的文人雅士通过华美的诗篇领略到福建建茶与荔枝的独特韵味，并由此激发出对这片土地的浓厚兴趣时，两种地域特产便在无形中扮演了连接福建与中原文化圈的重要桥梁与纽带。这种跨地域的文化交流与传播，不仅加固了福建与中原的文化联结，也为宋代的文化繁荣注入了更为丰富的多元色彩。

结语：唐宋文人笔下的福建形象构建与中华文明涵化

历史上，中华文明之所以拥有旺盛生命力的一个重要原因便是其卓越的涵化能力。对于外来的边缘文化，中华文明总能兼收并蓄，杂糅为一。但想要明晰地观察这一过程，就不能只是机械地对客观的历史事件进行罗列与分析。因为这样一种方法是后置性的、静态的、结果导向的，而两种文明或文化的接触、碰撞直至最后的容受却是一个主观化的、动态的、漫长的过程。为了更全面地揭示这一过程，我们需要回返到历史现场，从当事主体的集体文化感知出发，在共同文化记忆里钩稽相关线索。惟其如此，我们才能更准确地理解不同文化是如何相互影响、相互渗透的，从而更深入地把握中华文明涵化能力的内在机制，以及说明这种交流和融合是如何在历史的洪流中逐渐塑造出中华文明丰富多彩的面貌。

地域书写恰好能够为我们提供这样一条路径。地域书写是一个深刻而多维的概念，它不仅仅是地理的描述，更是文化的映射，指向的是某一文化集体对于特定地域的各种看法和认知的总和。这种认知深受该地域特有的历史、环境、社会习俗等多种因素影响。因此，当论及地域书写，实际上是在谈论一个地区的"故事"——那些由风土人情、民俗特产、山川草木等元素共同编织成的丰富叙事。这些元素并非孤立存在，而是相互交织，共同构建出一个地方独特的文化氛围和认同感。

首先，地域书写具有集体性，是社会集体共同创造的文化产物。在地域书写的生产过程中，文人实际上发挥了双重功用，他们的书写行为既是对集体观念的创构与强化，同时又是对先在于书写行为的集体观念的具象化表达。是以地域书写不仅能反映出该社会群体的价值取向，同时也能折射出该社会群体的精神图景。一方面，文人通过他们的地域书写，不断地创构和强化着集体的观念和认同。他们描绘的地域特色、风俗民情，往往成为人们对某一地区的普遍认知和印象。这些书写不仅塑造了地域的文化形象，还在一定程度上定义了该地区的社会价值和文化传统。通过这种方式，文人的书写行为实际上在构建和维系着一种集体的记忆和认同。换言之，文人作为社会集体想象物的建构者和鼓吹者，通过他们的文字描述，为读者构建了一个个丰富多彩的地域形象。在这个过程中，文人不仅分享了他们的个人观感，更在无形中传播和强化了关于异地的某种集体想象。另一方面，文人也在一定程度上受到了这种集体想象的制约。在书写之前，社会中就已经存在着对某一地区的某些共同认知和想象。这些认知和想象可能是模糊的、不完整的，但通过文人的笔触，它们被赋予了具体的形象和细节，变得生动而真实。文人通过他们的观察和感悟，将这些集体观念转化为具体的文字描述，使读者能够更直观地理解和感受这些观念。因此，在文人的写作过程中，不可避免地会受到先前存在的关于异地的印象、偏见或者刻板印象的影响。这些影响可能来自于他们自身的文化背景、教育经历，或者是其他文人的描述。

其次，地域书写具有类型性，并非全是个人一时的主观审美产物，而是深受多重复杂因素的影响，其中包括深厚的文化背景、多变的社会情境，以及深远的历史境遇。这些因素在潜移默化中共同塑造了文人对地域的独特感知与深入理解，这些感知与理解随后在他们的笔墨之中得以细腻呈现。由于这些外部因素具有广泛的共性和持久的稳定性，地域书写也常常展现相似或相同的类型化特征。换言之，在特定的文化背景、情境与境遇下，往往会催生出相似甚至相同的类型化书写风格。这种类型化绝非偶然形成，而是文化与社会多重因素交织、共同作用的必然结果。它如同一面镜子，映射出文人在特定时空背景下的共同心灵印记。在此背景下，文人的地域书写并非随心所欲地涂鸦，而是在很大程度上受到既有文学模式和书写规范的制约。然而，这种模式化并不意味着个性的消失或创新的匮乏。相反，它反映了文人在特定文化和社会背景下的共同认知和审美倾向，这种倾向是历史的积淀，也是时代的印记。地域书写的类型性和模式化特点，实际上揭示了文化与社会的深刻关联。它们不仅体现了文人对地域文化的独特理解和感受，更折射出他们在特定时空背景下的心灵共鸣。通过地域书写，我们能够更深入地探索和理解地域文化的丰富内涵和精神实质，感受那份源自历史和土地的心灵世界。

再次，地域书写具有复合性，是某一文化集体对于特定地域看法的总和。举凡当地的风土人情、民俗特产甚或山川草木都可能被含括在地域书写之内。风土人情是地域书写中不可或缺的一部分。它涵盖了该地区的自然环境、气候条件以及人们的生活方式、思维方式和行为习惯。比如，江南的水乡风情、西北的苍凉辽阔，都是风土人情的典型体现，它们在地域书写中占据了重要地位。同时，民俗特产也是地域书写的一个重要方面。各地的民间传统、节庆活动、手工艺品等，都是该地区的独特印记。例如，提起端午节，我们就会想到吃粽子、赛龙舟的传统；谈及景德镇，则必然与精美的瓷器联系在一起。这些民俗特产不仅丰富了地域文化的内涵，也成了地域书写中的亮点。此外，山川草木等自然元素也为地域书写增添了浓厚的色彩。它们不仅是地理环境的组成部分，更是人们寄托情感、抒发情怀的重要载体。在地域书写中，这些自然元素往往被赋予特定的象征意义，成为文化认同的重要标志。地域书写的复合性体现在它融合了自然、历史、文化等多种因素，这些因素相互交织，共同塑造了一个地区的独特风貌。而这种独特性正是地域书写的魅力所在，它让我们能够更深入地了解一个地方的文化底蕴和历史传承。就此而论，地域书写也就具备了文化人类学的价值。通过对某一地区的地域书写进行研究，我们可以洞察该地区人们的生活方式、价值观念、社会结构以及人与自然的关系等多个方面。在这个意义上，地域书写能够超越单纯的艺术结构与审美功能。它变成了一种索引，指向的是文学文本中的集体文化感知。尤其是在古代的中国，传播途径与传播媒介均极为有限。文人的书写一旦被长期、大量、反复地征引使用，便会成为古老相传、流播范围极广的经验材料，定式时人对该地的印象。于是，通过对相关书写来源选择的叩问，对其含蕴的情感旨趣的分析，便可以揭示出隐藏在文本之下的地域认知、文化心理甚或社会风向。这些深层次的信息，不仅能帮助我们更全面地理解一个地区的历史、文化和社会背景，更能为我们提供一个独特的视角，去观察和解读当事人文化心理的多样性和复杂性。

具体至本书而言，唐宋文人对于福建书写的嬗变无疑为窥视中华文明涵化边缘文化的过程提供了一个绝佳的例证。长久以来，中华文化中心一直盘桓在中原地区，由此而来的区位发展优势渗透到时人的思想观念之中，便形成了"中原本位"思想。中原所具有的一切特性成了臧否地域的标准。在中原文人的认知里，中原与福建存在着明显的二元对立，他们习惯以一种居高临下的姿态打量、审视福建。文人们通过对福建落后、蛮荒的不断强调，确立了中原的中心性与权威性，也因此让中原文明取得了主导、优势的地位。在这种对立的话语模式中，中原总是与先进、文明相关联，福建则成为中原先进、文明的衬托，从"远处"映射着中原的发达与繁荣。在掌握了绝对话语权之后，中原文人以文明的传道者自居，不断地通过文教、书写等方式向福建灌输其主流意识形态与价值观念，以期"帮助"福建成长与前进。对此，处于弱势与从属地位的福建只能被动地接受，其自身的文化传统则不断丧失，意识形态也不断地转换和改型。此时的中原文人即便对福建有正向的书写，往往也带有浓厚的汉文明意识。经过持之以恒的努力，中原文明最终在宋代完成了对福建的涵化，福建被改造为一种与中原同质的存在。以往"本土"与"他者"的对立身份消失不见，二者完全融为了一体，福建也就得以以"富庶上国"的崭新面目示人。

对于福建在唐宋时期的巨大转变，身为福建人的蔡沈曾有非常形象的概括，他用寥寥数语便生动地描绘了福建从沉寂到兴盛的历史轨迹："亦犹闽浙之间，旧为蛮夷渊薮，而今富庶繁衍，遂为上国。土地兴废，不可一时概也。"此语不仅深刻地揭示了福建从昔日的边远蛮荒之地，逐步崛起为富庶繁华之域的历程，更进一步凸显了历史变迁背后所蕴含的深刻意义。随着历史的车轮滚滚向前,福建完成了从边缘地带向中心舞台的华丽转身。在这一进程中,该地区的经济蓬勃发展,文化繁荣昌盛,社会结构也日趋完善。蔡沈的这番话,既是对福建历史演变轨迹的精准刻画,同时也蕴含了对地域变迁与时代发展规律的深刻洞察与反思。这种转变并非一蹴而就,而是经过了长期的积累和努力,体现了历史发展的连续性和变革性。事实上,通览唐宋间各时期的福建意象,我们不难发现其流变具有如下特点:

首先是意象从笼统模糊到细致多样。最直观的是相关文学作品数量的由寡至多。诚然,这其中不乏文献保存与散佚的因素,但笔者在检阅相关材料时发现,唐五代与两宋时期的作品数量之悬殊,用天冠地履形容亦不为过。单用文献佚失解释显然难以自圆其说。事实上,与作品数量呈正相关的是时人对福建的关注度,作品数量愈多,说明关注度愈高。意象种类则反映时人的了解程度,唯有新的体认才能创造出新的意象。唐人提起闽地时习惯于使用"大词",如瓯闽、闽越、闽粤、福建等等,内容上也多是语焉不详的统概式描述,千篇一律、陈陈相因,这实际上正是缺乏深入了解的表现。直到唐末闽地的形象才开始变得鲜活起来,体现之一是地域印象的细分,宋时出现了沿海与内陆二元对立的上下四州之说,各州之间的意象也不尽相同;体现之二是描写对象的扩充,举凡风俗形胜、人物琐事、各方特产在宋代都已进入了文人的视野之内。最能说明此点的是武夷山,其在宋前一直寂寂无名,入宋后始声誉昭彰。然山水胜境自古皆然,所不同者唯发掘之契机而已。

其次是意象从主观随性到客观理性。不得不说,唐人对于闽地的印象带有极强的主观随意性,溯其源流,多来自于前人典籍的记载,尤以《史记》《汉书》等经典著作的影响最深,以致直接抄袭旧语的情况时有发生。文人所发表的评论多出于个人的情感经验和主观臆测,自然有许多偏颇之处。例如中唐时的闽地文教状况虽不尽如人意,韩愈闹出了"闽之进士自欧阳詹始"的误会,事实上前一年与欧阳詹同为莆田人的林藻就已高中进士了。再如唐人提到闽地的气候时总是一副炎地千里的口吻,但进入宋代，李觏的《福建岁暮》描述的景象完全是另一极端，其谓"霜严欲裂地到底，日短不行天正中"。就笔者从小生活的闽北地区而言，显然是后者更为贴合实际。

最后是意象从贬低拒斥到接纳认可。此一点身为闽人的蔡襄有深切感受："亦犹闽浙之间书为蛮夷渊薮，而今富庶繁衍遂为上国，土地兴发不可一时概也！"福建被视为蛮夷之境的状况，自中唐后期已渐趋减少，至五代鲜有一见，迨至两宋则几乎销声匿迹。取而代之的意象是"东南乐土"与"海滨邹鲁"，此二者皆是对福建发展程度的肯定。晚唐前时人对福建的自然环境、风俗土产百般嫌弃。入宋后，作为福建物产代表的建茶与荔枝却备受推崇与追捧。时人的态度能有如此之大的转变，与福建本土文人群体的崛起关系重大。正是闽人在与中原士人不断地交游唱和中，或有意或无意地向后者传布了一种正面、积极的福建意象。此外，越来越多的外乡人因各种缘由来到福建，切身实地的见闻与感受使得他们笔下的福建意象更为鲜活与贴近实际。

一个时段内的文学地理意象来源有三。一是古人对于一地的初始观感往往源于文本经验的导向，因而总会受到前人典籍的影响。二是通过与到过其地或本身便是其地的本邑人交流，从他人口中的描述提炼出新的意象，这其中又以名人尤其是文坛领袖的影响力最大；三是自己亲临其地，以切身体会入诗、入文，从而导致意象的更新。具体至文人及其作品来看，这三种意象获取途径相互之间是互补且兼容的，甚至三者兼而有之的情况亦时有发生。故而不可避免地，一时一地的文学地理意象总是杂糅着现实与想象、偏见与真知，但随着该地的综合发展水平愈高，文学地理意象也就愈趋近正面与真实。事实上，在由唐至宋的三百多年间，文人对于福建的书写经历了从笼统模糊到细致多样，从贬低拒斥到接纳认可的相应变化。这样的变化一方面固然是得益于福建政治地位与经济水平的不断提高，另一方面也基于中华文明在福建的不断渗透与扩张。

总的说来，通过对唐宋时期文人笔下福建形象的研究，本书深入剖析了福建地域形象的构建与重构的历史脉络。福建这一地域形象的发展并非静态的，而是在不断变化的历史、文化、社会等多重因素的影响下呈现出一种动态发展的过程。

　　福建的地域形象塑造不仅反映了文学作品中的文人视角，也在深层次上影响了福建人的自我认同以及社会的发展走向。地域形象不仅仅是外部认知的结果，还是地方社会自我认知的一部分。通过文学作品的传播，福建的形象逐渐在全国范围内得以广泛传播，进而提升了福建在全国范围内的文化地位和影响力。与此同时，这种形象的塑造也加强了福建人对自身文化的认同感。在接受中原文化的过程中，福建并没有丧失自我，而是通过融合创新，发展出了具有自身特色的地域文化。这一过程不仅反映了文化的多样性和包容性，也展现了地域文化在历史进程中的自我发展和创新能力。通过对福建形象变迁的研究，本书进一步揭示了地域形象对区域文化认同和社会发展的深远影响。福建形象的塑造与重构不仅影响了外界对该地区的认知，还深刻影响了区域内部的文化认同和社会发展。福建从"蛮夷之地"转变为"富庶上国"的过程中，文人作品中关于福建的描述逐渐从负面转为积极，这种形象的变化不仅仅是一种文化上的转变，也在很大程度上推动了福建经济的繁荣和社会的发展。因此，地域形象的构建与重塑并不是孤立的文学现象，而是社会、经济、文化等多重因素共同作用的结果。

参考文献

[1] 袁行霈. 中国古典诗歌的意象 [J]. 文学遗产, 1983 (4).

[2] 张伟然. 中国文学的地理意象 [M]. 北京：中华书局, 2014.

[3] (晋) 陈寿撰, 裴松之注. 三国志 [M]. 北京：中华书局, 1982.

[4] 刘师培撰, 陈引驰编校. 刘师培中古文学论集 [M]. 北京：中国社会科学出版社, 1997.

[5] 程千帆. 论文十笺 [M]. 武汉：武汉大学出版社, 2008.

[6] 汪辟疆著, 张亚权编撰. 汪辟疆诗学论集 [M]. 南京：南京大学出版社, 2011.

[7] 袁行霈. 中国文学概论 [M]. 北京：高等教育出版社, 1990.

[8] 曾大兴. 中国历代文学家之地理分布 [M]. 武汉：湖北教育出版社, 1995.

[9] 陈庆元. 福建文学发展史 [M]. 福州：福建教育出版社, 1996.

[10] 李浩. 唐代关中士族与文学 [M]. 北京：中国社科学院出版社, 2003.

[11] 李浩. 唐代三大地域文学士族研究 [M]. 北京：中华书局, 2008.

[12] 胡阿祥. 魏晋本土文学地理研究 [M]. 南京：南京大学出版社, 2001.

[13] 戴伟华. 地域文化与唐代诗歌 [M]. 北京：中华书局, 2006.

[14] 钱建状. 南渡词人地理分布与南宋文学发展新态势 [J]. 文学遗

产，2006（6）.

［15］梅新林. 中国古代文学地理形态与演变［M］. 上海：复旦大学出版社，2006.

［16］李菁. 解读运河——大运河与唐代社会经济、文化深层关系之考察［D］. 厦门：厦门大学博士学位论文，2002.

［17］梁启超. 饮冰室合集［M］. 北京：中华书局，2015.

［18］丁文江著，欧阳哲生主编. 丁文江文集［M］. 长沙：湖南教育出版社，2008.

［19］向达. 唐代长安与西域文明［M］. 北京：三联书店，1957.

［20］陈寅恪. 金明馆丛稿初编［M］. 北京：三联书店，2015.

［21］史念海. 唐代前期关东地区尚武风气的溯源［A］//唐史研究会论文集［C］，1980. 西安：陕西人民出版社，1983.

［22］史念海. 由地理的因素试探远古时期黄河流域文化最为发达的原因［M］. 西安：陕西师范大学历史地理研究室，1982.

［23］周振鹤，游汝杰. 方言与中国文化［M］. 上海：上海人民出版社，2015.

［24］谭其骧. 中国文化的时代差异和地区差异［J］. 复旦学报（社会科学版），1982（2）.

［25］张伟然. 湖南历史文化地理研究［M］. 上海：复旦大学出版社，1995.

［26］张伟然. 湖北历史文化地理研究［M］. 武汉：湖北教育出版社，2000.

［27］蓝勇. 西南历史文化地理［M］. 重庆：西南师范大学出版社，1997.

［28］司徒尚纪. 广东文化地理［M］. 广州：广东人民出版社，2001.

［29］张晓虹. 文化区域的分异与整合——陕西历史文化地理研究［M］. 上海：上海书店出版社，2004.

［30］李智君. 关山迢递：河陇历史文化地理研究［M］. 上海：上海

人民出版社，2011.

［31］朱海滨. 近世浙江文化地理研究［M］. 上海：复旦大学出版社，2011.

［32］林拓. 文化的地理过程分析——福建文化的地域性考察［M］. 上海：上海书店出版社，2004.

［33］［美］凯文·林奇撰，项秉仁译. 城市意象［M］. 北京：华夏出版社，2001.

［34］王均. 现象与意象：近现代时期北京城市的文学感知［J］. 中国历史地理论丛，2002（2）.

［35］［美］薛爱华撰，程章灿，叶蕾蕾译. 朱雀：唐代的南方意象［M］. 北京：三联书店，2014.

［36］李智君. 诗性空间：唐代西北边塞诗意象地理研究［J］. 宁夏社会科学，2004（6）.

［37］李智君. 武夷山历史景观意象研究——基于游客诗词、游记和景观图的分析［A］//武夷山世界文化遗产的监测与研究第二辑［C］. 厦门：厦门大学出版社，2008.

［38］左鹏. 论唐诗中的江南意象［J］. 江汉论坛，2004（3）.

［39］夏炎. 试论唐代北人江南生态意象的转变——以白居易江南诗歌为中心［A］//唐史论丛第十一辑［C］. 西安：三秦出版社，2009.

［40］李菁. 写意：江河记述的别样传统——以唐诗语境下的长江、黄河、湘水为例［J］. 西部学刊，2014（2）.

［41］林涓，张伟然. 巫山神女：一种文学意象的地理渊源［J］. 文学遗产，2004（2）.

［42］张伟然. 唐人心目中的文化区域及地理意象［A］//唐代的地域结构与运作空间［C］. 上海：上海辞书出版社，2003.

［43］张伟然. 潇湘的意象及历史［A］//历史学家茶座第六辑［C］. 济南：山东人民出版社，2006.

［44］（汉）郑玄注，（唐）贾公彦疏. 周礼注疏［M］. 上海：上海古

籍出版社，2010.

[45]（汉）班固. 汉书［M］. 北京：中华书局，1962.

[46]（清）彭定求等编. 全唐诗［Z］. 北京：中华书局，1999.

[47]（梁）沈约. 宋书［M］. 北京：中华书局，1974.

[48] 傅衣凌. 傅衣凌治史五十年文编［M］. 北京：中华书局，2007.

[49]（清）董诰等编. 全唐文［Z］. 北京：中华书局，1983.

[50]（宋）乐史. 太平寰宇记［M］. 北京：中华书局，2007.

[51] 林家骊译注. 楚辞［M］. 北京：中华书局，2010.

[52]（汉）许慎撰，（宋）徐铉校定. 说文解字［M］. 北京：中华书局，2007.

[53]（晋）郭璞注. 山海经［M］. 上海：上海古籍出版社，1989.

[54]（明）何乔远. 闽书［M］. 福州：福建人民出版社，1994.

[55]（晋）张华. 博物志［M］. 北京：中华书局，1985.

[56]（汉）司马迁. 史记［M］. 北京：中华书局，2014.

[57]（汉）刘熙撰，（清）王先谦（证补）. 释名疏证补［M］. 上海：上海古籍出版社，1984.

[58]（宋）朱熹. 楚辞集注［M］. 上海：上海古籍出版社，1979.

[59]（战国）列御寇撰，叶蓓卿译注. 列子［M］. 北京：中华书局，2011.

[60] 曾枣庄，刘琳等编. 全宋文［M］. 上海：上海辞书出版社，2006.

[61]（宋）梁克家. 三山志［M］. 北京：方志出版社，2003.

[62] 李如龙. 福建方言［M］. 福州：福建人民出版社，1997.

[63] 李如龙. 关于东南方言的"底层"研究［J］. 民族语文，2005（5）.

[64] 福建省地方志编纂委员会. 福建省自然地图集［M］. 福州：福建科学技术出版社，1998.

[65]（清）顾祖禹. 读史方舆纪要［M］. 北京：中华书局，1955.

[66]（明）张自烈. 正字通［M］. 北京：国际文化出版公司，1996.

［67］（唐）李吉甫. 元和郡县图志［M］. 北京：中华书局，1983.

［68］北京大学古文献研究所编纂. 全宋诗［M］. 北京：北京大学出版社，1991—1998.

［69］（清）方浚师. 蕉轩随录［M］. 北京：中华书局，1995.

［70］（宋）周密. 葵辛杂识［M］. 北京：中华书局，2008.

［71］王育民. 中国历史地理概论［M］. 北京：人民教育出版社，1985.

［72］（唐）刘恂. 岭表录异［M］. 北京：中华书局，1985.

［73］（晋）嵇含. 南方草木状［M］. 北京：中华书局，1985.

［74］（宋）李昉. 太平广记［M］. 北京：中华书局，1961.

［75］王秀梅译注. 诗经［M］. 北京：中华书局，2015.

［76］（晋）陆玑. 毛诗草木鸟兽虫鱼疏［M］. 北京：中华书局，1985.

［77］（晋）葛洪撰，王明校释. 抱朴子内篇校释［M］. 北京：中华书局，1980.

［78］孙克城. "蜮"考［J］. 边疆经济与文化，2013（10）.

［79］（唐）孙思邈. 千金翼方［M］. 沈阳：辽宁科学技术出版社，1997.

［80］（明）李时珍. 本草纲目［M］. 北京：人民卫生出版社，1981.

［81］（汉）戴德. 大戴礼记［M］. 北京：中华书局，1985.

［82］（宋）王溥. 唐会要［M］. 北京：中华书局，1955.

［83］（宋）王象之. 舆地纪胜［M］. 成都：四川大学出版社，2005.

［84］（梁）萧统编，（唐）李善注. 文选［M］. 北京：中华书局，1977.

［85］（北朝）郦道元. 水经注［M］. 北京：中华书局，1985.

［86］（后晋）刘昫等. 旧唐书［M］. 北京：中华书局，1997.

［87］陈尚君等辑校. 全唐诗补编［Z］. 北京：中华书局，1992.

［88］（唐）房玄龄等. 晋书［M］. 北京：中华书局，1974.

[89]（唐）张彦远. 历代名画记［M］. 北京：中华书局，1985.

[90]（唐）朱景玄. 唐朝名画录［M］. 成都：四川美术出版社，1985.

[91]（宋）欧阳修，宋祁等. 新唐书.［M］. 北京：中华书局，1997.

[92]（清）周亮工. 闽小纪［M］. 上海：上海古籍出版社，1985.

[93]（明）黄仲昭修撰. 八闽通志［M］. 福州：福建人民出版社，2006.

[94]（明）夏玉麟，汪佃修纂.（嘉靖）建宁府志［M］. 厦门：厦门大学出版社，2009.

[95]（宋）洪迈. 容斋随笔［M］. 北京：中国世界语出版社，1995.

[96]（明）陈邦瞻. 宋史纪事本末［M］. 北京：中华书局，1977.

[97]（宋）朱彧. 萍洲可谈［M］. 北京：中华书局，1985.

[98]（元）脱脱等. 宋史［M］. 北京：中华书局，1985.

[99]（宋）王得臣. 麈史［M］. 北京：中华书局，1985.

[100]（清）徐松辑，刘琳等校点. 宋会要辑稿［M］. 北京：中华书局，2004.

[101]（宋）祝穆. 方舆胜览［M］. 北京：中华书局，2003.

[102]（宋）赵汝适撰，杨博文校释. 诸蕃志校释［M］. 北京：中华书局，1996.

[103]徐晓望主编. 福建思想文化史纲［M］. 福州：福建教育出版社，1996.

[104]（清）厉鹗等编. 南宋杂事诗［Z］. 杭州：浙江古籍出版社，1987.

[105]（宋）周密. 齐东野语［M］. 北京：中华书局，1983.

[106]（宋）宋徽宗. 大观茶论［M］. 北京：中华书局，2013.

[107]（唐）陆羽. 茶经［M］. 北京：中华书局，2010.

[108]（宋）赵汝砺. 北苑别录［M］. 上海：商务印书馆，1936.

[109]（清）厉鹗. 宋诗纪事［M］. 上海：上海古籍出版社，1983.

[110]（宋）魏庆之. 诗人玉屑 [M]. 北京：中华书局，2007.

[111]（宋）江少虞辑. 宋朝事实类苑 [M]. 上海：上海古籍出版社，1981.

[112]（宋）费衮. 梁溪漫志 [M]. 西安：三秦出版社，2004.

[113]（宋）王灼撰，刘安遇、胡传淮点校. 王灼集校辑 [M]. 成都：巴蜀书社，1996.

[114] 吴松弟. 宋代福建人口研究 [J]. 中国史研究，1995（2）.

[115]（宋）赵与泌，黄严孙. 仙溪志 [M]. 北京：中华书局，2000.

[116] 夏露. 宋代农民起义的主因并非土地问题 [J]. 河北学刊，1985（1）.

[117]（宋）方勺. 泊宅编 [M]. 北京：中华书局，1983.

[118]（宋）李心传. 建炎以来系年要录 [M]. 北京：中华书局，1985.

[119]（明）陈懋仁. 泉南杂志 [M]. 北京：中华书局，1985.

[120]（宋）洪迈. 夷坚志 [M]. 北京：中华书局，1981.

[121]（清）郑方坤. 全闽诗话 [M]. 福州：福建人民出版社，2006.

[122]（清）怀荫布总裁，郭赓武、黄任纂修. 泉州府志 [M]. 泉州：泉州志编纂委员会，1984.

[123]（宋）胡太初，赵与沐. 临汀志 [M]. 福州：福建人民出版社，1990.

[124] 何竹淇编. 两宋农民战争史料汇编 [M]. 北京：中华书局，1976.

[125] 梁庚尧. 南宋的农村经济 [M]. 北京：新星出版社，2006.

[126] 林文勋. 唐宋社会变革论纲 [M]. 北京：人民出版社，2011.

[127] 杨瑞璟，仇志云. 宋代农民起义再论 [J]. 长江大学学报，2016（12）.

[128] 金银珍，凌宇著. 书院·福建 [M]. 上海：同济大学出版社，2010.

[129] 胡沧泽，胡雯，刘世斌著；福建省政协文化文史和学习委员会，福建省炎黄文化研究会编. 福建海上丝绸之路史纲 [M]. 福州：福建人民出版社，2021.

[130] 陈连开. 论中华文明起源及其早期发展的基本特点 [J]. 中央民族大学学报，2000，(05).

[131] 马戎. 中华文明的基本特质 [J]. 学术月刊，2018，50 (01).

[132] 叶朗. 中华文明的开放性和包容性 [J]. 北京大学学报（哲学社会科学版），2014，51 (02).

[133] 张开城. 海洋文化与中华文明 [J]. 广东海洋大学学报，2012，32 (05).

[134] 汪国风. 中华文明的起源与特质——创生与融合的文明 [J]. 天津师范大学学报（社会科学版），2005，(01).

[135] 李安民. 关于文化涵化的若干问题 [J]. 中山大学学报（哲学社会科学版），1988，(04).

[136] 杜娟. 从文化涵化视角看我国各民族交往交流交融 [J]. 中南民族大学学报（人文社会科学版），2017，37 (06).

[137] 路红霞. 文化涵化与民族语言融合 [J]. 青海民族研究，2009，20 (03).

[138] 舒畅. 文化涵化视域下儒家文化在韩国的传播及影响研究 [J]. 中华文化论坛，2015，(04).

[139] 祁进玉，牛慧丽. 持续性族际接触、文化认同与"文化涵化"的范例——以土族语借词研究为个案 [J]. 青海民族研究，2015，26 (04).

[140] 王立. 文化涵化中的魏晋南北朝文学 [J]. 辽宁师范大学学报，1998，(04).

[141] 林毓莎. 宋代福建文学家族与家族文学 [J]. 福建论坛（人文社会科学版），2012，(12).

[142] 晁成林. 宋前文人入闽研究 [D]. 福州：福建师范大

学，2012.

[143] 徐晓望. 论隋唐五代福建的开发及其文化特征的形成 [J]. 东南学术，2003，(05).

[144] 刘海峰. 唐代福建进士考辨 [J]. 集美大学教育学报，2001，(01).

[145] 林拓. 唐代以前福建宗教信仰的地域分布格局 [J]. 中国历史地理论丛，2005，(01).

[146] 刘海峰. 唐代福建的教育与科举活动 [J]. 福建论坛（文史哲版），1991，(05).

[147] 徐晓望. 论唐代福建儒学教育的发展与文化的兴盛 [J]. 教育评论，1996，(02).

[148] 陈衍德. 唐代福建的经济开发 [J]. 福建论坛（文史哲版），1987，(05).

[149] 黄洁琼. 论欧阳詹与唐代福建文化的发展 [J]. 哈尔滨学院学报，2004，(02).

[150] 杨文新. 唐代福建观察使常衮事迹述评 [J]. 福建教育学院学报，2002，(07).

[151] 戴显群. 唐代福建海外交通贸易史述论 [J]. 海交史研究，2000，(02).

[152] 戴显群. 唐代福建文化的地域性特征与科举活动 [J]. 科举学论丛，2013，(03).

[153] 刘晓南. 宋代福建诗人用韵所反映的十到十三世纪的闽方言若干特点 [J]. 语言研究，1998，(01).

[154] 刘锡涛. 宋代福建人才地理分布 [J]. 福建师范大学学报（哲学社会科学版），2005，(02).

[155] 徐晓望. 论宋代福建经济文化的历史地位 [J]. 东南学术，2002，(02).

[156] 刘晓南. 从宋代福建诗人用韵看历史上吴语对闽语的影响 [J].

古汉语研究，1997，(04).

[157] 郑学檬. 宋代福建沿海对外贸易的发展对社会经济结构变化的影响 [J]. 中国社会经济史研究，1996，(02).

[158] 胡沧泽. 宋代福建海外贸易的管理 [J]. 福建师范大学学报（哲学社会科学版），1995，(01).

[159] 黄忠鑫. 宋代福建书院的地域分布 [J]. 宁德师专学报（哲学社会科学版），2006，(04).

[160] 郑学檬，魏洪沼. 论宋代福建山区经济的发展 [J]. 农业考古，1986，(01).

[161] 林祖泉. 从方志记载看宋代福建莆田科考的兴盛 [J]. 中国地方志，2008，(06).

[162] 刘文波. 宋代福建海商崛起之地理因素 [J]. 中国历史地理论丛，2006，(01).

[163] 胡沧泽. 宋代福建海外贸易的兴起及其对社会生活的影响 [J]. 中国社会经济史研究，1995，(01).

[164] 林拓. 两宋时期福建文化地域格局的多元发展态势 [J]. 中国历史地理论丛，2001，(03).

[165] 林毓莎. 宋代福建文学家族与家族文学 [J]. 福建论坛（人文社会科学版），2012，(12).

[166] 黄纯艳. 论宋代福建茶法 [J]. 中国社会经济史研究，2000，(01).

[167] 袁庚申，赵智岗. 宋代福建刻书及兴盛原因 [J]. 中国出版，2015，(14).

[168] 戴显群. 试论福建科举的历史特点 [J]. 福建师范大学学报（哲学社会科学版），2013，(06).

[169] 彭友良. 宋代福建商业经济发展的原因和农业中商品经济的发展 [J]. 福建论坛（文史哲版），1988，(01).

[170] 陈衍德，张天兴. 宋代福建各地农业经济的区域特征 [J]. 厦

门大学学报（哲学社会科学版），1990，（02）.

[171] 傅宗文. 宋代福建科第盛况试析 [J]. 福建论坛（文史哲版），1988，（03）.

[172] 刘水清. 建窑建盏的造型文化探析 [J]. 中国陶瓷，2008，（01）.

[173] 金晓霞. 建盏的美学特征及美学意义 [J]. 陶瓷学报，2009，30（01）.

[174] 柏跃德. 建窑建盏与宋代斗茶文化 [J]. 装饰，2005，（03）.

[175] 杨义东，刘芳. 建窑建盏与宋代武夷茶文化 [J]. 中国陶瓷，2008，（10）.

后　记

距离提笔撰写此书已逾十载。

最初萌生撰写此书的念头，是在一次偶然的机会下，我翻阅到了一些关于唐宋时期福建的文献资料。那些古老的文字中，福建的形象时而模糊，时而清晰，时而被贬斥为蛮荒之地，时而又被赞誉为乐土。这种巨大的反差引起了我浓厚的兴趣。我开始思考，为何同一地域在不同文人的笔下会有如此截然不同的形象？这种形象的变化背后又隐藏着哪些深层次的历史、文化和社会因素？

随着研究的深入，我逐渐意识到，唐宋文人对福建的书写不仅仅是简单的地理描述，更是一种文化现象的反映。它涉及了中原文化与福建本土文化的碰撞、交流与融合，展现了中华文明强大的涵化能力和包容性。这一发现让我更加坚定了撰写此书的决心，我希望能够通过自己的研究，揭示出这一历史过程中的复杂性和多样性。

在撰写过程中，我遇到了诸多挑战。

首先，资料的搜集和整理就是一个庞大的工程。唐宋时期的文献浩如烟海，要想从中筛选出与福建书写相关的资料，需要耗费大量的时间和精力。我不仅要查阅正史、方志，还要研读文人的诗文、笔记等，力求做到全面而准确。这些文献不仅数量庞大，而且内容繁杂，需要我逐一甄别、筛选、整理。在资料的整理与分析过程中，我逐渐勾勒出了唐宋文人对福建书写嬗变的清晰脉络。从初唐至中唐的排斥与鄙夷，到晚唐至五代的逐渐接纳与赞美，再到两宋时期的全面融入与推崇，每一个阶段都充满了历史的厚重与文化的深邃。我试图通过细腻的笔触，将这些历史片段串联起来，呈现给读者一个完整而生动的福建形象变迁史。

其次，对资料的解读和分析也是一个难题。由于历史背景的复杂性，许多文人的书写往往蕴含着多重含义，需要仔细揣摩和推敲。有时，一个简单的词语或句子背后，可能隐藏着丰富的文化信息和社会心理。在解读这些资料时，我深刻体会到了"字斟句酌"的含义。每一个词语，每一个句子，都可能是通往历史深处的一把钥匙。它们或明或暗地指向了当时的社会制度、风俗习惯、思想观念，甚至是人们内心深处的恐惧、渴望与梦想。因此，我在解读过程中，始终保持着谨慎和敬畏的态度，力求做到客观而深入。在这一过程中，我也深刻体会到了学术研究的不易和艰辛。每一个结论的得出都需要经过反复的推敲和验证，每一个观点的表达都需要力求准确和清晰。学术研究虽然枯燥且艰辛，但每当有所发现或突破时，那种喜悦和成就感，却是无法用言语来表达的。

此外，如何将复杂的历史现象以简洁明了的方式呈现出来也是一个不小的挑战。我尝试将庞大的历史内容划分为若干个相对独立的章节，每个章节围绕一个核心主题展开，既保证了内容的连贯性，又方便读者根据自己的兴趣选择阅读。同时，在叙述方式上，我力求做到条理清晰、逻辑严密，通过时间线索、因果关系等手法，将历史事件和人物串联起来，形成一个完整而生动的论述框架。在撰写过程中，我力求做到条理清晰、逻辑严密，同时又不失生动有趣。我希望通过这本书，能够让读者对唐宋时期福建的形象变迁有一个全面而深入的了解。

在撰写此书的过程中，我深刻感受到了中华文明的强大涵化能力和包容性。福建从一个边缘地带逐步融入中华文明的主流圈层，不仅得益于其自身的努力和发展，更离不开中原文化的滋养和熏陶。这种文化的交流与融合不仅促进了福建地区的发展进步，也丰富了中华文明的内涵和外延。同时，我也深刻认识到了地域书写在文化传承中的重要作用。地域书写不仅仅是地理空间的描述，更是一种文化记忆的传承。它通过文人的笔墨将某一地域的历史、文化和社会风貌记录下来并传承下去。这种传承不仅有助于我们了解过去的历史和文化，还能够帮助我们更好地认识和理解当下的社会现实。

  当然，成书离不开诸多帮助，在此一并致谢。首先，要感谢我的硕士生导师李菁教授、李智君教授，博士生导师黄擎教授。在我写作过程中，三位导师给予了我悉心的指导和无私的帮助，为我提供了大量的文献资料和研究思路，还在我遇到困惑时给予了我宝贵的建议和鼓励。没有三位导师的支持与帮助，我不可能顺利完成本书的写作。其次，我要感谢我的家人和朋友。在我写作期间，他们给予了我无微不至的关怀与照顾。他们理解我的辛苦与付出，默默支持我的工作。这份深厚的亲情和友情是我不断前行的动力源泉。同时，我还要感谢福建教育出版社的朱蕴茝副编审和工作人员。在本书的出版过程中，他们付出了辛勤的劳动和汗水。从书稿的审阅、修改到排版、印刷，每一个环节都凝聚着他们的心血与智慧。没有他们的努力与奉献，本书无法如此顺利地呈现在读者面前。

  本书即将付梓之际，恰逢爱女齐安诞生。这无疑是生命中最美好的巧合，为这段漫长的研究与写作之旅画上了一个温馨而圆满的句号。在校对书稿的过程中，我的眼神时常会不自觉地从密密麻麻的文字中抽离，望向熟睡中的齐安，心中涌动着无尽的感慨。过往无数次对未来的眺望与抉择都像是投掷在时间长河中的石块，激起层层波浪，终于在此刻轰然汇聚。

  浮云一别后，流水十年间。

张 隽
2024 年 12 月 1 日于梦山园